千年梦想圆于建党百年

——全面建成小康社会与迈上教育新征程

周洪宇　邢欢　著

长江出版传媒｜湖北教育出版社

(鄂)新登字 02 号

图书在版编目(CIP)数据

千年梦想圆于建党百年——全面建成小康社会与迈上教育新征程/周洪宇,邢欢著.—武汉:湖北教育出版社,2021.6

ISBN 978-7-5564-4643-8

Ⅰ.①千…

Ⅱ.①周… ②邢…

Ⅲ.①小康建设-研究-中国 ②教育事业-研究-中国

Ⅳ.①F124.7 ②G52

中国版本图书馆 CIP 数据核字(2021)第 098729 号

千年梦想圆于建党百年——全面建成小康社会与迈上教育新征程

QIANNIAN MENGXIANG YUANYU JIANDANG BAINIAN——QUANMIAN JIANCHENG XIAOKANG SHEHUI YU MAISHANG JIAOYU XIN ZHENGCHENG

出品人 方 平

责任编辑 孙亦君 刘书慧　　责任校对 王艳波

封面设计 牛 红　　责任督印 张遇春

出版发行 长江出版传媒 430070 武汉市雄楚大道 268 号
湖北教育出版社 430070 武汉市雄楚大道 268 号

经　销 新 华 书 店

网　址 http://www.hbedup.com

印　刷 湖北恒泰印务有限公司

地　址 武汉市江夏庙山开发区汤逊湖工业园

开　本 787mm×1092mm 1/16

印　张 14.5

字　数 260 千字

版　次 2021 年 6 月第 1 版

印　次 2021 年 6 月第 1 次印刷

书　号 ISBN 978-7-5564-4643-8

定　价 38.00 元

序 言

摆在读者面前的这本小书，可以说是多年前旧作《千年梦想圆于建国百年——小康社会与教育新使命》的续篇。

党开新纪臻大治，民展壮猷奔小康。2002年，中国共产党第十六次全国代表大会召开了，这是新世纪的第一次全国代表大会。党的十六大报告明确提出了全面建设小康社会的宏伟奋斗目标，并对教育提出了具体的要求：“形成比较完善的现代国民教育体系……人民享有接受良好教育的机会，基本普及高中阶段教育，消除文盲。形成全民学习、终身学习的学习型社会，促进人的全面发展。”教育的发展既是全面建设小康社会的重要目标和标志，又是全面建设小康社会的基础和必然要求。

党的十六大报告是新世纪教育改革发展的行动纲领。认真学习和贯彻党的十六大精神，开创教育改革发展新局面，是新世纪头20年教育界的重要任务。为此，笔者主编了一本小书，联合华中师范大学教育学院的几位青年师生，共同就小康社会的教育发展进行对策研究，提供我们对于未来教育改革与发展的思路与思考。该书就是前面提及的《千年梦想圆于建国百年——小康社会与教育新使命》，2003年由湖北教育出版社精心出版。

该书出版后，迅速引起了教育界的广泛重视和出版界的热心关注，曾获得湖北省第五届社会科学研究优秀成果一等奖。

时光荏苒，壮志已酬。随着“十三五”的圆满收官，我国如期完成了全面建成小康社会这第一个百年奋斗目标的伟大任务。“十四五”时期是我国乘势而上开启全面建设社会主义现代化国家新征程、向第二个百年奋斗目标进军的第一步。“两个一百年”的奋斗目标是党的十八大所确立的。第一个一百年即到2021年中国共产党成立一百年时，全面建成小康社会；第二个一百年，即到2049年新中国成立一百年时，实现中华民族伟大复兴的梦想。2021年，全面建成小康社会已经实现！站在两个一百年的历史交汇处，我们既振奋于小康社会这一中华民族千百年来的梦想终于实现，又激动于社会主义现代化国家新征程的启动，激动于离中华民族的伟大复兴又近了一步。

在这一普遍的振奋与激动的心情中，湖北教育出版社方平社长2020年对我们提出了再写一本新书的建议。一方面迎接建党百年盛典，作为庆祝中国共产党百年华诞的献礼；另一方面总结小康社会建设历程中教育事业的发展经验，并面向新征程进行思考。我们经过反复考虑，尽管两人工作都很忙，手上的任务与书稿都很多，但此事极有意义，不应推辞，遂决定接受这个建议，抽空完成此书。

于是，这大半年来我们在保留前书原有框架结构的基础上，根据新阶段、新格局、新形势、新任务的需要，以新发展理念为指导，对全书结构做了重新调整完善，并克服困难，全力以赴，最终有了眼下摆在读者面前的这本新书。

本书主要以小康论、教育论和保障论三个部分作为线索展开。第一部分小康论由两章组成，分别讨论小康社会的概念、内涵、发展进程与指标，尤其是教育指标。第二部分教育论是全书的主体，由九章组成，分别论述学前教育、义务教育、高中教育、职业教育、高等教育、教师教育、民办教育、特殊教育与终身学习，主要讨论了相应教育对于我国国民个人和小康社会建设的影响，教育的发展成就与经验以及对未来的展望和建议等。第三部分是保障论，从全面坚持党的领导、教育投入、教育治理、教育技术、教育开放五个方面论述我国为教育事业发展所构建的全面有力的保障体系。附录部分为中国共产党百年教育大事记。

最后还需提及的是，本书的编写工作由于时间紧，任务重，又因近期教育政策不断推出，为使内容尽量全面、新鲜，迟迟未能定稿，给出版社编辑工作带来不便，在此我们对湖北教育出版社的大力支持表示感谢。希望我们共同的努力能为中国共产党百年华诞献上一份令人满意的礼物。

是为序。

周洪宇

2021年6月

于武昌东湖之滨远望斋

目录
CONTENTS

第一章

千年梦想　祈盼小康

小康是中华民族的千年梦想。2021 年，中国共产党建党百年，我国取得了全面建成小康社会的伟大成就，千年梦想一朝成真。

一、小康社会是中华民族的千年梦想

（一） 古代先民的千年梦想

“小康”一词，古已有之，而且深深嵌入中国传统思想中。“小康”是儒家描述的一种以夏至西周为构想蓝本、次于“大同”的理想社会。①《礼记·礼运》记载：

今大道既隐，天下为家，各亲其亲，各子其子，货力为己。大人世及以为礼，城郭沟池以为固，礼义以为纪，以正君臣，以笃父子，以睦兄弟，以和夫妇，以设制度，以立田里，以贤勇知，以功为己，故谋用是作，而兵由此起，禹、汤、文、武、成王、周公，由此其选也。此六君子者，未有不谨于礼者也，以著其义，以考其信，著有过，刑仁讲让，示民有常。如有不由此者，在埶者去，众以为殃。是谓小康。

与“小康”相对，“大同”则是一种更高的理想社会。《礼记·礼运》描述道：

大道之行也，天下为公。选贤与能，讲信修睦，故人不独亲其亲，不独子其子。使老有所终，壮有所用，幼有所长，矜寡孤独废疾者皆有所养。男有分，女有归。货恶其弃于地也，不必藏于己；力恶其不出于身也，不必为己。是故谋闭而不兴，盗窃乱贼而不作，故外户而不闭，是谓大同。

可见，“大同”是指天下为公、路不拾遗、井然有序的理想社会状态，而“小康”则是天下为家、温馨和睦、讲究礼仪的亲情社会状态。以上两段文

① 郑天挺，吴泽，杨志玖. 中国历史大辞典·上卷[M]. 上海：上海辞书出版社，2000.

字，是孔子对弟子言偃所讲的“大同”与“小康”的区别。

除了描述一种理想的社会状态，“小康”一词亦指较为安康的生活条件。《尔雅·释诂》称：“康，安也。”《诗经·大雅·民劳》中说“民亦劳止，汔可小康”，意在讲衣食无虞的安康生活。《聊斋志异·丁前溪》有“由此小康，不屑旧业矣”之语。宋代洪迈在《夷坚甲志·五郎君》中曾言“然久困于穷，冀以小康”。这里的“小康”都是指可以维持在中等生活水平的家庭经济状况。①

在古人眼里，小康生活便是丰衣足食、安居乐业的美好生活的代名词。它反映了长期处于贫困状态的普通百姓对于衣食无忧生活的向往。所以，从古到今上千年来，“小康”一词在民间得到广泛的流传，其含义也不像儒家典籍描述的那样规范，而是逐步地向人们的基本生活状态转移，越来越多地被解释为“略有资产，足以自给之境”“谓经济比较宽裕”“经济较宽裕，可以不愁温饱”，有的干脆“指经济情况较为宽裕的人家”。由此可见，小康是古代先民对宽裕、殷实、稳定、安宁的社会生活的憧憬和期盼，是一个用中国风格、中国语言表述的特定的中国式的概念。

（二）近代国人的热切向往

当历史的航船行进至19世纪中叶之时，鸦片战争的隆隆炮声震醒了国人的小康梦，西方列强凭借其“船坚炮利”打开了中国闭关锁国的大门。从此，中国沦为半殖民地半封建社会，广大人民生活在饥寒交迫、水深火热之中。

在清朝政府腐败的统治下，经济上土地兼并剧烈，地主对农民的剥削加重，赋税繁苛，广大农民处于劳碌终年而仅能勉强度日的惨况；政治上统治者守旧、腐败，对世界大势茫然无知，只知固位敛财。清代学者魏源揭露当时社会称：“除富贵而外不知国计民生为何物，除私党而外不知人材为何物。”对西方先进的科学技术妄斥为“奇技淫巧”，长期实行闭关锁国的政策，加深了愚昧落后的状况，严重阻碍了中国社会的进步。思想文化上钳制言论，“恪守祖训”，造成学人眼界狭窄，思想闭塞这种“万马齐喑”的可悲局面。

在这种形势下，洪秀全领导的太平天国运动，历经十余年时间，席卷半个中国，并建立了短暂的革命政权，颁布了《天朝田亩制度》，企图达到“有

---

①李国祥.古汉语常用词词典[M].武汉：崇文书局，2006：486-487.

田同耕，有饭同食，有衣同穿，有钱同使，无处不均匀，无人不饱暖”的理想境界。这种社会蓝图，反映了农民的平均主义思想和对平等、富裕生活的朦胧憧憬。但好梦未成，这场运动很快便被清军镇压而失败。

戊戌维新，康、梁发动公车上书，提出富国、养民、练兵的政治纲领，推动变法维新，因遭到以慈禧为首的守旧派的强烈反对和残酷镇压，以失败告终。

20世纪初，八国联军大举入侵。义和团率先在山东起义抵抗，直逼京津。在帝国主义的残酷镇压和清政府的出卖下，义和团在战斗中失利。《辛丑条约》的签订，使中国的半殖民化进一步加深，中国人民从此在“三座大山”的重压下，痛苦呻吟。

以孙中山为首的革命党人，面对“强邻环列，豆剖瓜分”的民族危亡之境，而起“救国之思”，发起辛亥革命，一举推翻清朝政府，建立南京临时政府。孙中山在就任临时大总统的誓词中，把“图谋民生幸福”作为其任内的重要任务，他指出“夫民国新建，外交内政，百绪繁生”，“建设之事，更不容缓”，“现在民国大局已定，亟当振兴实业，改良商货，方于国计民生有所裨益”。一些在革命前已停产的企业很快恢复生产，一批新的企业也先后诞生。据农商部统计，1912年注册的设厂数（1 504家），几乎相当于1911年（787家）的两倍。但由于资产阶级的软弱和妥协，革命胜利的成果被袁世凯所窃取，反帝反封建的根本任务未能完成。

十月革命的一声炮响，为中国送来了马克思列宁主义。从鸦片战争以来，中华民族的优秀儿女历经千辛万苦，终于找到了救国救民的最好的思想武器。随着中国共产党的宣告成立，中国迎来了革命新时代的晨曦，富民强国的梦想与向往即将变为现实。

（三）现代人民的民族理想

以毛泽东为首的中国共产党人，领导全国人民，经过28年的艰苦卓绝的斗争，打败了日本帝国主义，推翻了国民党的反动统治，成立了新中国。人民获得解放，当家做主，以极大的热情投身到社会主义的建设事业之中。

新中国成立以后，国家的富强和人民的幸福、社会主义现代化的实现，就成为中国共产党领导中国人民努力奋斗的目标。为达到这一目标，新中国成立初期，我国建设了一大批项目，为工业化和农业现代化初步奠定了基础。

1956 年以后的 20 年，由于极左路线的干扰，我党在社会主义建设的探索中出现了重大失误，延缓了社会主义建设的进程，使生产力未能得到快速发展，人民生活水平未能得到极大提高，国家未能根本改变一穷二白的面貌。虽然建立了比较完整的工业体系和国民经济体系，但在解决人民的温饱和克服贫穷的问题上步子迈得不大、成绩不显著。特别是在三年困难时期，人民的生活水平更是严重下降。“文化大革命”期间，国民经济虽在缓慢发展，但人民的生活水平依然没有多大改善。

当历史的车轮行进到 20 世纪 70 年代末之时，特别是党的十一届三中全会以后，以邓小平同志为核心的第二代党中央领导集体，恢复了实事求是的思想路线，对外开放，对内改革，拨乱反正，大力推进经济建设，使国民经济从崩溃的边缘起死回生，物资短缺的现象日渐好转，人民生活水平开始逐步得到改善。

在此情势下，1979 年 12 月 6 日，邓小平在人民大会堂会见日本首相大平正芳时首次提出了“小康”的概念，用来描述中国的现代化进程。当年 12 月 29 日，邓小平在会见新加坡政府代表团时，重申了这一概念，指出：“所谓四个现代化，只能搞个‘小康之家’，比如说，国民生产总值人均 1 000 美元。即使我们的经济指标超过所有国家，人均收入仍不会大，总之，既要有雄心壮志，也要脚踏实地。”

由此，“小康”成为邓小平理论中一个非常重要的概念，也成为中国共产党建设社会主义现代化中国的不倦追求。

二、建设小康社会是中国共产党的历史任务

新中国成立以后，社会主义现代化建设是中国共产党的历史任务，建设小康社会是社会主义现代化建设的重要阶段。《中国共产党章程》明确表示：“党的最高理想和最终目标是实现共产主义”，“中国共产党人追求的共产主义最高理想，只有在社会主义社会充分发展和高度发达的基础上才能实现”。为建设中国社会主义事业，中国共产党自成立以来，开辟了中国特色社会主义

道路，形成了中国特色社会主义理论体系，确立了中国特色社会主义制度，发展了中国特色社会主义文化。目前，我国正处于并将长期处于社会主义初级阶段，中国共产党在社会主义初级阶段的基本路线是："领导和团结全国各族人民，以经济建设为中心，坚持四项基本原则，坚持改革开放，自力更生，艰苦创业，为把我国建设成为富强民主文明和谐美丽的社会主义现代化强国而奋斗。"

党逐步确立了社会主义初级阶段的三大历史任务，并为实现推进现代化建设、完成祖国统一、维护世界和平与促进共同发展这三大历史任务，实现"两个一百年奋斗目标"、实现中华民族伟大复兴的中国梦而奋斗。

推进社会主义现代化建设是党的重要历史任务，建设小康社会是其中的重要步骤。新中国成立后，党中央就提出建设社会主义现代化的战略目标。党中央从毛泽东时代就提出"两步走"的战略设想和到2000年全面实现社会主义"四个现代化"的战略设想。改革开放后，邓小平开始为中国社会主义现代化设计一个更切实可行的发展战略构想，其中"小康"是这一构想中的重要步骤。《中国共产党章程》明确指出："在新世纪新时代，经济和社会发展的战略目标是，到建党一百年时，全面建成小康社会；到新中国成立一百年时，全面建成社会主义现代化强国。"沿着这一方向，几代中国共产党人逐步确立了社会主义现代化建设的战略步骤，取得了中国特色社会主义现代化建设的伟大胜利。

（一）小康是社会主义现代化建设的初级阶段

1. 小康的提出

1979年，为设计中国现代化建设的路径，邓小平提出了"中国式的现代化"的概念，这一概念是小康概念的前身。1979年3月21日，邓小平在会见英中文化协会执行委员会代表团时指出："我们定的目标是在本世纪末实现四个现代化。我们的概念与西方不同，我姑且用个新说法，叫作中国式的四个现代化。"提出这一概念是因为中国现代化建设必须考虑基本国情，他指出："现在搞建设，也要适合中国情况，走出一条中国式的现代化道路。要使中国实现四个现代化，至少有两个重要特点是必须看到的：一是底子薄；二是人口多，耕地少。中国式的现代化，必须从中国的特点出发。”① 同年 10 月 4 日，邓小平在各省（自治区、直辖市）第一书记座谈会上谈道：“我们开了大口，本世纪末实现四个现代化。后来改了口，叫中国式的现代化，就是把标准放低一点。特别是国民生产总值，按人口平均来说不会很高。”②

1979 年 12 月 6 日，邓小平在会见日本首相大平正芳时，第一次用“小康”“小康之家”这些新概念来描述“中国式的现代化”。他说：“我们要实现的四个现代化，是中国式的四个现代化。我们的四个现代化的概念，不是像你们那样的现代化的概念，而是‘小康之家’。到本世纪末，中国的四个现代化即使达到了某种目标，我们的国民生产总值人均水平也还是很低的。要达到第三世界中比较富裕一点的国家的水平，比如国民生产总值人均 1 000 美元，也还得付出很大的努力。就算达到那样的水平，同西方来比，也还是落后的。所以，我只能说，中国到那时也还是一个小康的状态”，“只是一个小康的国家”。③

“小康”这一概念意味着国家经济发展达到一定水平，也就是“翻两番”。1981 年 4 月 14 日，邓小平指出：“在本世纪末，我们只能达到一个小康社会，日子可以过。经过我们的努力，设想十年翻一番，两个十年翻两番，就是达到人均国民生产总值 1 000 美元。经过这一时期的探索，看来达到 1 000 美元也不容易，比如说 800、900，就算 800，也算是一个小康生活了。”这一想法后来被写入政府工作报告。1981 年国务院《政府工作报告》指出：“力争用 20 年的时间使工农业生产总值翻两番，使人民的消费达到小康水平。”④ 所谓“翻两番”，就是以 1980 年的人均国民生产总值 250 美元的基数，每 10 年时间翻一番，到 20 世纪末达到 1 000 美元。这一设想后来作为党的战略目标被写进了党的十二大报告中。

1982 年，党的十二大报告提出：“从 1981 年到本世纪（即 20 世纪）末的 20 年，我国经济建设总的奋斗目标是，在不断提高经济效益的前提下，力争

①② 中共中央文献研究室. 邓小平年谱(1904-1974)：上卷[M]. 北京：中央文献出版社，2009.
③ 中共中央文献研究室. 邓小平文选：第 2 卷[M]. 北京：人民出版社，1994：237.
④ 中共中央文献研究室. 三中全会以来重要文献选编(下)[M]. 北京：人民出版社，1982.

使全国工农业的年产总值翻两番，即由1980年的7 100亿元增加到2000年的28 000亿元左右。”1984年3月25日，邓小平在同日本首相中曾根康弘的谈话中有这样一段话：“翻两番，国民生产总值人均达到800美元，就是到本世纪末在中国建立一个小康社会。这个小康社会，叫作中国式的现代化。翻两番、小康社会、中国式的现代化，这些都是我们的新概念。”1986年，邓小平进一步指出：“所谓小康社会，就是虽不富裕，但日子好过。我们是社会主义国家，国民收入分配要使所有的人都得益，没有太富的人，也没有太穷的人，所以日子普遍好过。更重要的是，那时我们可以进入国民生产总值达到一万亿美元以上的国家行列。”①

随着我国小康社会的建设，党对“小康水平”的概念作了进一步的拓展，小康的内涵从经济拓展到其他方面。1990年，党的十三届七中全会对小康的含义作了详细论述。第一，所谓小康水平，是指在温饱的基础上，生活质量进一步提高，达到丰衣足食。第二，生活质量的提高，既包括物质生活的改善，也包括精神生活的充实，既包括居民个人消费水平的提高，也包括社会福利和劳动环境的改善。第三，根据我国经济发展不平衡的情况，全国实现小康是逐步推进的，不可能规定一个统一的时间表。到20世纪末，已实现小康的少数地区，将进一步提高生活水平，达到较高的发展阶段；温饱问题基本解决的多数地区，将普遍达到小康；尚未摆脱贫困的少数地区，将在温饱的基础上向小康过渡。

小康是我国现代化建设战略的初步阶段。1980年12月底，邓小平在中共中央工作会议上明确提出我国经济发展的战略构想：“经过20年的时间，使我国现代化经济建设的发展达到小康水平，然后继续前进，逐步达到更高程度的现代化。”1984年5月，邓小平在会见巴西总统菲格雷多时指出，“到20世纪末人均达到800美元，国民生产总值达到10 000亿美元”的小康水平后，“在这样一个基础上，再发展30年到50年，我们就可以接近发达国家的水平”。在此基础上，邓小平提出了两步走的战略，“我们第一步是实现翻两番，需要20年，还有第二步，需要30年到50年，恐怕是要50年，接近发达国家

---

①中共中央文献研究室.邓小平文选：第3卷[M].北京：人民出版社，1993.

的水平。两步加起来，正好 50 年至 70 年。”① 1987 年，邓小平提出了中国社会主义现代化“三步走”的长远目标构想：“第一步是在 80 年代翻一番。以 1980 年为基数，当时国民生产总值人均只有 250 美元，翻一番，达到 500 美元。第二步是到本世纪末，再翻一番，人均达到 1 000 美元。实现这个目标意味着我们进入小康社会，把贫困的中国变成小康的中国……第三步，在下世纪（即 21 世纪）用 30 年到 50 年再翻两番，大体上达到人均 4 000 美元。做到这一步，中国就达到中等发达国家的水平。”② 因此，实现“小康水平”就是我国国民经济和社会发展的第二步奋斗目标和现代化进程的阶段性标志。

党的十三大正式将“小康水平”列为“三步走”战略的第二步目标，指出我国经济建设的战略部署大致分三步。第一步，实现国民生产总值比 1980 年翻一番，解决人民温饱问题；第二步，到 20 世纪末，国民生产总值再翻一番，人民生活达到小康水平；第三步，到 21 世纪中期，人均国民生产总值达到中等发达国家水平，人民生活比较富裕，基本实现现代化。

2. 总体小康的实现

按照邓小平的“三步走”现代化战略，我国将经历温饱、小康、富裕三个阶段：第一步，从 1981 年至 1990 年实现国民生产总值比 1980 年翻一番，解决人民温饱问题；第二步，从 1991 年到 20 世纪末，国民生产总值再增长一倍，人民生活达到小康水平；第三步，到 21 世纪中叶，人均国民生产总值达到中等发达国家水平，人民生活比较富裕，基本实现现代化。按照邓小平的设想，在我国人均国民生产总值达到 800 至 1 000 美元时，我国将进入小康社会。

经过近 20 年的努力，这个目标已于 1997 年提前完成。我国提前实现了“三步走”战略目标的前两步。按照不变价格计算，1987 年我国国内生产总值达到了 9 129 亿元，提前三年实现了国内生产总值比 1980 年翻一番的目标；1995 年我国又提前五年完成了 2000 年的目标③，人民群众的总体生活水平基本实现了从贫困到小康的历史性跨越。我国人均国民生产总值在世界上的位次明显上升。按照汇率法衡量，中国人均国民总收入 1978 年在世界上 188 个

①② 中共中央文献研究室. 邓小平文选：第 3 卷[M]. 北京：人民出版社，1993.
③ 国家统计局. 中国统计摘要 2006[M]. 北京：中国统计出版社，2006.

国家中排第175位，2000年在世界上207个国家中排第141位。按照购买力平价理论衡量，1980年中国人均国内生产总值在世界上140个国家中排第106位，到2000年在世界上162个国家中排第84位。①

完成了“三步走”战略的前两步，我国实现了“总体小康”。为何称之为总体小康阶段呢?

其一，党的十六大报告明确提出了目前我国“人民生活总体上达到小康水平”这个科学论断。所谓“总体上达到”就是总体上平均计算达到了。但由于我国地域辽阔，人口众多，经济发展不平衡，到2000年，我国尚有近3 000万人的温饱问题还没有完全解决，城镇也有一批下岗人口在最低生活保障线以下，还有一部分人口虽然解决了温饱问题但尚未达到小康，因此，“总体小康”这个阶段的特点只是偏重物质消费的小康，是低水平的、不全面的、发展很不平衡的小康。

其二，依据美国经济学家霍利斯·钱纳里关于经济发展阶段划分标准，有两个标准，一个是经济总量标准，一个是结构标准。② 从经济总量标准来看，人均国内生产总值在140～280美元之间属于初级产品生产阶段，人均国内生产总值在280～2 100美元之间属于工业化阶段，人均国内生产总值在2 100～5 040美元之间属于发达经济阶段。他这是1970年的标准，在今天看来，这个标准显然较低，但对于小康社会发展阶段的划分却有借鉴意义。我国2000年人均国内生产总值达到800美元，表明已进入了工业化阶段，但人均国内生产总值水平在世界上还排在很低的位次上，仍属于低收入的发展中国家。

从结构标准来看，我国产业结构层次低，第一产业比重占18%，第三产业占36%，而世界平均水平的第一产业占5%，第三产业占61%。我国还有一半左右的劳动者在初级产业就业；居民消费结构层次低，恩格尔系数③偏高；城市化水平仍然较低，成人文盲率仍然较高，义务教育虽然基本普及，但普及高中任务艰巨；劳动资本比低，贸易结构不发达，等等。

由此可见，虽然按人均国内生产总值800美元来说，我国进入了总体小

---

①胡鞍钢.2020中国全面建设小康社会[M].北京:清华大学出版社,2007:7.

②马洪,王梦奎.中国发展研究[M].北京:中国发展出版社,2001.

③恩格尔系数指居民用于食品消费的支出占消费性支出(城镇)或生活消费支出(农村)的比重。食品消费支出是指居民用于主食、副食、其他食品以及在外饮食的支出总和。

康社会，但是这个小康仍然是一个低水平的、不全面的、发展很不平衡的小康。

总之，这一阶段，我国虽然完成了“人民生活总体上由温饱到小康的历史性跨越”，取得了社会主义制度的伟大胜利，但就小康社会的整体进程来看，它仍然属于小康社会的初级阶段，还只能如当年毛泽东所说的，只是万里长征走完了第一步，更远、更长的路还在后头。

（二）全面小康是加快推进社会主义现代化的新的发展阶段

1. 全面小康社会新提法

20 世纪末，邓小平规划的“总体小康”的实现进程走完了社会主义现代化建设的前两步。进入 21 世纪，中国如何完成邓小平的第三步战略设想呢？

对此，党中央提出了“新三步”的战略构想，并提出“全面小康社会”建设作为前两步。党的十五届五中全会明确提出：“从新世纪开始，我国将进入全面建设小康社会，加快推进社会主义现代化的新的发展阶段。”

党中央的“新三步”战略构想是将 20 世纪实现社会主义现代化的目标进一步分解，将“全面小康社会”建设作为前两步。1997 年，党的十五大报告对邓小平社会主义现代化建设的第三步作出了新的部署，提出 21 世纪“第一个十年实现国民生产总值比 2000 年翻一番，使人民的小康生活更加宽裕，形成比较完善的社会主义市场经济体制；再经过十年的努力，到建党一百年时，使国民经济更加发展，各项制度更加完善；到世纪中叶建国一百年时，基本实现现代化，建成富强民主文明的社会主义国家”。2002 年，党的十六大报告进一步明确了“三步”构想，即到 2010 年，使经济总量、综合国力和人民生活再上一个大台阶，为后十年的更大发展打好基础；到 2020 年，国内生产总值力争比 2000 年翻两番，综合国力和国际竞争力明显增强，全面建设惠及十几亿人口的更高水平的小康社会；到本世纪中叶基本实现现代化，把我国建成富强民主文明的社会主义现代化国家。

“全面小康社会”为“小康”赋予了更丰富的内涵。党的十五大报告提出，到 2010 年“使人民的小康生活更加宽裕”，党的十六大报告提出了全面建设小康社会的奋斗目标。江泽民指出：“现在达到的小康还是低水平的、不全面的、发展很不平衡的小康。”全面建设小康社会，就是要“全面建设惠及十几亿人口的更高水平的小康社会，使经济更加发展、民主更加健全、科技更加进步、文化更加繁荣、社会更加和谐、人民生活更加殷实”。全面建设小康社会，就是要把一个低水平的小康社会建设成为更高水平的小康社会，达到六个“更加”。为之，党的十六大报告第一次提出了全面建设小康社会在经济、政治、文化和可持续发展四个方面的奋斗目标。

党的十八大提出了全面建成小康社会的宏伟目标，进一步丰富了小康社会的内涵。根据我国经济社会发展实际，党的十八大在十六大、十七大确立的全面建设小康社会目标的基础上，就经济、民主、文化、民生、生态等方面提出新的要求。即经济持续健康发展，人民民主不断扩大，文化软实力显著增强，人民生活水平全面提高，资源节约型、环境友好型社会建设取得重大进展。习近平总书记指出：“全面建成小康社会，强调的不仅是‘小康’，而且更重要的也是更难做到的是‘全面’。”

从总体建立到全面建成，随着小康社会建设过程的推进，“小康”内涵不断被深化。从邓小平提出到20世纪末建立小康社会，到党的十六大提出在21世纪全面建设小康社会的任务，再到党的十八大提出到2020年全面建成小康社会的任务，在这一过程中，“小康”的内涵被不断深化、不断丰富。

从总体小康到全面小康是一个从低到高的发展过程，是从“总体小康生活水平”到“全面小康社会”的发展。邓小平所提出的小康社会目标是“总体小康”，达到总体小康意味着“人民生活总体上达到小康水平”。所谓“总体小康”是基本解决温饱，刚刚进入小康社会阶段的初步小康，是宽裕、不宽裕，温饱、贫困的社会和群体并存，而且温饱和贫困面还比较大的低水平小康，是主要从经济发展和人民群众物质生活水平相对提高这个角度去考察的小康，也就是说，“总体小康”是一个低水平的、不全面的、发展很不平衡的小康。党的十六大报告提出建设“更高水平的小康社会”，也就是“全面小康”。所谓“全面小康”，一是从区域上讲，应该覆盖全国。全国各地都要实现小康，是接近发达的高水平的小康。二是从对象上讲，不是少数“先富起来的人”，而是“惠及十几亿人口”的小康，是“共同富裕”，除了极少部分特殊困难的群体外，其他人都要达到小康，而且其中宽裕和更加宽裕的群体要占多数，形成一个“橄榄型”的中等收入阶层，这个阶层的人数越多，社会就越稳定。三是从内容上讲，应该是“三个文明”的统一，不仅是物质生活的小康，还要是精神生活上的小康、政治生活上的小康，不仅要注重生活水平，更要注重生活质量。

2. 全面小康社会的建成

从 21 世纪开始，我国进入全面建设小康社会时期。党中央指出，21 世纪头二十年“是一个必须紧紧抓住并且可以大有作为的重要战略机遇期”。新一轮现代科技革命、经济全球化、知识经济浪潮方兴未艾，世界格局处于大变动之中，给中国发展提供了大环境、大舞台、大空间。抓住这个机遇，就可以在西方发达国家发展动力不足、发展势头不旺的同时，缩小我国与发达国家的差距，实现跨越式发展。能否把握住这个“重要战略机遇期”，将深刻地影响到中华民族的历史命运与在世界历史上的地位。党的十八大明确提出“两个一百年”奋斗目标：在中国共产党成立一百年时全面建成小康社会，在新中国成立一百年时建成富强民主文明和谐的社会主义现代化国家。

21 世纪的头二十年，是全面小康社会建设建成的阶段。按照党中央的部署，本阶段又可分为两个时期：

一是全面建设小康社会时期（2000—2010 年）。

党的十六大以来的十年，是全面建设小康社会的十年。国民生产总值比 2000 年翻一番，使人民的小康社会更加富裕，形成比较完善的社会主义市场经济体制。这意味着，刚刚进入小康社会，初步满足了温饱，日子好过了一些，仍还有不少困难，但随着国民生产总值翻一番，生产力发展水平、综合国力和人民生活水平都可以上一个台阶，因此，此十年可称之为“不很宽裕的小康社会”。

二是全面建成小康社会时期（2010—2020 年）。

党的十八大是我国进入全面建成小康社会决定性阶段。这十年，随着国民生产总值再翻一番，生产力发展水平、综合国力和人民生活水平都可以再上一个台阶，因此可称之为“宽裕的小康社会”。

总而言之，全面小康阶段是继续消除局部贫困的阶段，是逐步提高小康水平和富裕程度的阶段，是由片面发展逐步转向全面发展的阶段，是实现现代化建设第三步战略目标必经的承上启下的发展阶段，也是完善社会主义市场经济体制和扩大对外开放的关键阶段。

（三）全面建成小康社会开启了建设社会主义现代化强国新征程

全面建成小康社会是社会主义现代化进程中的一个阶段。完成这一目标，则开启了建设社会主义现代化强国的新征程。

2021年，中国共产党迎来了百年华诞，中国全面建成小康社会，圆了中华民族的千年梦想。在圆梦之际，党的十九大综合分析国际国内形势和我国发展条件，对“新三步”的最后一步——“到本世纪中叶基本实现现代化，把我国建成富强民主文明的社会主义现代化国家”进行具体部署，指出从2020年到21世纪中叶可以分两个阶段来安排。

第一个阶段，从2020年到2035年，在全面建成小康社会的基础上，再奋斗十五年，基本实现社会主义现代化。到那时，我国经济实力、科技实力将大幅跃升，跻身创新型国家前列；人民平等参与、平等发展的权利得到充分保障，法治国家、法治政府、法治社会基本建成，各方面制度更加完善，国家治理体系和治理能力现代化基本实现；社会文明程度达到新的高度，国家文化软实力显著增强，中华文化影响更加广泛深入；人民生活更为宽裕，中等收入群体比例明显提高，城乡区域发展差距和居民生活水平差距显著缩小，基本公共服务均等化基本实现，全体人民共同富裕迈出坚实步伐；现代社会治理格局基本形成，社会充满活力又和谐有序；生态环境根本好转，美丽中国目标基本实现。

第二个阶段，从2035年到21世纪中叶，在基本实现现代化的基础上，再奋斗十五年，把我国建成富强民主文明和谐美丽的社会主义现代化强国。到那时，我国物质文明、政治文明、精神文明、社会文明、生态文明将全面提升，实现国家治理体系和治理能力现代化，成为综合国力和国际影响力领先的国家，全体人民共同富裕基本实现，我国人民将享有更加幸福安康的生活，中华民族将以更加昂扬的姿态屹立于世界民族之林。

从全面建成小康社会到基本实现现代化，再到全面建成社会主义现代化强国，是新时代中国特色社会主义发展的战略安排。这一安排建立在我国全面建成小康社会的基础上。在中国共产党的领导下，中华民族对于“小康”的千年梦想，在一步一步脚踏实地的奋斗下，终于实现。小康社会这一千年梦想的实现，开启了我国社会主义现代化建设的新征程！

第二章

小康社会　指标衡量

2020年，我国实现了全面建成小康社会的宏伟目标。从提出小康的目标，到全面建成小康社会，这一伟大事业的实现进程可以大致分为三个阶段：建设总体小康阶段（1980—2000年），全面建设小康社会阶段（2000—2010年），全面建成小康社会阶段（2010—2020年）。

指标是指引小康社会建设的方向，也是衡量小康社会建设成果的标准。在每一个阶段，党中央依照具体目标，不断完善指标体系。从总体小康到全面小康，小康社会的指标从侧重于经济方面，到全面扩展于社会各个方面。在建设小康社会的过程中，教育作为小康社会的重要方面，也得到了显著的发展。

一、“小康社会”的指标变迁

党的十六大提出了两个概念：“总体达到小康水平”和“更高水平的小康社会”。从内容上来说，总体小康阶段更多地侧重于人民生活水平；全面小康社会既包括经济发展、人民的物质生活，又包括精神生活、人口素质和社会环境等。

（一）“总体小康”阶段的指标

改革开放初期，邓小平提出了“小康”的目标，将古代先民的朦胧梦想化为具体的奋斗目标。这一目标的核心是经济发展水平。按照邓小平最初的设想，小康的目标是以1980年为基数，到20世纪末，人均国民生产总值翻两番，由250美元达到1 000美元。这一数值在后期曾有所调整，但小康的基本目标仍围绕着经济发展。尽管如此，小康也并不仅仅只关注经济发展，党的十三届七中全会明确指出：“所谓小康水平，是指在温饱的基础上，生活质量进一步提高，达到丰衣足食。这个要求既包括物质生活的改善，也包括精神生活的充实；既包括居民个人消费水平的提高，也包括社会福利和劳动环境的改善。”

在这一目标下，国家制定了总体小康阶段的指标体系。1992 年，国家统计局制定了《全国人民小康生活水平的基本标准》。1995 年，国家统计局等部门进一步修订颁布了《全国人民生活小康水平的基本标准》《全国农村小康生活水平的基本标准》《全国城镇小康生活水平的基本标准》，并分别设计了全国标准、城市标准和农村标准。

全国标准是衡量全国人民小康生活水平的基本标准，包括经济水平、物质生活、人口素质、精神生活、生活环境等 5 大类共 16 项指标。在这一指标体系中，经济水平的权重占 14%，物质生活的权重占 48%，人口素质占 14%，精神生活占 10%，生活环境占 14%。可见这一指标体系更侧重于经济水平和物质生活。

具体见表 2-1。

表 2-1　全国小康基本标准及 1980—2000 年综合评价值①

指标类别	指标名称	单位	实际值			小康实现程度		
			1980 年	1990 年	2000 年	小康值	1990 年	2000 年
一、经济水平	1. 人均国内生产总值（人均 GDP）	元	778	1 643	3 850	2 500	49.7	100
二、物质生活							50.0	95.8
收入（人均收入）	2. 城镇人均可支配收入	元	974	1 253	2 925	2 400	38.5	100
	3. 农民人均纯收入	元	315	686	1 066	1 200	41.9	84.85
居住（人均居住面积）	4. 城镇人均居住使用面积	m^2	5.5	9.45	14.9	12	60.8	100
	5. 农村人均钢筋砖木结构住房面积	m^2	4.5	11.06	19.76	15	62.5	100

①本书编写组. 全面建设小康社会学习读本[M]. 北京：中共中央党校出版社，2002.

续表

指标类别	指标名称	单位	实际值			小康实现程度		
			1980 年	1990 年	2000 年	小康值	1990 年	2000 年
营养	6. 人均蛋白质摄入量	克	50	62	73	75	48.0	90
交通	7. 城市人均铺路面积	m^2	2.8	6	9.1	8	61.5	100
	8. 农村通公路的行政村比重	%	50	74	85	85	68.6	100
结构	9. 恩格尔系数	%	60	56.8	45	50	32.0	100
三、人口素质							66.9	100
文化	10. 成人识字率	%	68	77.7	93.28	85	57.1	100
健康	11. 人均预期寿命	岁	68	70	71.4	70	100	100
	12. 婴儿死亡率	%	3.47	3.29	2.83	3.1	48.6	100
四、精神生活							47.2	100
	13. 教育娱乐支出比重	%	3	6.27	11.67	11	40.9	100
	14. 电视机普及率	%	11.9	59.1	100	100	53.6	100
五、生活环境							23.3	90
	15. 森林覆盖率	%	12	13	16.55	15	33.3	100
	16. 农村初级卫生保健基本合格以上县	%		13.3	83	100	13.3	80.4
总计	共 16 项指标						48.3	96.6

注：(1) 表中价值量指标按 1990 年价格计算；(2) 小康实现程度＝［（即期值－1980 值）/（小康值－1980 年值）］×100%

这一指标体系对于推进小康社会建设的进程起了积极作用。国家统计局等部门依照这一指标体系进行测算，指出到1990年全国小康实现程度为48%，2000年为96.6%，只有三个指标没有达到小康标准，2001年全国小康程度达到96.9%。2002年，党的十六大报告明确指出："经过全党和全国各族人民的共同努力，我们胜利实现了现代化建设'三步走'战略的第一步、第二步目标，人民生活总体上达到小康水平。这是社会主义制度的伟大胜利，是中华民族发展史上一个新的里程碑。"

（二） 全面建设小康社会阶段的指标

随着总体小康的实现，党的十六大提出了全面建设小康社会的奋斗目标，要"全面建设惠及十几亿人口的更高水平的小康社会，使经济更加发展、民主更加健全、科技更加进步、文化更加繁荣、社会更加和谐、人民生活更加殷实"，实现六个"更加"。

指标体系反映了这一更加全面的目标。2003年，国家统计局提出了由经济发展、社会发展、人口素质、生活质量、民主法制和资源环境6大类共18项指标构成的农村全面小康社会评价标准。2007年又根据党的十七大提出的新要求对指标体系作了重要修订。2008年6月，由国家统计局正式印发了《全面建设小康社会统计监测方案》，方案中的指标体系由经济发展、社会和谐、生活质量、民主法制、文化教育、资源环境等6个方面共23项指标组成。

全面建设小康社会的指标体系，相比于总体小康水平时期的指标，所涉及的范围更广，标准更高，同时具有国际化的特点。这一指标体系在范围上凸显了对社会全面发展的重视，同时在权重上，也赋予经济物质发展以外的指标更大的权重（表2-2）。

表2-2 全面建设小康社会统计监测指标体系

监测指标	单位	权重（%）	标准值（2020年）
一、经济发展		29	
1. 人均国内生产总值	元	12	≥31 400
2. R&D经费①支出占国内生产总值比重	%	4	≥2.5
3. 第三产业增加值占国内生产总值比重	%	4	≥50
4. 城镇人口比重	%	5	≥60
5. 失业率（城镇）	%	4	≤6

①R&D经费指全社会研究与试验发展经费。

续表

监测指标	单位	权重（%）	标准值（2020年）
二、社会和谐		15	
6. 基尼系数①	—	2	≤0.4
7. 城乡居民收入比	以农为1	2	≤2.80
8. 地区经济发展差异系数	%	2	≤60
9. 基本社会保险覆盖率	%	6	≥90
10. 高中阶段毕业生性别差异系数	%	3	=100
三、生活质量		19	
11. 居民人均可支配收入	元	6	≥15 000
12. 恩格尔系数	%	3	≤40
13. 人均住房使用面积	m^2	5	≥27
14. 5岁以下儿童死亡率	‰	2	≤12
15. 平均预期寿命	岁	3	≥75
四、民主法制		11	
16. 公民自身民主权利满意度②	%	5	≥90

①基尼系数是衡量收入分配均等程度的重要指标，是一个区间(0～1)适度指标，过高、过低都不好，过高表明收入差异太大，容易形成两极分化，影响社会稳定；过低则表明收入差异太小，容易导致平均主义，影响经济效率。一般认为：0.2以下为高度平均，0.2～0.3之间为相对平均，0.3～0.4之间为相对合理，0.4以上为差距过大。

②公民自身民主权利满意度指公民对自身的政治、经济和文化权益得到切实尊重和保障的满意程度。

续表

监测指标	单位	权重（%）	标准值（2020年）
17. 社会安全指数①	%	6	≥100
五、文化教育		14	
18. 文化产业增加值占 GDP 比重②	%	6	≥5
19. 居民文教娱乐服务支出占家庭消费支出比重③	%	2	≥16
20. 平均受教育年限④	年	6	≥10.5
六、资源环境		12	
21. 单位 GDP 能耗⑤	吨标准煤/万元	4	≤0.84
22. 耕地面积指数⑥	%	2	≥94
23. 环境质量指数⑦	%	6	=100

①社会安全指数是一个合成指数，表示社会安全的状态。指一定时期内，社会安全的几个主要方面（社会治安、交通安全、生活安全、生产安全等）的总体变化情况。其中，社会治安采用万人刑事犯罪率指标；交通安全采用万人交通事故（含道路交通、水上交通、铁路、民航等）死亡率指标；生活安全采用万人火灾事故死亡率指标；生产安全采用万人工伤事故死亡率指标。

②文化产业增加值占 GDP 比重指文化产业增加值占国内生产总值的比重。根据各类文化活动的特征和同质性，将全部文化产业活动划分为 9 大类别：新闻服务；出版发行和版权服务；广播、电视、电影服务；文化艺术服务；网络文化服务；文化休闲娱乐服务；其他文化服务；文化用品、设备及相关文化产品的生产；文化用品、设备及相关文化产品的销售。

③居民文教娱乐服务支出占家庭消费支出比重指居民用于文化、教育、娱乐方面的服务性支出占家庭消费支出的比重。

④平均受教育年限指一定时期内全国 15 岁及以上人口人均接受学历教育（包括成人学历教育，不包括各种非学历培训）的年数。

⑤单位 GDP 能耗指在一定时期内（通常为一年），每生产万元国内生产总值（GDP）所消耗的能源消费量。

⑥耕地面积指数指报告期耕地面积与常用耕地面积的比率。

⑦环境质量是包括水环境、大气环境、土壤环境、生态环境、绿化环境等环境要素优劣的一个综合概念。由于环境统计数据的限制，环境质量指数的计算目前暂由水环境、大气环境、绿化环境等要素构成，待条件成熟时，再加其他。环境质量综合指数包括：城市空气质量达标率、地表水达标率和国土绿化达标率。

注：(1) 人均国内生产总值、居民人均可支配收入、单位GDP能耗按2000年不变价计算。(2) 因目前城镇调查失业率统计数据还没有对外公开使用，暂用城镇登记失业率代替。农村居民人均支配收入暂用农村居民人均纯收入代替。

根据《全面建设小康社会统计监测方案》，国家统计部门对2000年至2010年全面建设小康社会进程进行监测，以“全面建设小康社会实现程度”表示建设进展，这一综合指数由23项监测指标实际值除以标准值，再经加权综合得来，实现程度60为总体小康，100为全面小康。根据分析，截至2010年，我国全面建设小康社会取得了显著的成效，实现度达到80.1%（表2-3，2-4）。①

表2-3　2000—2010年中国全面建设小康社会及在六大方面的实现程度（单位：%）

	2000	2001	2002	2003	2004	2005	2006	2007	2008	2009	2010
全面建设小康社会	59.6	60.7	61.8	63.0	64.8	67.2	69.9	72.8	74.7	77.5	80.1
经济发展	50.3	52.2	54.4	56.3	58.2	60.6	63.4	66.6	69.1	73.1	76.1
社会和谐	57.5	59.6	57.1	56.3	59.9	62.8	67.6	72.1	76.0	77.7	82.5
生活质量	58.3	60.7	62.9	65.5	67.7	71.5	75.0	78.4	80.0	83.7	86.4
民主法制	84.8	82.6	82.5	82.4	83.7	85.6	88.4	89.9	91.1	93.1	93.6
文化教育	58.3	59.1	60.9	61.8	62.2	63.0	64.1	65.3	64.6	66.1	68.0
资源环境	65.4	64.6	66.3	67.2	67.7	69.5	70.6	72.6	75.2	76.8	78.2

表2-4　2000—2010年中国四大区域全面建设小康社会实现程度（单位：%）

	2000	2001	2002	2003	2004	2005	2006	2007	2008	2009	2010
东部地区	64.3	66.5	69.0	70.5	72.4	75.1	78.1	81.4	83.5	86.0	88.0
中部地区	55.6	57.9	58.8	60.3	62.1	64.1	67.0	70.6	72.7	75.6	77.7
西部地区	53.2	54.2	55.1	56.1	56.9	59.2	61.0	64.4	66.2	68.9	71.4
东北地区	60.3	62.0	63.9	66.0	67.6	69.2	72.2	74.9	77.5	80.5	82.3

同时，分析发现，我国东、中、西、东北，四大区域全面建设小康社会

①国家统计局科研所. 中国全面建设小康社会进程统计监测报告(2011)[R/OL]. (2011-12-19). http://www.stats.gov.cn/ztjc/ztfx/fxbg/201112/t20111219 16151.html.

的实现程度均有所上升，但各区域间的差距仍较大。2010 年，东部地区全面建设小康社会实现度达到 88%，而西部地区则达到 71.4%。

（三）全面建成小康社会阶段的指标

21 世纪的前十年为全面小康社会的建设打下了坚实的基础，在此基础上，党的十八大提出了 2020 年全面建成小康社会的宏伟目标，并对这一目标提出了更高的标准。党的十八大明确提出“到 2020 年实现国内生产总值和城乡居民人均收入比 2010 年翻一番”的目标。国内生产总值与城乡居民人均收入，一个是经济总量指标，一个是人民生活指标，双指标的同步提出显示了党中央对居民生活水平的重视，反映了小康社会目标的进一步完善、发展。同时，党的十八大还提出了经济持续健康发展，人民民主不断扩大，文化软实力显著增强，人民生活水平全面提高，资源节约型、环境友好型社会建设取得重大进展的五个方面的新要求。习近平总书记指出：“‘小康’讲的是发展水平，‘全面’讲的是发展的平衡性、协调性、可持续性”，“要在坚持以经济建设为中心的同时，全面推进经济建设、政治建设、文化建设、社会建设、生态文明建设，促进现代化建设各个环节、各个方面协调发展，不能长的很长、短的很短”。

按照这一目标与要求，国家提出了新的指标体系，以监测和指导全面建成小康社会的进程。2013 年 10 月，国家统计局对《全面建设小康社会统计监测指标体系》进行了重新修订，形成了《全面建成小康社会统计监测指标体系》（表 2-5）及《全面建成小康社会统计监测方案》，该指标体系由经济发展、民主法制、文化建设、人民生活和资源环境 5 个方面共 39 项指标组成，用于监测全国及各地的小康进展情况。2019 年，国家统计局对《全面建成小康社会统计监测指标体系》进行了修订。

表 2-5　全面建成小康社会统计监测指标体系（2013）

一级指标	监测指标	单位	权重	目标值
一、经济发展	1. 人均 GDP（2010 年不变价格）	元	4.0	≥57 000
	2. 第三产业增加值占 GDP 比重	%	2.0	≥47
	3. 居民消费支出占 GDP 比重	%	2.5	≥36
	4. R&D 经费支出占 GDP 比重	%	1.5	≥2.5

续表

一级指标	监测指标		单位	权重	目标值
	5. 每万人口发明专利拥有量		件	1.5	≥3.5
	6. 工业劳动生产率		万元/人	2.5	≥12
	7. 互联网普及率		%	2.5	≥50
	8. 城镇人口比重		%	3.0	≥60
	9. 农业劳动生产率		万元/人	2.5	≥2
二、民主法制	10. 基层民主参选率		%	3.5	≥95
	11. 每万名公务人员检察机关立案人数		人/万人	3.5	≤8
	12. 社会安全指数	每万人口刑事犯罪人数	%	4.0	=100
		每万人口交通事故死亡人数			
		每万人口火灾事故死亡人数			
		每万人口工伤事故死亡人数			
	13. 每万人口拥有律师数		人	3.0	≥2.3
三、文化建设	14. 文化及相关产业增加值占 GDP 比重		%	3.0	≥5
	15. 人均公共文化财政支出		元	2.5	≥200
	16. 有线广播电视入户率		%	3.0	≥60
	17. 每万人口拥有“三馆一站”公用房屋建筑面积		m^2	2.5	≥450
	18. 城乡居民文化娱乐服务支出占家庭消费支出比重		%	3.0	≥6
四、人民生活	19. 城乡居民人均收入（2010 年不变价格）		元	4.0	≥25 000
	20. 地区人均基本公共服务支出差异系数		%	1.5	≤40
	21. 失业率		%	2.0	≤6
	22. 恩格尔系数		%	2.0	≤40
	23. 基尼系数		—	1.5	≤0.4
	24. 城乡居民收入比		以农为 1	1.5	≤2.8
	25. 城乡居民家庭住房面积达标率		%	2.0	≥60

续表

一级指标	监测指标		单位	权重	目标值
	26. 公共交通服务指数	每万人拥有公共交通车辆	标车	2.0	=100
		行政村客运班线通达率	%		
	27. 平均预期寿命		岁	2.0	≥76
	28. 平均受教育年限		年	2.0	≥10.5
	29. 每千人口拥有执业医师数		人	1.5	≥1.95
	30. 基本社会保险覆盖率		%	3.0	≥95
	31. 农村自来水普及率		%	1.5	≥80
	32. 农村卫生厕所普及率		%	1.5	≥75
五、资源环境	33. 单位GDP能耗（2010年不变价格）		吨标准煤/万元	3.0	≤0.6
	34. 单位GDP水耗（2010年不变价格）		立方米/万元	3.0	≤110
	35. 单位GDP建设用地占用面积（2010年不变价格）		公顷/亿元	3.0	≤60
	36. 单位GDP二氧化碳排放量（2010年不变价格）		吨/万元	2.0	≤2.5
	37. 环境质量指数	PM2.5达标天数比例	%	4.0	=100
		地表水达标率			
		森林覆盖率			
		城市建成区绿化覆盖率			
	38. 主要污染物排放强度指数	单位GDP化学需氧量排放强度	%	4.0	=100
		单位GDP二氧化硫排放强度			
		单位GDP氨氮排放强度			
		单位GDP氮氧化物排放强度			
	39. 城市生活垃圾无害化处理率		%	3.0	≥85

注：(1) 全国单位 GDP 二氧化碳排放暂无数据，待有关部门公布时再纳入计算；(2) 复合指标环境质量指数中的 PM2.5 达标天数比例暂无数据，用城市空气质量达到二级以上天数占全年比重代替；(3) 各地区单位 GDP 二氧化碳排放量、基尼系数、每万名公务人员检察机关立案人数、人均基本公共服务支出差异系数数据无法取得，未纳入计算。

目前，我国已经达到全面建成小康社会的指标要求。国家统计局尚未公布全面建成小康社会的监测报告，但已有研究和数据都表明我国已经完成全面建成小康社会的伟大任务。以经济发展和人民生活类指标为例，比照 2013 年版全面建成小康社会指标，2019 年人均国内生产总值的完成度达到 99.49%，第三产业增加值占国内生产总值比重、居民消费支出占国内生产总值比重、工业劳动生产率、互联网普及率、城镇人口比重、农业劳动生产率、城乡居民人均收入、失业率、恩格尔系数、城乡居民收入比、平均预期寿命、每千人口拥有职业医师数完成度等指标均达到 100%，R&D 经费支出占国内生产总值比重的完成度达到 87. 6%，每万人口发明专利拥有量完成度达到 92.57%，基尼系数完成度达到 86.02%等。整体而言，2019 年我国全面建成小康社会的经济发展类和人民生活类指标已经总体实现。①

全面建成小康社会意味着我国已跻身世界中等发展水平国家。2020 年我国人均国内生产总值达到 10 800 美元，与世界人均国内生产总值基本持平，同时我国国内生产总值总量迈过了 100 万亿人民币大关。这意味着我国已经可以“平视”整个世界。我国国内生产总值总量占美国国内生产总值总量的比例在不断上升，从 2015 年到 2020 年，这一比例从 60.0%上升到 68.4%。2015 年 60%的比例已经促使西方学者思考对华战略的转变。

二、“小康社会”的教育发展指标

教育是小康社会中的重要方面，教育指标是衡量小康社会的标尺之一。

①唐忠，钟晓萍. 全面建成小康社会：经济发展成就与主要挑战[J]. 中国人民大学学报，2020(06)：2-13.

党的十六大报告把教育放在全面建设小康社会的全局之中，摆在优先发展的战略地位，民族振兴首先是教育振兴。教育水平是全面建设小康社会的重要标志和基础。教育水平的高低直接影响着全面小康社会的发展进程。

（一）衡量教育发展的指标

在全面小康社会的指标体系中，衡量教育的主要指标是平均受教育年限。按照规划，到 2020 年我国全面建成小康社会时，平均受教育年限应大于或等于 10.5 年。平均受教育年限，也称为人均受教育年限，是指某一人口群体人均接受学历教育（包括成人学历教育，不包括各种非学历培训）的年数，在不做说明的情况下，某一人口群体指“6 岁及 6 岁以上”人口，劳动年龄人口指 20 至 59 岁的人口。

随着小康社会的建设进程，这一指标任务基本完成。2020 年“十三五”收官后，我国劳动年龄人口平均受教育年限达 10.8 年。“十四五”规划提出将我国劳动年龄人口平均受教育年限进一步提高到 11.3 年。

表 2-6　全国各地区平均受教育年限变迁（1982—2020 年）①

年份	极低（<6 年）	低（6～9 年）	较高（9～12 年）	极高（>12 年）
1982	藏、皖、川、滇、黔、青、甘	其他各省（自治区、直辖市）	京	
1990	甘、滇、青、藏	其他各省（自治区、直辖市）	京	
2000	藏	鲁、皖、宁、渝、浙、川、甘、黔、滇、青	其他各省（自治区、直辖市）	
2010		青、滇、藏	其他各省（自治区、直辖市）	
2020		藏	其他各省（自治区、直辖市）	京、晋、沪、宁、新、津、粤、琼、陕

注：资料来源，历次全国人口普查数据。2020 年数据系胡鞍钢估算。

①胡鞍钢. 2020 中国：全面建成小康社会[M]. 北京：清华大学出版社，2012. 116.

与平均受教育年限指标相关，衡量教育发展水平的另一重要指标是入学率。国家教育事业发展五年规划主要以这两个指标衡量教育发展水平。

表 2-7　国家教育事业发展规划的目标及指标

指标		单位	2000	2005	2010	2015	2020
学前教育	学前三年毛入园率	%	37.7	41.4	56.6	75.0	85.0
九年义务教育	小学毕业生升学率	%	94.9	98.4			
	初中毛入学率	%	88.6	95			
	初中三年保留率	%	90.1	92.8			
	初中毕业生升学率	%	51.2	69.7			
	九年义务教育巩固率	%	/	/	89.7	93.0	95.0
高中阶段教育	高中阶段教育毛入学率	%	42.8	52.7	82.5	87.0	90.0
高等教育	高等教育毛入学率	%	12.5	21	26.5	40.0	50.0
继续教育	从业人员继续教育	万人次			18 500	/	35 000
	新增劳动力平均受教育年限	年		10.9	12.7	13.3	13.5

注：资料来源，历次国家教育事业发展规划。

（二）中国教育发展水平已达到世界中高水平

目前，我国各项教育指标已明显超过中高收入国家平均水平。① 按照世界银行标准，人均 GDP 达到 12 000 美元便进入高收入国家行列。

①胡鞍钢．中国：决胜百年目标[M]．杭州：浙江人民出版社，2016：41-42．

表 2-8 各级教育毛入学率国际比较（2009—2020 年）① （单位%）

国家/国家分组	学前教育毛入园率	高中阶段教育毛入学率	高等教育毛入学率
中国（2009）	50.9	79.2	24.2
中国（2014）	70.5	86.5	37.5
中国（2020）	＞85	95	45
世界	53.7	60.0	32.0
高收入国家	86.0	99.0	75.0
中高收入国家	69.0	76.0	34.0
中低收入国家	50.0	52.0	23.0
经济合作与发展组织成员国	82.0	92.0	68.0

注：中国数据来自教育部，其余数据来自联合国教科文组织数据库。

长江教育研究院、国家教育治理研究院构建的中国教育国际竞争力指数，是描述教育发展的综合指标。中国教育国际竞争力指数采用教育资源竞争力评价（背景评价）、教育投入竞争力评价（输入评价）、教育规模与公平竞争力评价（过程评价）及教育效率与产出竞争力评价（成果评价）作为一级指标，采用 Delphi 法确定了符合国际评估标准的二级指标。根据这一指标体系，研究采用了来源于世界银行等国际组织和国内的公开数据，对世界 38 个国家开展了教育竞争力的比较研究。研究采用 Z-score 标准化方法对数据进行了标准化处理。根据权重，计算了 38 个国家的教育国际竞争力指数。在此基础之上，研究进一步运用 K-平均值聚类法对 38 个国家的教育竞争力指数展开了聚类分析，分为四个类别。从表中我们可以直观地对全球 38 个国家教育竞争力的聚类情况进行观测。按照这一研究，基于 2019 年的数据，我国教育发展水平已跻身世界第二梯队。

①胡鞍钢. 中国：决胜百年目标[M]. 杭州：浙江人民出版社，2016：41-42

表 2-9 教育国际竞争力聚类分析表

类别	国别
第一类	瑞士、新加坡、芬兰、美国、荷兰、比利时、挪威、加拿大、丹麦、瑞典、英国、澳大利亚、德国、爱尔兰、以色列
第二类	日本、奥地利、法国、葡萄牙、韩国、中国、西班牙、意大利、俄罗斯
第三类	马来西亚、波兰、印度尼西亚、印度、沙特阿拉伯、菲律宾
第四类	智利、泰国、希腊、越南、南非、土耳其、墨西哥、巴西

研究指出，中国已经成为一个世界教育大国，虽然中国教育竞争力与世界教育强国之间存在较大差距，但是近三年表现出较好的持续增长性。目前，中国教育竞争力指数位于全球 38 个国家中的第 21 位，与传统的西欧国家、北美洲的两个大国和亚洲的新加坡有较大差距。在亚洲，以色列、日本和韩国的教育竞争力指数位列中国之前，但是差距并不大。

教育是国之大计，党之大计。我国教育大国的建成是全面建成小康社会的应有之义，教育的发展也是促进全面建成小康社会的重要保障。

第二章

学前教育　公益普惠

一、学前教育是美好人生的起点

百年大计，教育为本。教育大计，学前奠基。学前教育是美好人生的起点，是终身学习的开端，是整个教育体系的基础。

学前阶段，即3～6岁，是个人发展的关键时期。发展心理学的研究指出，在学前阶段，幼儿不仅在大脑、身体、动作技能等生理方面发展迅速，在认知、智力、语言沟通、情绪等心理方面也快速发展。美国著名心理学家布鲁姆研究发现，5岁以前是人类智力发展最迅速的阶段，如果把17岁时所达到的智力水平视作100%，那么4岁时的智力已经发展了50%，4～8岁发展了30%，其余20%在8岁后发展。

学前教育对于个人的学业成绩有着明显的影响。2010年，有关机构对上海市参加PISA（国际学生评估项目）测试的学生成绩分析发现，接受过一年以上学前教育的学生比没有接受过学前教育的学生在15岁时的数学测试高60分，相当于学习能力高10%。欧洲学前教育有效性追踪研究（EPPE）也发现，相比于没有接受学前教育的儿童，接受过学前教育的儿童在各个方面的表现都更优秀，接受学前教育的时间长度与学生的智力、社会性发展都有显著关系。①

因此，学前教育可以说是个人美好人生的起点。联合国开发计划署《2014年人类发展报告》指出，如果个人在儿童时期没有获得充分的发展，形成良好的能力，那么在成年后的社会经济生活中失败的概率更大。儿童时期的发展欠缺在后期是可以弥补的，但弥补所需付出的代价更大，收益也更差。

---

①中国发展研究基金会.中国西部学前教育发展情况报告[J].华东师范大学学报(教育科学版),2020,38(01):97-126.

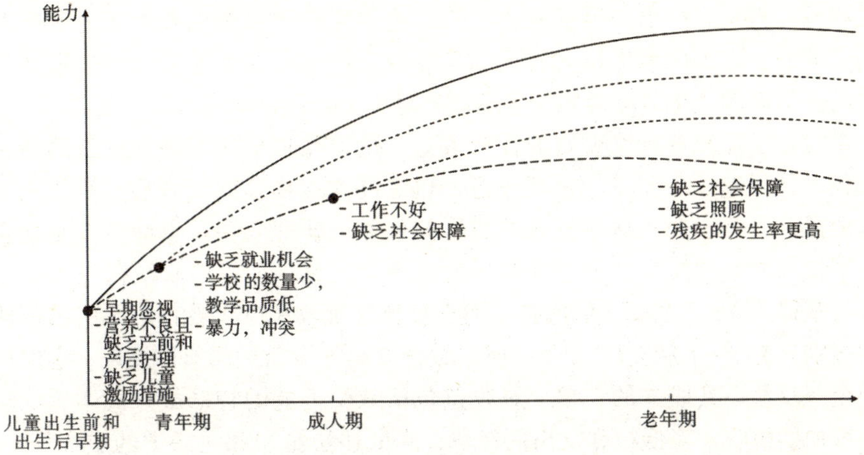

— 个人在一生中能力得以充分发挥：只要人们能成功管理好人生敏感时期面临的各类脆弱性，就能够在一生中充分发挥其能力。

-- 当人们无法在任何敏感时期克服脆弱性时，他们在一生中的谋生能力将降至最低。

--- 后期扶持和干预可能会帮助个人恢复过来（但通常只是部分恢复），并步入一个更高水平的轨迹。

图 3-1　在生活能力方面投入越早，未来前景就越好①

二、学前教育与小康社会

学前教育的发展是小康社会的应有之义，也是小康社会建设的重要指标。在全面建成小康社会决胜阶段之初，《国家教育事业发展“十三五”规划》提出，到 2020 年我国全面建成小康社会之际，学前教育的目标是在园幼儿数 4 500万人，学前三年毛入园率 85.0%。这一目标已经超额完成。入园率是 3～6岁儿童入幼儿园的比率，是该年龄阶段儿童接受社会教育广泛程度和幼儿园发展的标志。2020 年全国教育事业统计显示，2020 年全国在园幼儿 4 818.26万人，学前教育毛入学率达到 85.2%。这意味着我国学前教育发展水平已经进入世界中上行列。

将学前教育事业的发展作为小康社会的重要目标，是由于学前教育不但对于个人的发展起着关键的作用，而且具有极为重要的社会意义。

第一，学前教育对于幼儿的家庭，尤其是母亲具有明显的效益。完善的学前教育能够增强女性经济独立能力，让更多母亲参加工作，并享有同等的

①联合国开发计划署. 2014 年人类发展报告(促进人类持续进步：降低脆弱性、增强抗逆)［R/OL］. https://www.cn.undp.org/content/china/zh/home/library/human_development/human-development-report-2014.html.

劳动权益。有研究指出，男女收入差距的主要影响因素是由女性生育和抚养孩子造成的。如果国家提供完善的学前教育，将对母亲就业和人生发展产生重要的正面影响，也将减轻整个家庭的养育压力，促进家庭成员的发展。①

第二，学前教育有着重要的社会效益，投资儿童早期发展是反贫困的有效途径，是促进社会公平的重要渠道，也是高效益提高国民素质、积累人力资本的方式。关于公共财政投入的成本与效益的研究表明，学前教育是社会回报率最高的一种投入。全球跟踪研究发现，儿童早期发展阶段每投入 1 美元，将获得 4.1～9.2 美元的回报，而学校教育阶段和成人教育阶段的投资回报则分别只有 2∶1 和 3∶1。美国佩尔教育方案等早期干预项目发现，学前教育的全部收益是其成本的 7 倍，其收益包括减少可能的特殊教育成本、从收入中增加的税收、降低福利支出的经费、降低违法犯罪和司法中的成本等。②2000 年诺贝尔经济学奖得主詹姆斯·赫克曼在论文《婴幼儿投入产出比调研》中指出：“社会对儿童，尤其是弱势儿童（孤儿、单亲、贫困等）的前期投入和受助儿童长大成人后产生的社会效益比例可以达到 1∶17，甚至更高。”2016 年世界银行发布的儿童早期发展报告也再次强调儿童早期发展对学业、就业、收入、健康、社会福利等开支的重要作用和对全球特别是发展中国家积累人力资本的重要作用。同时，通过对儿童的早期干预，学前教育促进了社会公平。③

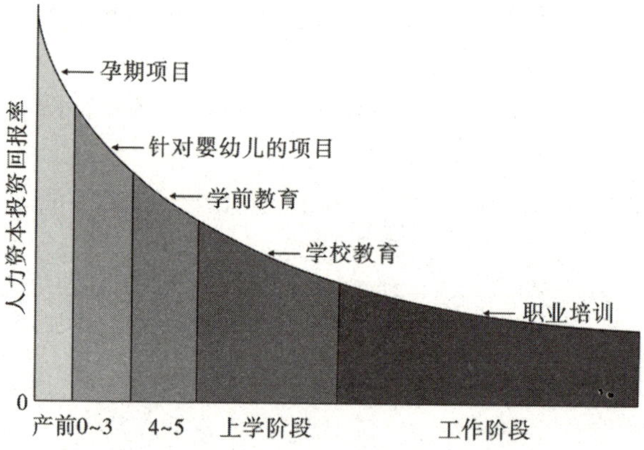

图 3-2　儿童早期发展是一项聪明的投资，投资越早回报越大

①② GordonCleveland，MichaelKrashinsky. FinancingECECServicesinOECDCountriea，2004：18-21. https://www.oecd.org/education/school/28123665.pdf.

③中国发展研究基金会. 中国西部学前教育发展情况报告[J]. 华东师范大学学报(教育科学版),2020,38(01):97-126.

因而，保证适龄幼儿都能接受正规、优质的学前教育，是培养未来高素质人才的重要前提，也是促进社会公平的重要举措。世界各国都十分重视学前教育的发展。我国对学前教育的重视也在逐步提升。从新中国成立至今，在党的领导下，我国学前教育取得了巨大的发展。学前教育毛入学率从1950年的0.4%，跃升为2020年的85.2%。

这一发展与我国小康社会的建设阶段紧密相关。在小康社会建设目标提出之前，学前教育发展缓慢，到1978年毛入学率仅为10.6%。建成总体小康社会时，2000年毛入学率为46.1%。在全面建设小康社会阶段，毛入学率继续上升。在全面建成小康社会时期，学前教育发展迈上了快车道，迎来了春天，毛入学率从2012年的64.5%飞速上升至2020年85.2%。

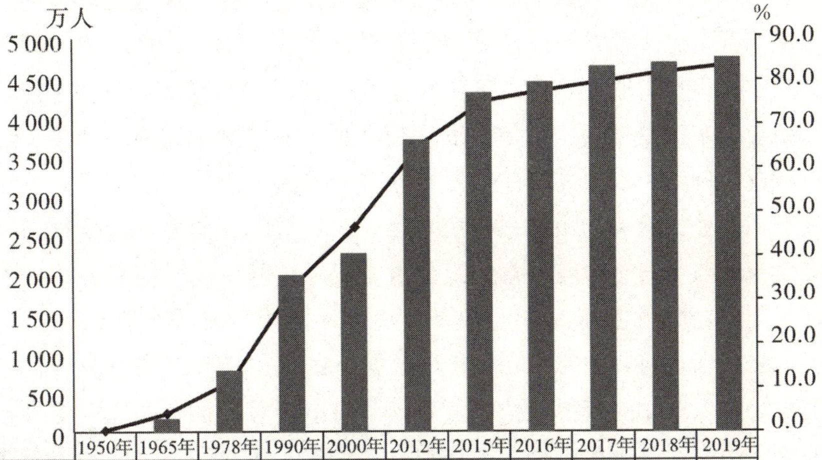

	1950年	1965年	1978年	1990年	2000年	2012年	2015年	2016年	2017年	2018年	2019年
在园幼儿	14	171.3	788	1 972	2 244	3 685	4 265	4 414	4 600	4 656	4 714
毛入学率	0.4	4.2	10.6	32.6	46.1	64.5	75.0	77.4	79.6	81.7	83.4

图3-3 1950—2019年学前教育在园幼儿和毛入学率变化情况①

①中华人民共和国教育部.2019年全国教育事业发展统计公报[EB/OL].(2020-05-20).http://www.moe.gov.cn/jyb_sjzl/sjzl_fztjgb/202005/t20200520_456751.html.

三、学前教育在转型中发展

（一）学前教育供给模式从单位福利向市场主导转型

改革开放后，我国学前教育发生了重要的变化，这种变化主要表现在学前教育的供给结构上。这是由于改革开放前，学前教育主要采用单位制供给，作为单位福利而存在。在经济体制改革后，这一附属于经济单位的教育模式就成了无本之木。不过，原有学前教育模式对于我国后来学前教育的发展有着长远的影响。

中国共产党历来重视和关心儿童健康成长。新中国成立之初即将学前教育纳入社会主义教育事业，对于学前教育事业，党中央视之为“养育和教育共产主义接班人的劳动，是崇高的劳动”。刘少奇曾指出，管孩子应当比管拖拉机、抽水机更重要。为了发展学前教育，新中国面对人口众多、经济落后的状况，确定了政府办和社会力量办“两条腿走路”的发展方针，在城市由厂矿、企业、机关、团体、群众举办，在农村由农业生产合作社举办。这一办学模式与当时对学前教育的定位也有关系。新中国学前教育的任务是教育幼儿与支持妇女参加工作。1952 年 3 月，教育部颁发的《幼儿园暂行规程（草案）》中规定，幼儿园的任务是根据新民主主义教育方针教养幼儿，使他们身心在入小学前获得健全的发育；同时减轻母亲的负担，以便母亲有时间参加政治生活、生产劳动、文化教育活动等。于是，在“两条腿走路”的方针下，学前教育形成了单位制的供给模式。

在单位制的供给模式下，幼儿园可以大致分为三种。

第一类是教办园，是教育行政部门利用教育经费开办幼儿园，办学经费由公共财政支出，教师纳入国家教师编制，享受中小学教师同等待遇。教办园数量占整个幼儿园数量的比例不高，其基本定位是为各种幼儿园提供示范。

第二类是其他部门办园，包括政府机关、事业单位和国有企业办园。政府机关和事业单位举办幼儿园，虽然不直接从教育经费中列支，但部分可通过机关预算间接进入公共财政预算。国有企业举办的幼儿园由企业负责解决经费，不过在当时集中统一的计划经济体制下，企业办的经费实际上是由政府承担。与政府办学不同的是，企业办学主要由企业管理，教职工由企业聘用，属于企业职工。

第三类是集体办园，包括城市的集体所有制企业、街道和农村村镇大队办的幼儿园。其中，城市集体所有制企业和街道可间接获得财政资金支持，农村园得不到任何财政支持，由生产队集体负担。集体办园是整个幼儿园事业的主体。

这种两条腿走路、单位制的学前教育体制在国家财力不足的情况下，基本满足了幼儿的入园需求。但这种体制将学前教育定位为单位福利，而非公共事业服务，导致很长时间内我国学前教育存在着巨大的城乡差异。

党的十一届三中全会后，在党中央的领导下，经济体制改革在全国逐步推进，同时，党和国家越来越认识到教育的重要性。学前教育的性质和体制都开始发生转变。

学前教育对于儿童与国家的重要性被大大强调。1979 年 7 月，经党中央批准，教育部、卫生部、劳动总局、全国总工会和全国妇联召开了全国托幼工作会议，会议指出，学前教育的定位不再是服务女性就业，而是对“人才”的投资。同年 10 月，中共中央、国务院转发了这次会议的纪要，并在通知中指出：“加强对婴幼儿的保健和教育工作，培养体魄强壮、品德良好和智力发达的后一代，是关系到国家和民族前途的根本大计。”1981 年 10 月，教育部颁发的《幼儿园教育纲要（试行草案）》指出：“3～6 岁的幼儿教育是社会主义教育的组成部分。幼儿园的教育任务应是向幼儿进行体、智、德、美全面发展的教育，使孩子们得以身心健康活泼地成长，为入小学和造就一代新人打好基础。”

在这一定位下，伴随着社会经济制度的改革，学前教育的供给模式也逐渐发生变化。计划经济体制下形成的三种幼儿园办学模式逐个发生转型。经过集体经济的改革，农村学前教育失去原有经济基础；单位幼儿园开始社会化；在 20 世纪 90 年代社会主义市场经济改革的背景下，国有企业逐渐剥离包括学前教育、养老等非经济的社会福利功能。这些都使得原有单位制幼儿园不断关闭或转为私立。

（二）市场主导的多元供给模式引发“入园难”“入园贵”

进入 21 世纪后，随着经济体制转型不断深入，我国学前教育的供给模式转变为以市场为主导的多元供给模式。由单位供给到市场供给，学前教育的性质从单位福利转向供需关系。供需中的矛盾也越来越突出，引发了“入园难”“入园贵”的批评。

2002年到2004年间，中央启动第二轮国有企业重组，进一步剥离企业承担的社会职能，将国有企业兴办的教育事业的财政和行政责任转移给地方政府。为满足需求，相应地民办幼儿园数量大幅增长。2000年民办幼儿园在全国幼儿园总数中的占比就超过了1/4，2011年达到近70%。民办幼儿园已经从学前教育机构中公办园的补充变成了重要的主体。

民办幼儿园的发展虽然客观上满足了很大部分学前儿童的入园需求，为广大适龄儿童提供了学前教育服务。但是，由于需求充分，且幼儿园所得利润不用纳税，私立幼儿园追求利润，学费高昂，引发了“入园难”“入园贵”的矛盾，也存在质量和安全的忧患。这一问题成为党中央密切关注、亟待解决的问题。

四、学前教育的春天来临

2010年起，随着义务教育、高中阶段教育的快速发展，学前教育越来越成为我国教育事业发展的短板。虽然在改革开放特别是21世纪以来，学前教育有很大的发展，但总体上，仍是各级各类教育的薄弱环节，表现为教育资源短缺、投入不足、师资队伍不健全、体制机制不完善、城乡区域发展不平衡、一些地方“入园难”问题突出，引发人民群众的广泛关注。

为解决市场主导下学前教育面临的问题，从2010年起，在全面建成小康社会时期，大力发展学前教育成为党中央教育事业的一大重心，学前教育的春天来临了，我国逐步建立起政府主导的多元供给模式，保障学前教育的公益普惠。

《国家中长期教育改革和发展规划纲要（2010—2020年）》提出普及学前教育，“明确政府职责”，“重点发展农村学前教育”，拉开了学前教育快速发展的序幕。此后，中共中央、国务院陆续发布了《关于当前发展学前教育的若干意见》《关于学前教育深化改革规范发展的若干意见》，强力实行了连续三期的学前教育行动计划，逐步推动我国学前教育普及普惠安全优质发展。到2020年，我国学前教育毛入学率已经升至85.2%，相比于2010年有了长足的进步。其中，普惠性幼儿园覆盖率达到84.74%。

在两个意见的指导和三期学前教育行动计划的实施下，学前教育主要进行了以下几个方面的推进和改革。

（一）多渠道扩大普惠性资源，建立学前教育公共服务体系

通过大力建设公办幼儿园，扶持普惠性民办幼儿园，大大增加普惠性幼儿园供给，我国逐步形成以普惠性资源为主体的办园体系，建立学前教育公共服务体系。“十三五”期间，全国学前三年毛入园率达到85.2%，比2015年增加10.2个百分点；普惠性幼儿园覆盖率达到84.74%，比2016年增加17.5个百分点（2016年开始统计普惠性幼儿园覆盖率），超额完成党中央、国务院确定的普及普惠目标任务。

大力建设新增公办幼儿园。公办幼儿园的作用在于保基本、兜底线、引领方向、平抑收费。大力建设公办幼儿园的工作重点在于新增公办幼儿园资源，提高公办幼儿园在幼儿园总体中的占比。为此，在农村地区，我国充分利用腾退搬迁的空置厂房、乡村公共服务设施、农村中小学闲置校舍等资源，以租赁、租借、划转等形式举办公办幼儿园。比如，党的十八大以来，贵州省凯里市投资2亿元，新建和改建农村公办幼儿园75所，实现了农村幼儿园全覆盖。凯里市炉山镇洛棉村的杨仙吃小朋友，在村里新建的公办幼儿园就读，幼儿园还提供免费的营养餐。①

同时，规范城镇小区配套幼儿园建设。城镇小区配套幼儿园是重要的公共服务资源，但因监管不到位，存在不少不建、少建、挪为他用或办成营利性幼儿园的乱象。2019年1月，国务院办公厅印发《关于开展城镇小区配套幼儿园治理工作的通知》，部署各地开展城镇小区配套园治理，教育部协同住建部等部门摸底排查，确保小区配套园办成公办幼儿园或普惠性民办幼儿园。截至2020年底，全国完成整改的配套园新增普惠性学位超过416万个，普惠性幼儿园覆盖率提高了近10个百分点。②

---

①②“十三五”期间学前教育跨越式发展，普惠性幼儿园覆盖率超八成[EB/OL].（2021-03-02）. http://www.moe.gov.cn/jyb_xwfb/s5147/202103/t20210302_516418.html.

多方面扶持普惠性民办幼儿园发展。民办幼儿园是我国学前教育发展的重要力量。2019 年全国共有幼儿园 28.12 万所，其中民办幼儿园 17.32 万所，占 61.6%；全国在园幼儿 4 713.88 万人，其中民办幼儿园在园幼儿 2 649.44 万人，占 56.2%，民办幼儿园占据了很大比重。针对这一局面，国家积极引导和扶持民办幼儿园提供普惠性服务。第一，加大了普惠性民办幼儿园扶持力度。目前，所有省份已出台普惠性民办幼儿园认定管理办法。31 个省（自治区、直辖市）出台了普惠性民办幼儿园生均补助标准。第二，建立普及普惠督导评估制度。教育部印发了《县域学前教育普及普惠督导评估办法》，将普惠性民办幼儿园认定标准、扶持政策和退出机制纳入督导范围，督促各地落实普惠性民办幼儿园扶持政策。第三，积极帮助民办园解决困难。例如为帮助民办幼儿园应对新冠肺炎疫情带来的困难，教育部专门印发了《关于切实做好疫情防控期间民办幼儿园扶持工作的通知》，要求各地教育部门主动协调各有关部门，研究制定民办幼儿园阶段性扶持政策。第四，将民办幼儿园纳入学前教育教研指导网络等，加强民办幼儿园师资队伍建设，提高民办幼儿园保教质量。通过各项政策，我国普惠性学前教育资源大大增加，扭转了高收费民办幼儿园占比偏高的局面。

新增公办幼儿园和普惠性民办幼儿园都大大减轻了家长的经济负担。2018 年前 10 个月间，重庆市新增公办幼儿园 538 所。一位因此将孩子转学到公办园的市民说："自从娃儿读了公办幼儿园，费用减少了很多，过去一个月的学费抵得上现在一学期。"①

增加学前教育普惠性资源，重点在于提升短板，向农村和少数民族地区倾斜。对此，我国近年来科学规划学校布局，结合实施乡村振兴战略，以县为单位制订幼儿园布局规划，切实把普惠性幼儿园建设纳入城乡公共管理和公共服务设施统一规划，确保优先建设。2015 年财政部和教育部联合制定的《中央财政支持学前教育发展资金管理办法》，明确该资金重点支持中西部和东部困难省份，并向农村、边远、贫困和民族地区倾斜。2016 年国务院办公厅在《关于加快中西部教育发展的指导意见》中明确指出："构建农村学前教育体系，逐步提高农村入园率，基本普及学前教育。国家继续支持学前教育

---

①2018 年前 10 个月重庆市新增公办幼儿园 538 所[EB/OL]. (2020-01-09). http://www.gov.cn/xinwen/2019-01/09/content_5356122.htm.

发展，重点向中西部革命老区、民族地区、边疆地区、农村贫困地区倾斜，因地制宜加强园舍建设、师资培训和玩教具配备，加快推进农村学前教育发展。”经过努力，多数西部省份和地区都已实现国家设定的 2020 年学前三年毛入园率达到 85%的目标，有的甚至超过 90%。云南省在“十二五”末学前三年毛入学率 63.82%，低于全国水平 11.18%，但到 2017 年入园率上升为 79%，幼儿园数量比 2011 年增加 4 029 所，在园儿童数增加 34.51 万人。①

（二） 加大学前教育财政投入，完善投入保障机制

近年来，国家进一步加大学前教育投入力度，逐步提高学前教育财政投入和支持水平，主要用于扩大普惠性资源、补充配备教师、提高教师待遇、改善办园条件。

自 2011 年以来，在政府推动下各地先后实施了三期学前教育行动计划，重点支持地方扩大普惠性学前教育资源。据统计，2011 年至 2020 年中央财政累计安排支持学前教育发展资金 1 520 亿元。我国学前三年毛入园率从 2010 年的 56.6%提高到 2019 年的 83.4%。2019 年，我国教育经费执行情况中，各级教育生均一般公共预算教育经费、生均一般公共预算教育事业费支出、生均一般公共预算公用经费支出的增长情况中，幼儿园的增幅都是最大的。

学前教育建立了财政支持制度，制定并落实公办幼儿园生均公用经费标准或生均财政拨款标准、普惠性民办幼儿园补助标准。第一，对于公办幼儿园落实生均经费拨款制度。2017 年，全国多省制定了生均公用经费拨款标准或生均综合补助标准，确保公办幼儿园正常运转。其中，北京的公办幼儿园生均公用经费拨款标准 2 250 元，上海、天津为 1 200 元，青海省规定公办幼儿园生均公用经费所需资金由省、市（州、县）按照 8∶2 的比例分担。多地都明确要求根据教育发展、财力状况、办园成本、物价水平，适时提高公办幼儿园生均公用经费拨款标准。第二，对企事业单位、集体办园和普惠性民办幼儿园制定补助政策，支持提供普惠性服务。目前大部分省份都出台了普惠性民办幼儿园认定管理办法，制定了具体的财政扶持措施。陕西、西藏按

① 中国发展研究基金会. 中国西部学前教育发展情况报告[J]. 华东师范大学学报(教育科学版),2020,38(01):97-126.

照公办幼儿园生均公用经费拨款标准对普惠性民办幼儿园进行补助。①

在财政支持的基础上，科学核定办园成本，建立公办幼儿园收费动态调整机制，实施普惠性民办幼儿园收费指导价，抑制幼儿园过高收费。2011 年国家发展改革委、教育部和财政部颁布《幼儿园收费管理暂行办法》，公办幼儿园保教费标准由省级教育行政部门根据当地经济发展水平、办园成本和群众承受能力等实际情况提出意见，经审核审定后确定。普惠性民办幼儿园保教费标准参考当地公办幼儿园标准。这一办法确定了明确统一的价格标准，一定程度上解决了“入园贵”的问题。不过，这一办法逐渐引发了新的问题，价格标准固定不能及时反映办园成本变化和各园之间的差异，限制了普惠性学前教育的发展。② 受物价上涨、人员工资提高等诸多因素影响，近年来，幼儿园的成本有上升趋势，但长期以来公办幼儿园的保教收费标准偏低，囿于政策无法调整，有的省会城市一级幼儿园收费每生每月仅 130 元，造成较大的缺口，影响幼儿园高质量运营。为解决这一问题，近年来我国加强成本核算，在成本核算基础上，建立收费动态调整机制。2020 年，北京通过建立普惠性幼儿园办园成本定期监测机制、普惠性幼儿园收费与财政补助动态调整机制等，已逐渐形成合理的办园成本分担机制。

国家还建立了学前儿童资助制度，对家庭经济困难儿童入园实施资助。2011 年 9 月，财政部、教育部出台了《关于建立学前教育资助制度的意见》，按照“地方先行，中央补助”的原则，各地陆续出台了学前教育资助政策，地方政府对经县级以上教育行政部门审批设立的普惠性幼儿园在园家庭经济困难儿童、孤儿和残疾儿童予以资助。自资助政策实施以来，资助金额与受益人群每年增加。《中国学生资助发展报告》显示，2014 年，各级政府、幼儿园及社会团体（个人）共计资助幼儿 411.65 万人次，资助金额共计 52.77 亿元，其中，政府资助 50.94 亿元、幼儿园资助 1.67 亿元、社会资助 1 624.19 万元。2019 年，各级政府、幼儿园及社会共计资助幼儿 914.41 万人次，资助金额共计 116.26 亿元，其中，政府资助 113.61 亿元、幼儿园资助 2.38 亿

①教育部办公厅关于各地建立完善学前教育、普通高中和特殊教育经费投入机制情况的通报[EB/OL].(2017-09-13). http://www.moe.gov.cn/srcsite/A05/s7496/201709/t20170926_315341.html.

②冯婉桢，吴建涛. 普惠性幼儿园弹性定价机制构建[J]. 教育研究，2019，40(05)：94-102.

元、社会资助 0.27 亿元。

（三） 多管齐下保障学前教育质量

学前教育在普惠充分的基础上，还要求优质，不但要“有学上”，而且要“上好学”。对此，近年来我国不断加强对学前教育质量的关注，在业务指导、师资队伍建设等方面屡屡有大动作。

从多方面不断加强幼儿园业务指导。第一，完善幼儿园指导标准。2012 年，教育部印发《3～6 岁儿童学习与发展指南》，根据幼儿的身心发展特点和规律，对幼儿园孩子应该“学什么”“怎么学”“教什么”和“怎么教”提出了指导性要求。第二，完善教研制度。各地结合实际，完善区域和园本教研制度，建立学前教育教研责任区，推动学前教育教研工作制度化、常态化，及时解决教师日常保教实践中的困惑和问题。第三，健全质量评估监测体系。国家制定幼儿园保教质量评估指南，各省（自治区、直辖市）完善幼儿园质量评估标准，健全分级分类评估体系，建立一支立足实践、熟悉业务的专业化质量评估队伍，将各类幼儿园全部纳入质量评估范畴，定期向社会公布评估结果。第四，针对具体问题开展专项治理。如幼儿园教育“小学化”专项治理。2018 年 7 月，教育部印发《关于开展幼儿园“小学化”专项治理工作的通知》，要求对各地幼儿园和校外培训机构提前教授小学课程内容、教育方式“小学化”、教学环境“小学化”等问题进行治理。

从培养、培训、管理等多方面加强教师队伍建设。第一，在师资培养与培训方面，我国近年来不断完善幼儿师资培养体系，扩大培养规模，尤其是学前教育专业公费师范生招生规模。目前全国已有 505 所高校设置学前教育专业，本专科招生规模超过 20 万人。2018 年，国家启动了师范院校学前教育专业国家认证工作，建立培养质量保障制度。同时，职后培训制度也在逐步完善并加强力度。出台幼儿园教师培训课程指导标准，实行幼儿园园长、教师定期培训和全员轮训制度。国家连续多年实施幼儿园教师“国培计划”，到 2018 年底，共投入 35.6 亿元，累计培训了近 200 万名幼儿园骨干教师，各地幼儿园园长教师普遍接受了一轮培训。第二，在管理上，严格教师队伍管理，强化师德师风建设。我国实行教师资格准入与定期注册制度，教育部出台了《幼儿园教职工配备标准》《幼儿园教师专业标准》《幼儿园园长专业标准》等，坚持公开招聘制度，全面落实幼儿园教师持证上岗，切实把好幼儿园园长、教师入口关。同时，强化师德师风建设，对违反职业行为规范、影响恶劣的实行“一票否决”，终身不得从教。

（四）完善监管体制，建立质量保障体系

2010 年以来，我国越来越强调学前教育的公共服务属性，着力推进普及学前教育，构建覆盖城乡的学前教育公共服务体系。目前我国学前教育实行国务院领导、省市统筹、以县为主的管理体制。各级政府明确了各自的责任，共同保障学前教育稳定发展。在国务院的领导下，地方政府是发展学前教育的责任主体，省级和市级政府负责统筹加强学前教育工作；县级政府对本县域学前教育发展负主体责任，确保县域内学前教育规范有序健康发展。

为保证各级政府有效履职，我国建立了督导问责机制，加大督政问责力度。第一，将“推动学前教育公益普惠发展”纳入对省级人民政府履行教育职责督查的重点内容，督促地方各级政府切实履行发展学前教育的主体责任。第二，建立普及学前教育督导评估制度。2017 年以来，教育部先后印发了《幼儿园办学行为督导评估办法》《幼儿园责任督学挂牌督导办法》《县域学前教育普及普惠督导评估办法》等。第三，开展专项督导。国务院教育督导委员会办公室 2018 年开展了幼儿园规范办园行为专项督导检查，实地督导评估了 6.2 万所幼儿园。2019 年进行了小区配套幼儿园治理督导评估，对整改不力的地方发出督办单，确保各地完成整改任务。

教育部门加强了对幼儿园的完善监管制度。教育部修订《幼儿园工作规程》，会同有关部门印发《幼儿园建设标准》《幼儿园收费管理暂行办法》《托儿所幼儿园卫生保健管理办法》《托儿所幼儿园卫生保健管理工作规范》，进一步完善办园标准，规范办园行为。建设全国学前教育管理信息系统平台，提高学前教育信息化管理水平。强化安全监管，落实相关部门对幼儿园安全保卫和监管责任，提升人防、物防、技防能力，建立全覆盖的幼儿园安全风险防控体系。严格依法监管，加强办园行为督导，实行幼儿园责任督学挂牌督导制度。对存在伤害儿童、违规收费等行为的幼儿园，及时进行整改、追究责任；造成恶劣影响的，依法吊销办园许可证，有关责任人终身不得办学和执教；构成犯罪的，依法追究其刑事责任。

五、加快学前教育立法，从家庭视角出发完善学前教育政策

在全面建成小康社会的征途中，我国学前教育沐浴春风，不断快速发展。2021 年，我国社会发展进入下一个崭新阶段，学前教育的发展也应迈入新的时期。下一阶段中，我国应加快学前教育立法，依法推动学前教育发展，并从家庭视角出发不断完善学前教育政策。

2020 年 9 月，《中华人民共和国学前教育法草案（征求意见稿）》向社会公布。实际上，2004 年全国人大就在全国范围内展开学前教育法立法调研，在全国人大教科文卫委员会指导下，教育部成立了学前教育立法工作领导小组，牵头开展学前教育法起草工作。在这期间，通过学前教育三期行动计划等政策推动，学前教育事业发展取得了长足的进步，但仍然存在着一些问题，我们亟须用法律的形式将已有的成绩稳固下来，为下一步的发展确立法律保障。

《中华人民共和国学前教育法草案（征求意见稿）》明确了学前教育的定位："学前教育是学校教育制度的起始阶段，是国民教育体系的重要组成部分，是重要的社会公益事业。"这一定位明确了政府的责任，强调"发展学前教育应当坚持政府主导，以政府举办为主"，并要求"国家普及学前教育，构建覆盖城乡、布局合理、公益普惠的学前教育公共服务体系"。在这一原则之下，《中华人民共和国学前教育法草案（征求意见稿）》针对管理体制、财政分担、入园保障、师资队伍、规范管理等方面作出规定，回应了制约我国学前教育事业发展的瓶颈问题。

学前教育立法进程的加快必将成为我国学前教育继续快速发展的重要推手，这已经成为社会各界的广泛共识。不过，《中华人民共和国学前教育法草案（征求意见稿）》中的部分款项仍有争议，值得进一步讨论。如在适用范围处，称"本法所称学前教育是指由幼儿园等学前教育机构对三周岁到入小学前的学前儿童实施的保育和教育"，将对人的发展非常关键的 0～3 岁婴幼儿阶段排除在外。这与发达国家的经验以及我国北京、上海等城市将 0～3 岁婴幼儿纳入学前教育服务体系的探索都不相契合，长远而言不利于学前教育的

进一步发展。①

我国学前教育政策应将家庭视角纳入决策，向学前儿童及其家庭提供公共支持。在“养儿防老”的传统思想影响下，我国社会政策长期以来实行减轻国家、社会及企业负担的“家庭化”养育，这种养育模式在当前社会中越来越受到挑战。随着“二孩”政策、延迟退休政策的实施，生育和养育的压力对于年轻父母而言是巨大的。同时，随着社会老龄化，多数独生子女夫妻不但要承担育儿责任，甚至还要承担4位老人的照顾责任。2021年5月，为积极应对人口老龄化，我国进一步优化生育政策，实施一对夫妻可以生育三个子女政策。在这一趋势下，如果没有足够的社会支持来帮助家庭应对育儿压力、平衡工作与生活，儿童的发展和家庭成员的身心发展、事业发展都将受到很大影响。英国等欧洲国家自20世纪90年代末开始，将“家庭支持”取向作为学前教育政策的根本原则，通过帮助家长实现生活工作的平衡、依托“确保开端儿童中心”项目为家庭提供综合服务、推行税收抵免等福利制度分担家庭育儿成本，针对贫困儿童及其家庭实施精准扶持等政策措施，较好地推动了学前教育和学前儿童的发展。② 我国在未来的学前教育政策中也应适度考虑从家庭视角出发，不断完善对家庭的支持。

---

①湛中乐.《学前教育法(草案)》的立法特点与完善建议[J].湖南师范大学教育科学学报，2020(11):1-3.

②刘磊，毕钰.英国近20年学前教育政策中的家庭视角解析[J].学前教育研究，2017(06):3-12.

一、义务教育是国民个人发展的基础

我国实行九年义务教育制度。义务教育又称普及义务教育，或强迫教育，是现代国家用立法的形式，对一定年龄段的全体儿童、少年所实施的一定年限的普及的、强迫的、免费的学校教育。① 1985 年，中共中央颁布《关于教育体制改革的决定》指出："义务教育，即依法律规定适龄儿童和青少年都必须接受，国家、社会、家庭必须予以保证的国民教育，为现代生产发展和现代社会生活所必需，是现代文明的一个标志。"1986 年颁布的《中华人民共和国义务教育法》第二条规定："义务教育是国家统一实施的所有适龄儿童、少年必须接受的教育，是国家必须予以保障的公益性事业。实施义务教育，不收学费、杂费。"

义务教育对于国民个人发展的重要性是不言而喻的。受教育权是公民的基本人权，接受义务教育的权利则是受教育权中的基本。根据《世界全民教育宣言》，初等教育是"除家庭教育外对儿童进行基础教育的主要传授系统。初等教育必须普及以确保所有儿童的基本学习需要得到满足，并考虑社区的文化、需要和机会"。根据国际公约的规定，初等教育必须具备两个基本特征：义务性、免费且可获得性。②

公平而有质量的义务教育对于个人的发展有着重要意义。现代社会中，教育对于个人发展的价值愈发凸显，无论家庭背景如何，个人都有权获得最基本的学校教育。

二、普及义务教育是小康社会的伟大成就

义务教育对于国家和社会也具有重要的意义，近代以来，世界各国纷纷

---

①中国小学教学百科全书总编辑委员会教育卷编辑委员会. 中国小学教学百科全书：教育卷[M]. 沈阳：沈阳出版社，1993：3-4.

②申素平. 重申受教育人权：意义、内涵与国家义务[J]. 清华大学教育研究，2020，41(06)：25-31.

通过立法普及义务教育。新中国成立后，党和政府即着手普及义务教育。然而，由于基础弱、底子差，加上“文化大革命”的影响，改革开放之前我国义务教育事业存在诸多问题。

改革开放后，伴随着小康社会的建设进程，义务教育事业也在逐步发展。义务教育是教育工作的重中之重，在建设小康社会的进程中具有基础性、先导性和全局性的重要作用。改革开放至今，在党和国家的高度重视下，我国义务教育事业发生了翻天覆地的变化。与新中国成立初期相比，我国义务教育的发展令世界瞩目。2019 年全国共有义务教育阶段学校 21.26 万所，招生 3 507.89 万人，在校生 1.54 亿人，专任教师 1 001.65 万人，九年义务教育巩固率① 94.8%。普通小学 16.01 万所，招生 1 869.04 万人，在校生 10 561.24 万人，小学学龄儿童净入学率② 99.94%。初中学校 5.24 万所（含职业初中 11 所），招生 1 638.85 万人，在校生 4 827.14 万人，初中阶段毛入学率③ 102.6%。

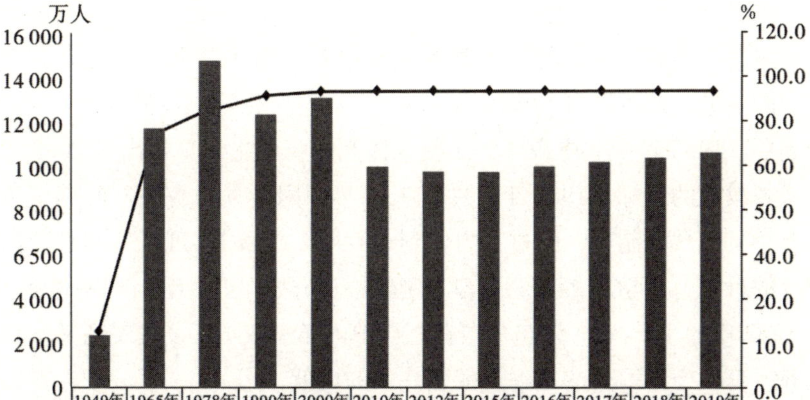

	1949年	1965年	1978年	1990年	2000年	2010年	2012年	2015年	2016年	2017年	2018年	2019年
在校生	2 439	11 621	14 624	12 241	13 013	9 641	9 696	9 692	9 913	10 094	10 889	10 561
净入学率	20.00	84.70	94.00	97.80	99.10	99.70	99.85	99.88	99.92	99.91	99.95	99.94

图 4-1　小学阶段在校生人数和净入学率统计图④

①九年义务教育巩固率，是指初中毕业班学生数占该年级入小学一年级时学生数的百分比。

②小学学龄儿童净入学率，是指小学教育在校学龄人口数占小学教育国家规定年龄组人口总数的百分比，是按各地不同入学年龄和学制分别计算的。

③毛入学率，是指某一级教育不分年龄的在校学生总数占该级教育国家规定年龄组人口数的百分比。由于包含非正规年龄组（低龄或超龄）学生，毛入学率可能会超过 100%。

④中华人民共和国教育部. 2019 年全国教育事业发展统计公报[EB/OL]. (2020-05-20). http://www.moe.gov.cn/jyb_sjzl/sjzl_fztjgb/202005/t20200520_456751.html.

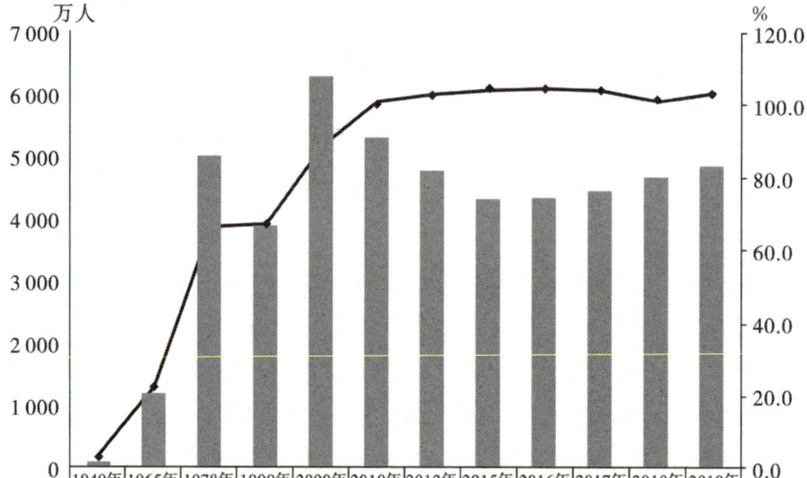

	1949年	1965年	1978年	1990年	2000年	2010年	2012年	2015年	2016年	2017年	2018年	2019年
在校生	95	1 171	4 995	3 869	6 256	5 279	4 763	4 311	4 329	4 442	4 653	4 827
毛入学率	3.1	22.0	66.4	66.7	88.6	100.1	102.1	104.0	104.0	103.5	100.9	102.6

图 4-2　初中阶段在校生人数和毛入学率统计图①

这一了不起的成就凝聚了党和国家以及无数中华儿女的奋斗。义务教育事业的发展主要可以分为两个阶段：首先是普及阶段，满足人民“有学上”的需要。1985 年中共中央《关于教育体制改革的决定》提出了 2000 年普及九年义务教育的目标。1986 年《中华人民共和国义务教育法》明确了我国确立了九年义务教育制度。经过努力，到 2000 年，我国实现了基本普及九年义务教育的目标。小学学龄儿童入学率达到 99.1%，初中毛入学率达到 88.6%。从 1949 年的小学入学率 20%左右，初中入学率仅 6%，发展到基本普及九年义务教育，中国取得的这一成就是伟大的成就。

从此，我国义务教育事业进入新的阶段——均衡发展阶段，发展重点从“有学上”转变为“上好学”。义务教育均衡发展是社会主义制度的本质体现，也是构建和谐社会的现实需要。推进城乡义务教育均衡发展，保障全体公民共享教育改革发展的成果，是社会公正和教育公平最直接和最重要的标志，是致力于实现社会公平的重要步骤。《国家中长期教育改革和发展规划纲要(2010—2020 年)》提出了“巩固提高九年义务教育水平”“推进义务教育均衡

① 中华人民共和国教育部. 2019 年全国教育事业发展统计公报[EB/OL]. (2020-05-20). http://www.moe.gov.cn/jyb_sjzl/sjzl_fztjgb/202005/t20200520_456751.html.

发展”的目标。21世纪以来，政府进一步加大对义务教育的投入，义务教育的公共性不断提高。2008年，全面免除城乡义务教育阶段学生学杂费，实现了免费义务教育。截至2020年底，全国和中西部地区实现基本均衡的县（市、区）比例均达到95%。2019年，中共中央、国务院颁布了《关于深化教育教学改革全面提高义务教育质量的意见》，进一步要求促进义务教育从基本均衡向优质均衡发展。

从普及义务教育到义务教育均衡发展，党中央带领全国各族人民稳扎稳打，一步步推动着义务教育的发展。

三、强化政府责任，明确义务教育基本公共服务性质

21世纪以来，我国逐步明确了义务教育的基本公共服务性质，为此加强了对义务教育的财政保障，着力发展农村义务教育，关注特殊全体，多管齐下建设义务教育公共服务体系。

（一）逐步加大投入，将义务教育全面纳入财政保障范围

从义务教育基本普及到义务教育均衡发展，我国义务教育的经费投入中，政府的支出逐渐加大，逐渐将义务教育全面纳入财政保障范围，形成了合理的政府间财政分担方式。

1. 普及九年义务教育阶段财政支出偏低

21世纪之前，我国义务教育的财政责任主要由地方政府负担，政府财政投入较少。1980年，中共中央、国务院印发的《关于普及小学教育若干问题的决定》，将办好基础教育的责任下放地方，1985年中共中央《关于教育体制改革的决定》指出“把发展基础教育的责任交给地方”。1986年颁布的《中华人民共和国义务教育法》虽然规定中央和各级地方政府都承担义务教育支出责任，但1992年印发的《中华人民共和国义务教育法实施细则》中，却规定“地方各级人民政府设置的实施义务教育学校的事业费和基本建设投资，由地方各级人民政府负责筹措”，客观上解除了中央政府的法定责任。1993年《中国教育改革和发展纲要》再次明确义务教育的地方责任。在这一安排下，中央政府和地方高层政府承担的教育投入很少。国家教育发展研究中心对全国7

个省份26个县的抽样调查显示，1998年样本的县义务教育经费总支出中，县以上各级财政教育补助专款约占12.0%，县财政经费约占9.8%，其余78.2%由乡镇和农民负担。①

由于政府无力大幅增加教育经费，为普及九年义务教育，改革开放初期，我国采取了多渠道的经费筹措方式，包括开征教育费附加，收取学杂费和鼓励教育集资等。1984年国务院颁布《关于筹措农村学校办学经费的通知》，决定在农村征收教育事业费附加，征收对象是农民和乡镇企业。1985年中共中央《关于教育体制改革的决定》中将教育费附加扩展到城市，在产品税、增值税和营业税的纳税额基础上计征。② 同时学杂费也是义务教育经费的重要来源。虽然《中华人民共和国义务教育法》规定不收学费，但1986年原国家教委等四部门发布的《关于实施〈义务教育法〉若干问题的意见》和1992年原国家教委制定的《中华人民共和国义务教育法实施细则》则允许学校收取杂费。此外，在普及九年义务教育的过程中，教育集资是农村学校危房改造和新建校舍所需经费的重要来源。1992年，原国家教委《关于多渠道筹措教育经费改善办学条件的公告》指出，据不完全统计，1981年至1991年间，多渠道筹措用于改善中小学办学条件的经费共1 066亿元，其中国家财政拨款为357.5亿元，社会集资、捐资等各种渠道筹措教育经费为708.5亿元，共修缮、新建、改建中小学校舍总面积6.72亿平方米，使全国中小学危房占校舍面积的比例由1981年的15.91%下降到1991年的1.6%。

这一财政体制和多渠道的筹资方式在我国财政能力不足的情况下，支持了普及义务教育的任务完成，但同时也埋下了隐患。义务教育财政经费不足，学杂费过高，家庭教育经费负担过重，导致大量农村儿童辍学。据调查，2000年前后，黑龙江、吉林、河南有些农村初中生辍学率近50%。与此同时，也出现了义务教育学校大面积拖欠教师工资的现象。财政支出责任的过度下移，不仅导致教育财政不充足，也导致教育财政的不公平。一方面各地之间的教育差距越来越大，另一方面，分税制改革后财力充裕的高层政府不承担教育支出责任，县乡政府无力承担的状况也造成了纵向的不公平。

---

①王善迈.2000年中国教育发展报告:教育体制的变革与创新[M].北京:北京师范大学出版社,2000.

②袁连生,何婷婷.中国教育财政体制改革四十年回顾与评价[J].教育经济评论,2019,4(01).

2. 均衡发展阶段，调整财政支出责任

为解决义务教育事业发展中面临的这些问题，我国在 2000 年后逐步增加义务教育财政投入，调整政府间财政支持责任，构建促进均衡的财政责任体系。

1994 年分税制改革和经济快速发展，使中央政府和地方高层政府财力增强，具备了承担更大教育财政责任的能力，政府教育支出责任开始上移。2001 年，国务院颁布《关于基础教育改革与发展的决定》，提出基础教育实行在国务院领导下，由地方政府负责，分级管理、以县为主的体制。从 2001 年开始，将农村中小学教师工资的管理上收到县。2005 年，国务院颁布《关于深化农村义务教育经费保障机制改革的通知》，决定从 2006 年开始，将农村义务教育全面纳入公共财政保障范围，建立中央和地方分项目、按比例分担的农村义务教育经费保障新机制。2006 年修订的《中华人民共和国义务教育法》规定："义务教育经费投入实行国务院和地方各级人民政府根据职责共同负担，省、自治区、直辖市人民政府负责统筹落实的体制。"

随着义务教育财政能力的增强，我国在 21 世纪初实现了免费的义务教育。义务教育意味着免费，1986 年《中华人民共和国义务教育法》即规定，义务教育不收学费。然而，在普及九年义务教育期间，由于财政不足，为了保障义务教育事业的发展，我国义务教育收取学杂费。进入 21 世纪后，国家开始逐步增强对教育事业的投入，逐步实现免费。

2001 年国务院在《关于基础教育改革与发展的决定》中提出，坚决控制乱收费，在农村义务教育阶段学校实行"一费制"，即在严格核定杂费、课本费、作业本费标准基础上，一次性统一收取费用，此外不允许再收取任何费用。同时，此文件提出，完善并落实中小学助学金制度，从 2001 年开始，对贫困地区家庭经济困难的中小学生进行免费提供教科书制度的试点，在农村地区推广使用经济适用型教材。采取减免杂费、书本费，补助寄宿生生活费等办法减轻家庭经济困难学生的负担，即"两免一补"。2003 年，国务院《关于进一步加强农村教育工作的决定》，要求进一步建立健全家庭经济困难学生资助制度，提出到 2007 年，争取让全国农村义务教育阶段家庭经济困难学生都能享受"两免一补"。

2005 年，国务院颁布的《关于深化农村义务教育经费保障机制改革的通知》，其中重要一项即全部免除农村义务教育阶段学生学杂费，对贫困家庭学

生免费提供教科书并补助寄宿生生活费。2007 年，全国农村义务教育阶段学生全部免除了学杂费和书本费，实现了农村的免费义务教育。2008 年，按照国务院颁布的《关于做好免除城市义务教育阶段学生学杂费工作的通知》，自 2008 年秋季学期开始，城市也开始实施免费义务教育。自此，我国义务教育实现了全面免费，大大减轻了家长的负担，体现了国家责任。2005 年，由于“两免一补”政策的实行，海南初中生黄某不用再交 400 元的学费，摆脱了失学打工的阴影，后来考上大学，改变了自己和家人的命运。①

义务教育经费分担体制的建立和完善，提高了中央和省级政府负担的比例，缩小了地区间义务教育经费的差异。在此之前，1998 年，全国各省份小学生均预算内经费的差异系数为 0.71，上海小学生均预算内经费是河南的 9.7 倍。2000 年后，各地区间的差异逐步缩小。2017 年全国各省份小学生均公共预算事业费的差异系数是 0.42，上海小学生均公共预算事业费是河南的 3.6 倍，差距明显缩小。研究普遍显示，2005 年后，全国、省内、地区、城乡间的教育经费差异都明显缩小。②

（二） 大力补齐农村教育短板， 推进城乡一体化

在我国义务教育发展历程中，农村一直是重点。我国农村范围大，底子薄，任务重，因而党和国家一向都将农村义务教育的发展作为教育工作中的关键。

1. 农村教育重要工程

为发展农村义务教育，补齐我国教育短板，提高全国义务教育总体水平，我国多年来针对农村义务教育实施了多个重大工程，显著提高了农村义务教育条件。

（1）国家贫困地区义务教育工程

普及九年义务教育时期，为帮助贫困地区发展义务教育，我国实施了“国家贫困地区义务教育工程”，极大改善了贫困地区义务教育办学条件。这一工程是我国第一个义务教育重要工程。1994 年经过分税制改革后，中央财

①“两免一补”铺平学生上学路[EB/OL].(2021-04-05). http://www.moe.gov.cn/jyb_xwfb/moe_2082/2021/2021_zl27/202104/t20210406_524629.html.

②袁连生. 我国教育财政体制改革的成效和问题(1978-2018)[M]//杨东平，杨旻，黄胜利. 教育蓝皮书：中国教育发展报告(2019). 北京：社会科学文献出版社，2019.

政大大增强，开始进行专项建设。1995 年至 2000 年，我国共投入 124.62 亿元（其中中央财政投入 39 亿元，地方配套 59.52 亿元，其他非财政资金 26.1 亿元），实施了第一期“国家贫困地区义务教育工程”，实施范围集中在 22 个省的 852 个贫困县。该工程大大加快了中西部地区“两基”（即基本普及九年义务教育和基本扫除青壮年文盲）进程。“十五”（2001—2005 年）期间，国家实施了第二期“国家贫困地区义务教育工程”，投入资金 76.3 亿元（其中中央专款 50 亿元，地方配套资金 26.3 亿元），惠及 522 个项目县。

（2）国家西部地区“两基”攻坚计划

2000 年，我国在全国范围内基本实现了“两基”目标，但西部地区的教育发展水平仍然偏低。截至 2002 年，西部地区仍有 372 个县以及新疆生产建设兵团的 38 个团场，共 410 个县级行政单位未完成“两基”。为此，2004 年，我国启动“国家西部地区‘两基’攻坚计划（2004—2007 年）”。为完成 2007 年西部地区整体上实现“两基”的目标，计划针对西部地区的特殊条件，如贫困面大、少数民族地区特殊的地理环境和办学形式等，提出了包括新建、改建寄宿制学校，资助西部农村地区家庭经济困难学生就学，实施农村中小学现代远程教育，加大教育对口支援力度等措施。教育部等部门关于“国家西部地区‘两基’攻坚计划（2004—2007 年）”完成情况的报告指出，此攻坚计划的各项主要任务圆满完成。

第一，“农村寄宿制学校建设工程”有效地解决了农村孩子“进得来”的问题。中央财政共投入专项资金 100 亿元，覆盖中西部地区 953 个县，新建、改扩建 7 651 所学校。该项目的实施为西部地区新增校舍面积 1 076 万平方米，满足了 195 万新增学生的上学需求。第二，家庭经济困难学生资助制度，即“两免一补”政策的广泛落实，基本解决了西部农村孩子“留得住”的问题。“两免一补”政策切实减轻了农民的经济负担。通过实施“两免一补”政策，西部地区农村义务教育学生入学率和巩固率都明显提高，初中辍学率从 2002 年的 4.3%下降到 2006 年的 1.87%。第三，实施“农村中小学现代远程教育工程”，为广大农村孩子“学得好”奠定基础。“农村中小学现代远程教育工程”共投入 111 亿元，其中中央财政投入 50 亿元，地方财政投入 61 亿元，通过配备教学光盘播放设备、卫星教学收视系统、计算机教室和多媒体设备等，初步构建了惠及全国农村中小学的远程教育网络。

(3) 农村初中校舍改造工程（2007—2010 年）

“两基”攻坚任务完成后，义务教育巩固提高问题凸显，尤其是农村初中校舍短缺制约了农村义务教育的发展。为此 2007 年至 2010 年间，国家在中西部地区实施了初中校舍改造工程，共投入 140 亿元，重点加强寄宿制学校必需的学生宿舍、食堂、厕所建设，改善学生生活条件。该工程惠及 200 多万农村初中学生，共覆盖了全国 28 个省的 1 515 个县，占全国县级行政单位总数的 52.9%。经过四年努力，农村初中校舍改造工程取得了显著的办学效益和社会效益。农村初中办学条件得到显著改善，学生“食宿难问题”得到有效缓解，稳定了农村初中生源，使得农村义务教育巩固率得以提高，对于缩小区域、城乡教育发展差距，推动义务教育均衡发展发挥了重要作用。农村初中校舍改造工程解决了农村初中生的住宿和吃饭问题，以新疆疏附县塔什米里克中学为例，原来没有寄宿条件时，全校没有一个学生考上“内高班”。2009 年，学生寄宿后，宿舍有暖气，吃住安全舒适，当年就有 14 个学生考上“内高班”，近年来该校学生成绩还在不断提升。①

(4) 全面改善贫困地区义务教育薄弱学校基本办学条件项目

2010 年，国家启动实施了农村义务教育薄弱学校改造计划，推进农村学校标准化建设。到 2013 年，中央财政 4 年累计安排薄弱学校改造计划补助资金 656.6 亿元，支持农村义务教育薄弱学校改善办学条件。2016 年至 2018 年，中央财政投入专项资金 1 059 亿元，带动地方投入 2 000 多亿元。2017 年还启动实施了教育现代化推进工程。2017 年至 2018 年两年间，中央财政下达义务教育学校建设投资 149.6 亿元，主要面向农村推动未达标学校标准化建设。2017 年全国义务教育学校校舍面积比 2015 年增长了 10%；体育场馆、音体美器材、实验仪器达标率超过 85%；互联网接入率超过 90%，不断向农村输送优质教育资源。全国 832 个贫困县的 10.3 万所义务教育学校办学条件达到“底线要求”。农村学校面貌得到明显改善，在中西部许多农村地区，“最好的建筑在学校”得到群众的公认。全面改薄是“中国义务教育基础设施的一场革命”，从此中国义务教育彻底解决办学条件差的问题，开启高质量发展的新征程。②

---

①教育部财务司，国家发展和改革委员会社会发展司. 关注学生冷暖，关爱孩子生活：国家中西部农村初中校舍改造工程报告[M]. 北京：人民教育出版社，2013.

②叶赋桂，纪效珲. 全面改薄：中国义务教育基础设施的一场革命[M]//杨东平，杨旻，黄胜利. 教育蓝皮书：中国教育发展报告(2020). 北京：社会科学文献出版社，2020.

2. 农村学生资助政策

农村学生资助政策主要包括对家庭经济困难学生补助生活费和实施农村学生营养改善计划。

对家庭经济困难学生补助生活费是我国“两免一补”政策中的“一补”。2001 年，国务院发布《关于基础教育改革与发展的决定》，提出要采取减免学杂费、书本费、寄宿费等办法，减轻家庭经济困难学生的负担。2005 年，国务院下发《关于深化农村义务教育经费保障机制改革的通知》，提出了免学杂费、免教科书费并对贫困家庭学生补助寄宿生生活费的政策。此后政策实施范围逐步扩大，2017 年对家庭经济困难学生补助生活费扩大到城市。2017 年全国对 1 604 万名城乡家庭经济困难寄宿生发放生活补助，补助金额 179.1 亿元，其中 90%用于中西部地区。2019 年，全国累计资助义务教育家庭经济困难学生生活补助 2 025.70 万人，包括寄宿制学生 1 290.11 万人，非寄宿制学生 735.59 万人。其中，西部地区 1 208.08 万人、中部地区 581.05 万人、东部地区 236.57 万人。各级财政共计投入资金 202.84 亿元。其中，中央财政占财政资金总额 51.67%，地方财政占 48.33%。

为了改善农村学生营养状况，提高农村学生健康水平，2011 年我国启动实施“农村义务教育学生营养改善计划”（以下简称“营养改善计划”），对集中连片特困地区县、其他国家扶贫开发工作重点县、省级扶贫开发工作重点县、民族县、边境县、革命老区县等地区农村义务教育阶段学生提供营养膳食补助。学校为学生提供免费营养餐。世界粮食计划署对 169 个国家的调查结果显示，我国是全球少数（11%）同时在中小学阶段提供营养餐的国家，学校供餐规模仅次于印度、巴西、美国，位居第四。

十年来，营养改善计划覆盖范围逐步扩大，受益学生数量多。截至 2020 年，全国共有 29 个省份的 1 762 个县实施了营养改善计划，占全国县级行政单位的 61.8%。覆盖农村义务教育阶段学校 14.57 万所，占农村义务教育阶段学校总数的 84.12%，受益学生达 4 060.82 万人，占农村义务教育阶段学生总数的 42.4%，占全国义务教育阶段学生总数的 27.08%。十年来，营养改善计划取得了显著的成效。中国疾病预防控制中心跟踪监测表明，2019 年营养改善计划试点地区男、女生各年龄段平均身高比 2012 年分别提高 1.54cm 和 1.69cm，平均体重分别增加 1.06kg 和 1.18kg，高于全国农村学生平均增长速度。截至 2020 年中央财政累计投入 1 472 亿元。①《中国学生资助发展报告》显示，2019 年，全国 727 个国家试点县级单位（含新疆建设兵团 36 个团场）约 7.60 万所学校开展营养改善计划，惠及农村义务教育阶段学生 2 151.13 万人，累计支出资金 168.14 亿元，其中，中央财政资金 160.68 亿元。29 个省份在 1 035 个县开展了营养改善计划地方试点工作，覆盖学校 6.97 万所，惠及学生 1 909.69 万人，累计支出资金 129.60 亿元。营养改善计划培养了学生良好的饮食习惯和生活习惯，显著增强了我国人口素质，同时还间接为贫困地区提供了几十万个工作岗位，带动了当地经济发展。

3. 乡村教师队伍建设

教师是教育水平发展的关键，补齐农村教育短板，教师是重要方面。多年来我国屡屡针对乡村教师出台专门意见，2015 年国务院办公厅印发《乡村教师支持计划（2015—2020 年）》，高度重视乡村优秀教师队伍建设。

加强乡村教师培养培训。2006 年初，教育部印发《关于大力推进城镇教师支援农村教育工作的意见》，出台了一系列措施，包括组织大中城市中小学教师到农村任教，组织县域以内城镇中小学教师定期到农村任教，组织高校毕业生志愿支教等多种形式的支教活动。从 2007 年秋季起，在教育部直属师范大学实行了师范生免费教育。除部属师范大学公费师范生教育外，各省也实施地方公费师范生教育，每年吸引约 4 万名高校毕业生直接到农村中小学任教。农村学校教育硕士师资培养计划和中小学教师“国培计划”等都为中西部农村学校培养了高素质教师。

创新乡村教师补充机制。严格执行中小学教师资格准入制度，适当提高准入标准。实行义务教育教师“县管校聘”，深入推进县域内教师交流轮岗，推动城镇优秀教师、校长向乡村学校流动。实行学区（乡镇）内教师走教制度。继续实施农村教师特岗计划，2017 年安排 74.3 亿元，选派了约 8 万名优秀大学毕业生到乡村学校任教。

大力提升乡村教师待遇，形成“越往基层、越是艰苦、待遇越高”的局面。加强乡村教师周转宿舍建设，2016 年至 2017 年间，各地新建 7.4 万套周转宿舍，并将符合条件的教师纳入住房保障范围。对乡村教师评聘职称实行

---

① 中央财政累计投入 1 472 亿元，覆盖 29 个省份 1 762 个县——营养改善计划惠及 4 000 万农村娃[N]. 中国教育报，2020-05-25.

适当倾斜政策。建立乡村教师荣誉制度，2017年首次为400万名从教30年以上的在岗和离退休教师颁发荣誉证书。

4. 推进城乡一体化

补齐乡村短板，提高农村教育水平，是我国义务教育均衡发展的第一步。为了推进义务教育更好地均衡发展，逐渐形成优质均衡发展，必须破除城乡二元结构壁垒，推进城乡义务教育一体化发展。近年来，通过落实城乡统一的教师编制标准、统一城乡义务教育学校生均公用经费基准定额、制定城乡统一的学校建设标准、完善城乡统一的学校基本装备配置标准、实现“两免一补”政策城乡全覆盖等举措，我国已基本形成了城乡一体化发展的大框架。

（1）落实城乡统一的教师编制标准

2010年起，我国正式提出并推进中小学教师编制城乡统一。教师编制标准是国家配置教育资源的重要标准，长期以来我国实行的是城乡倒挂、二元结构的中小学教师编制政策。1984年，教育部在《关于中等师范学校和全日制中小学教职工编制标准的意见》中，提出了一个教职工编制标准参考表，供各地参考制定标准。这一参考表对于城乡作出了差异设置，如小学阶段城镇地区班师比为1∶2.2，农村地区为1∶1.4。此后一直未出台相关政策，直到2001年《国务院关于基础教育改革与发展的决定》颁布后，中央编办、教育部、财政部在《关于制定中小学教职工编制标准的意见》中将教师配置标准由“班师比”转变为“生师比”，按在校学生数核定中小学教师编制。在这一意见中延续了以往的城乡差距，并按照城市、县镇、农村三级分类，编制逐级紧缩。

这一城乡倒挂的标准在2009年开始改变。2009年，中央编办、教育部、财政部联合印发《关于进一步落实〈国务院办公厅转发中央编办、教育部、财政部关于制定中小学教职工编制标准意见的通知〉有关问题的通知》，特别提出各省（自治区、直辖市）“可根据实际需要，在县域范围内和总量控制的基础上，按照有增有减的原则，参照县镇标准核定农村中小学教职工编制”。

2010年起，我国正式提出并推进中小学教师编制城乡统一。《国家中长期教育改革和发展规划纲要（2010—2020年）》明确提出：“逐步实行城乡统一的中小学编制标准，对农村边远地区实行倾斜政策。”2012年，国务院先后印发《关于加强教师队伍建设的意见》和《关于深入推进义务教育均衡发展的意见》，都将“逐步实行城乡统一的中小学编制标准”作为重要内容。2014年，中央编办、教育部、财政部发布《关于统一城乡中小学教职工编制标准的通知》，首次明确了城乡统一的中小学教师编制，即“将县镇、农村中小学教职工编制标准统一到城市标准，即高中教职工与学生比为1∶12.5、初中为1∶13.5、小学为1∶19”，并明确要求“重点对学生规模较小的村小、教学点，按照教职工与学生比例和教职工与班级比例相结合的方式核定教职工编制”。2018年《中共中央国务院关于全面深化新时代教师队伍建设改革的意见》再次强调“落实城乡统一的中小学教职工编制标准”。

这一政策的落实有力推动了我国义务教育城乡均衡发展。2018年，《国务院关于推动城乡义务教育一体化发展提高农村义务教育水平工作情况的报告》指出，按照实际配备的教师数量测算，全国有25个省份小学、24个省份初中已达到统一标准。

（2）统一城乡义务教育学校生均公用经费基准定额

2015年《国务院关于进一步完善城乡义务教育经费保障机制的通知》提出整合原来的农村义务教育经费保障机制和城市义务教育奖补政策，建立城乡统一、重在农村的义务教育经费保障机制。这一经费保障由中央和地方分项目、按比例承担。中央统一确定全国义务教育学校生均公用经费基准定额，落实这一定额所需资金由中央和地方按比例分担，西部、中部和东部地区分别为8∶2、6∶4、5∶5，中央承担大头，从2016年春季学期开始实施。中央确定2016年中西部地区普通小学生均公用经费每生每年600元、普通初中每生每年800元，东部地区普通小学每生每年650元、普通初中每生每年850元。

（3）制定城乡统一的学校建设标准

长期以来我国城乡实行不同的中小学学校建设标准，如2002年出台的《城市普通中小学校校舍建设标准》和2008年出台的《农村普通中小学校建设标准》。为推动义务教育一体化发展，现阶段教育部、住房和城乡建设部等部门正在组织修编城乡统一的《普通中小学校建设标准》，努力消除城乡学校在建设标准上的差距，提升乡村学校建设水平。统一的学校建设标准将着重更新中小学信息化设施建设标准等。

（4）完善城乡统一的学校基本装备配置标准

2016年，教育部出台了《关于新形势下进一步做好普通中小学装备工作的意见》，提出健全与国家课程标准相匹配的中小学装备配置标准体系，启动中小学装备配置标准修订工作。2019 年，为进一步推动城乡教育一体化发展，完善城乡统一的学校基本装备配置标准，教育部发布了初中物理、化学、生物、地理、数学和小学数学 6 个学科的教学装备配置标准。

（5）实现“两免一补”政策城乡全覆盖

按照 2015 年《国务院关于进一步完善城乡义务教育经费保障机制的通知》，从 2017 年春季学期开始，统一城乡义务教育阶段学生“两免一补”政策——对城乡义务教育阶段学生免除学杂费、免费提供教科书，对家庭经济困难寄宿生补助生活费。免费教科书资金，其中国家规定课程由中央全额承担，地方课程由地方承担。家庭经济困难寄宿生生活费补助资金由中央和地方按照 5∶5 比例分担。

（三） 关注特殊群体， 促进教育公平

义务教育是国家应提供的基本公共服务，国家应为所有国民提供义务教育。义务教育的均衡发展不仅包括地区之间的均衡发展，也包括不同人群之间的均衡发展，国家应尤其重视特殊群体，切实保障特殊群体接受义务教育的权利。

我国高度重视发展义务教育阶段特殊教育。残疾儿童、少年的义务教育是义务教育均衡发展的重要方面，近年来教育部相继实施《特殊教育提升计划（2014—2016 年）》《第二期特殊教育提升计划（2017—2020 年）》，致力于提高残疾儿童、少年义务教育的普及水平，加强其条件保障，提升教学质量。各级政府根据特殊教育学校学生实际制定学生人均公用经费标准，加大对特殊教育的投入力度，采取措施落实特殊教育教师待遇，努力办好每一所特殊教育学校。在普通学校开办特殊教育班或提供随班就读条件，接收具有接受普通教育能力的残疾儿童、少年学习。保障儿童福利机构适龄残疾孤儿接受义务教育，鼓励和扶持儿童福利机构根据需要设立特殊教育班或特殊教育学校。

除特殊儿童外，留守儿童和其他处境不利的儿童，国家也应保障其接受义务教育的权利。近年来，我国陆续建立起留守儿童关爱体系。2013 年，教育部等五部门颁布《关于加强义务教育阶段农村留守儿童关爱和教育工作的意见》，要求切实改善留守儿童的教育条件，优先满足其教育基础设施建设、营养状况、交通需求；不断提高留守儿童教育水平，加强留守儿童受教育全

程管理、心理健康教育、法治安全教育，加强家校联动组织工作；逐步构建社会关爱服务机制，包括支持做好留守儿童家庭教育工作、社区关爱服务、社会关爱活动等。2016 年，国务院制定了《关于加强农村留守儿童关爱保护工作的意见》，建立了由民政部牵头、27 个部门参与的留守儿童关爱保护联席会议制度，健全家庭、政府、学校尽职尽责，社会力量积极参与的农村留守儿童关爱保护工作体系。建立政府主导，民政、教育、公安、妇联、共青团等多部门参与的工作机制，保证城乡适龄孤儿进入生活设施完善的寄宿学校就读。加强流浪儿童救助保护，保障适龄流浪儿童重返校园。办好专门学校，教育和矫治有严重不良行为的少年。2020 年 6 月，教育部等十部门发布《关于进一步加强控辍保学工作健全义务教育有保障长效机制的若干意见》，明确指出要对标脱贫攻坚目标任务，聚焦重点地区、重点人群、重点环节，进行查漏补缺，确保除自身身体原因不具备学习条件之外，所有适龄儿童都要接受义务教育，保障 2020 年全国义务教育巩固率达到 95%，形成义务教育有保障长效机制。

为完善流动儿童就学体系，保障进城务工人员随迁子女平等接受义务教育，我国不断完善随迁子女就学政策。推动各地建立以居住证为主要依据的随迁子女入学政策，明确居住证持有人在居住地依法享有平等接受义务教育的权利。2014 年，我国启动中小学全国统一的学籍系统，随迁子女跨省转学实现全程网上办理。2017 年，全国共有义务教育阶段随迁子女 1 406.6 万人，比上年增加 11.9 万人，其中 80%进入公办学校就读，另有 7.5%享受政府购买民办学校学位服务，并全部纳入生均公用经费和“两免一补”补助范围。同时，坚持以流入地为主、以公办学校为主的“两为主”政策，将常住人口纳入区域教育发展规划，按照进城务工人员随迁子女在校人数拨付教育经费，适度扩大公办学校资源，尽力满足进城务工人员随迁子女在公办学校平等接受义务教育。在公办学校不能满足需要的情况下，采取政府购买服务等方式保障进城务工人员随迁子女在依法举办的民办学校接受义务教育。在政策保障下，进城务工人员随迁子女数量不断增多。整体上来看，全国义务教育阶段进城务工人员随迁子女规模较为平稳，近八成在公办学校就读。据统计，2020 年，全国义务教育阶段进城务工人员随迁子女约为 1 427.0 万人，占在校总人数的 9.3%，其中，进城务工人员随迁子女在公办学校就读的比例为 79.4%。

四、全面提高义务教育质量

21世纪初，我国完成普及九年义务教育的历史性任务后，义务教育事业的发展重心逐渐转移到提高质量上来，义务教育的发展重点从“有学上”转变为“上好学”。

（一）课程改革

课程是教育思想、教育目标和教育内容的主要载体，集中体现国家意志和社会主义核心价值观，是学校教育教学活动的基本依据，直接影响人才培养质量。1999年，党中央、国务院发布《关于深化教育改革全面推进素质教育的决定》，拉开了我国基础教育课程改革的大幕。

为了更新教育内容，构建符合素质教育要求的新的基础教育课程体系，2001年，教育部印发了《基础教育课程改革纲要（试行）》。改革的目标是要改变过去注重知识传授的倾向，强调形成积极主动的学习态度，使获得基础知识与基本技能的过程同时成为学会学习和形成正确价值观的过程。改变课程结构过于强调学科本位、科目过多和缺乏整合的现状，整体设置九年一贯的课程门类和课时比例，并设置综合课程，以适应不同地区和学生发展的需求，体现课程结构的均衡性、综合性和选择性。改变课程内容“难、繁、偏、旧”和过于注重书本知识的现状，加强课程内容与学生生活以及现代社会和科技发展的联系，关注学生的学习兴趣和经验，精选终身学习必备的基础知识和技能。改变课程实施过于强调接受学习、死记硬背、机械训练的现状，倡导学生主动参与、乐于探究、勤于动手，培养学生搜集和处理信息的能力、获取新知识的能力、分析和解决问题的能力以及交流与合作的能力。改变课程评价过分强调甄别与选拔的功能，发挥评价促进学生发展、教师提高和改进教学实践的功能。改变课程管理过于集中的状况，实行国家、地方、学校三级课程管理，增强课程对地方、学校及学生的适应性。在这一目标指引下，2001年起教育部陆续颁布了各学科的课程标准（实验稿），并在实验区开始课改实验。从2002年到2005年，义务教育阶段全部实施新课程。

为进一步贯彻实施素质教育，适应新时期全面实施素质教育的要求，《国家中长期教育改革和发展规划纲要（2010—2020年）》提出了进一步推进课程改革的任务。2011年教育部重新修订了义务教育阶段各学科课程标准。

2014年，基础教育课程进一步深化改革。2014年，教育部印发《关于全面深化课程改革落实立德树人根本任务的意见》，提出研究制定学生发展核心素养体系和学业质量标准，要求依据学生发展核心素养体系，修订课程方案和课程标准，重新编写教材，改进学科教学、考试招生评价的育人功能和导向，强化教师育人能力的培养等。

（二）德智体美劳五育并举

近年来，我国不断强化科学的教育质量观，强调以素质教育为导向，促进学生德智体美劳全面发展，五育并举，并颁布了一系列的指导意见。2014年，教育部发布《关于培育和践行社会主义核心价值观进一步加强中小学德育工作的意见》；2017年，教育部印发了《中小学德育工作指南》。

2015年，国务院办公厅印发《关于全面加强和改进学校美育工作的意见》，强调要遵循美育特点和学生成长规律，以美育人，以文化人，重点解决基础教育阶段美育存在的突出问题，缩小城乡、校际差距，让每个学生都有接受美育的机会；义务教育阶段学校要开设丰富优质的美育课程，在开设音乐、美术课程的基础上，有条件的要增设舞蹈、戏剧戏曲等地方课程，激发学生艺术兴趣，帮助学生形成一两项艺术特长和爱好等。2016年，教育部与全国各地一批学校签署了学校美育改革发展备忘录。2020年，中共中央办公厅、国务院办公厅印发了《关于全面加强和改进新时代学校美育工作的意见》，进一步推动了义务教育阶段美育的发展。2021年，教育部成立了首届全国中小学美育教学指导专业委员会，充分发挥专家对中小学美育教学工作的指导作用，以促进中小学美育教学改革的深化。2020年，中共中央办公厅、国务院办公厅还印发了《关于全面加强和改进新时代学校体育工作的意见》。

2015年，教育部、共青团中央、全国少工委颁布《关于加强中小学劳动教育的意见》。2020年，中共中央、国务院发布《关于全面加强新时代大中小学劳动教育的意见》，同年教育部印发了《大中小学劳动教育指导纲要（试行）》，加强义务教育阶段的劳动教育。

（三）多管齐下，构建质量保障体系

为全面提高义务教育质量，近年来我国多管齐下，加强教育治理，通过

消除大班额、规范招生等方式构建义务教育质量保障体系。

随着城镇化进程的加快，进城务工人员增加，城镇大班额现象日益加重。大班额不仅加重了教师负担，也导致素质教育难以全面实施。党中央、国务院高度重视消除义务教育大班额问题。2010年，《国家中长期教育改革和发展规划纲要（2010—2020年）》首次提出“逐步消除大班额现象”。2019年，教育部、国家发改委、财政部在《关于切实做好义务教育薄弱环节改善与能力提升工作的意见》中指出，争取到2020年底，全部消除66人以上超大班额，基本消除56人以上大班额，全国大班额比例控制在5%以内。为实现这一目标，近年来我国采取了一系列措施。首先从源头进行控制。教育部在近年的招生安排中都明确指出，无论是小学，还是初中，起始年级的招生必须遵循国家规定班额的标准，加强对大班额、大校额学校招生计划的控制。其次加强重点帮扶。2019年，教育部继续强化落实“全面改薄”、教育现代化等相关教育工程项目，持续加大对中西部困难地区和教育资源贫乏地区学校建设的支持力度，促进各省份和地区提高义务教育阶段学校布局的合理性，强化学位资源供给，并加强监督检查力度。经过努力，目前我国已消除大班额。

从倡导教育改革、发展素质教育至今，过重的课业负担是影响我国义务教育发展、学生健康成长的重要问题，党和国家对此高度重视。教育部在2013年和2014年连续开展了义务教育阶段学校“减负万里行”活动。2018年，教育部会同相关部门开展了为期一年半的中小学课外培训机构的专项治理工作，并陆续印发了《关于规范校外培训机构发展的意见》《关于切实减轻中小学课外负担开展校外培训机构专项治理行动的通知》《中小学生校外培训服务合同（示范文本）》《关于印发义务教育六科超标超前培训负面清单（试行）的通知》等，形成对中小学校外培训机构发展的有效规范和治理，切实减轻中小学生课业负担。

择校是义务教育阶段学生压力大的影响因素之一。2014年起，各地教育部门启动义务教育免试就近入学改革。经过三年努力，重点监测的全国19个副省级以上大城市公办中小学（不含寄宿制学校）学生就近入学比例均超过九成。其中，北京、天津、上海等14个市的公办小学和上海、沈阳等7个市的公办初中基本实现全部就近入学。2016年中国教育学会随机抽取了10个副省级以上大城市的105个区、县的36万名家长进行调查，结果显示，家长对近三年当地招生入学工作总体满意度达 87.5%。①

同时，我国加强了对学校的管理和对各地教育事业的督导工作。2017 年 12 月，我国教育管理领域第一个关于学校管理的标准——《义务教育学校管理标准》正式颁布，为学校实现管理法治化、规范化、精细化和科学化提供了指南。2012 年，我国第一个《教育督导条例》公布施行，首次成立国务院教育督导委员会。历年的督导工作有力地推动了各地义务教育的均衡发展。截至 2017 年底，全国 2 379 个县通过了义务教育基本均衡发展督导评估认定，占比达 81%，北京、天津、吉林、上海、江苏、浙江、安徽、福建、山东、湖北、广东等 11 个省（市）整体通过评估认定。

经过多年的努力，我国义务教育质量已获得长足的进步。2018 年，教育部基础教育质量监测中心发布了《中国义务教育质量监测报告》，这是我国首份国家义务教育质量监测报告。这是基于 2015 年至 2017 年教育部基础教育质量监测中心提供的数据，以四年级、八年级学生为对象，组织实施的第一周期国家义务教育质量监测。监测数据表明：我国义务教育阶段学生人生价值取向积极，具有良好的行为规范；学生学业表现良好；学生心肺功能、速度素质达标率较高；教师受学生喜欢程度高，学生对课程的喜欢程度高；学校文化氛围浓厚，育人环境较好；学校教学资源配备较为充足。同时，监测数据也指出，我国义务教育阶段学生综合应用能力相对薄弱；部分课程的课时设置和内容安排欠合理；资源使用率有待提高；学生学习压力较大，学生课业负担偏重等。这份报告为我国下一阶段义务教育的发展指明了方向。

五、为延长义务教育年限做准备，加强对处境不利学生的支持

随着小康社会的全面建成，我国义务教育事业的发展进入新的阶段。这一阶段是在均衡发展基础上的高质量、优质均衡。在“后小康社会”，面对义务教育高质量发展的任务，在已有义务教育成果基础上，我国一方面应考虑

---

①教育部：全国义务教育招生入学改革取得阶段性成果[EB/OL].（2017-02-22）. http://www.gov.cn/xinwen/2017-02/22/content_5170144.htm.

为适当延长我国义务教育年限做准备，一方面应增强对义务教育阶段处境不利学生的学业支持，加强教育公平。

我国实行九年制义务教育，将小学和初中纳入义务教育阶段。改革开放以来，国家逐步加大对义务教育的财政支持，将义务教育全面纳入财政保障氛围，大大促进了小学和初中阶段教育的发展。随着我国经济实力的提升，延长义务教育年限的呼声逐渐出现。然而，延长义务教育年限不仅要考虑经济能力，更要体现城乡均衡发展的制度特征，因为义务教育意味着强制、免费和普及普惠。① 我们认为，我国应考虑将学前教育阶段适当纳入义务教育范围。

如前章所述，学前教育具有突出的社会价值和个人意义，因此，世界各国普遍重视学前教育投入。将学前教育纳入义务教育符合义务教育的公共性质，义务教育向学前教育延伸是国际社会的普遍做法。2015 年由联合国教科文组织等国际组织举办、160 个国家参与的世界教育论坛上通过的《2030 年教育仁川宣言》中也提出了“鼓励提供至少一年的免费、义务、优质的学前教育，让所有儿童接受优质的幼儿发展、保育和教育”的美好愿景。可以说，在义务教育中纳入学前教育阶段符合国际趋势。

但是，延长义务教育年限必须考虑国家社会经济的发展阶段和均衡发展的制度特征。国际上多数实施一年免费学前教育或义务教育的国家，都是在人均国内生产总值至少达到 1.2 万美元时才开始探索延长义务教育年限的。2020 年我国人均国内生产总值达到 1.1 万美元左右，“十四五”期间我国人均国内生产总值将继续提升，我国即将基本具备将一年学前教育纳入义务教育的经济条件，但将之纳入义务教育可能还需制度准备。所以，我国在“十四五”期间应启动学前一年免费教育计划，让更多的适龄儿童，尤其是弱势儿童获得平等的学前教育的机会，为争取在“十五五”“十六五”期间将学前教育一年纳入义务教育创造条件。同时为“十五五”学前教育两年免费，“十六五”学前教育三年免费创造条件。实施学前一年义务教育将有助于推动我国学前教育的进一步发展，提升我国人口素质。

同时，下一阶段我国还应考虑进一步加强对义务教育阶段处境不利学生

---

①张力.延长义务教育年限与扩展免费教育范围的多维度分析[J].中国教育学刊,2021(05):37-44.

的支持。目前我国已建立对贫困家庭学生的经济资助、生活支持，对于学生的发展起到了重要的保障作用。随着全面建成小康社会伟大成就的实现，我国如期完成了脱贫攻坚的任务，消除了绝对贫困和区域性整体贫困。在这一背景下，我国教育扶贫工作应转向对相对贫困群体的支持，这应是新阶段提升教育公平的重点。在脱贫之后，新时代贫困地区学生还存在六大相对贫困问题：经济贫困、知识贫困、能力贫困、情感贫困、文化贫困、信息贫困。① 同时，已有研究表明，家庭背景对于儿童的学业成就有着重要的影响。② 经济资助对于弥补不同背景学生间的差异只是一个初级的公平保障，下一步我国应着力增强对处境不利学生的全面支持，在义务教育阶段尽量保障更高程度的教育公平。

①付卫东. 学生相对贫困与新时代教育扶贫策略——基于中西部 6 个省 18 个扶贫重点开发县的调查[J]. 河北师范大学学报(教育科学版),2021,23(2):64-71.

②李忠路,邱泽奇. 家庭背景如何影响儿童学业成就?——义务教育阶段家庭社会经济地位影响差异分析[J]. 社会学研究,2016,31(04):121-144,244-245.

第五章

高中教育　丰富多样

一、高中教育承上启下

高中阶段教育是中等教育的后期阶段，是国民教育系统中承上启下的部分。一般我们将初等教育与前期中等教育（初中）作为义务教育，而将后期中等教育，包括普通高中和中等职业学校教育，作为一个相对独立的学校教育形态。

之所以如此区分，是因为虽然同为中等教育，但高中阶段教育相对于初中阶段具有相对独立性。这种独立性首先在于高中阶段学生与初中阶段学生在身心发展特征和人生阶段发展任务方面有很大不同。初中阶段学生刚刚进入青春期，生理心理开始发生巨大变化。相比于初中时期，高中阶段学生生理发展趋于稳定，心理发展趋于成熟。初中阶段学生处于对自我和周围世界抱有困惑并尝试探究的阶段，而高中阶段则是从“探究个性”向“发展、深化个性”过渡的阶段，他们一定程度上确立了自我发展的方向并开始尝试为之努力。① 因而，对于个人而言，高中阶段是个人从未成年走向成年、个性形成、能力培养、自主发展的关键时期。

为了与学生身心发展相适应，学校教育要采取不同策略，尤其是在课程设置和学习方式上。课程领域的研究认为，初中阶段的学习科目适宜“多、广、浅、短、轻”，而高中阶段科目适宜“少、窄、深、长、重”，也就是说初中阶段应向学生提供广泛的、入门性、轻松的课程，高中阶段则应提供相对专门的、深度的、有要求的课程。②所以，虽然同为中等教育，高中阶段与初中阶段有着明显的不同。

不过，虽然有不同，高中阶段仍然属于基础教育。所谓“基础”，有两个方面的意思，一是指从教育体制来说，基础教育是整个教育事业的基础。二是从学生成长而言，基础教育是社会成员为生存和发展而必须接受的最低限度的教育。联合国教科文组织将“基础”解释为“个体终身学习”的基础和“以人的发展为中心”的基础。③ 我国一直将高中阶段教育定位为基础教育。在终身教育的时代，高中阶段教育的基础性更加明显。

---

①②③张德伟，梁忠义. 国际后期中等教育比较研究[M]. 北京：人民教育出版社，2006：6-10.

二、高中教育与小康社会

高中阶段教育事业的发展对于我国教育事业的整体发展和小康社会的建设具有重要的意义。

普及高中阶段教育有利于巩固义务教育普及成果、完善现代职业教育体系、增强高等教育发展后劲，是适应我国经济结构转型升级、提高劳动力受教育年限的迫切需要，也是进一步提升国民整体素质、建设人力资源强国的基础工程。因此，2002 年，党的十六大将“基本普及高中阶段教育”写入全面建设小康社会的奋斗目标。

新中国成立以来，我国高中阶段教育取得了长足的进步。1949 年我国高中阶段（普通高中、成人高中、中等职业学校）毛入学率仅为 1.1%，21 世纪以来高中阶段教育开始加速。2000 年我国高中阶段毛入学率为 42.8%，2010 年增长至 82.5%，2020 年继续增长至 91.2%。

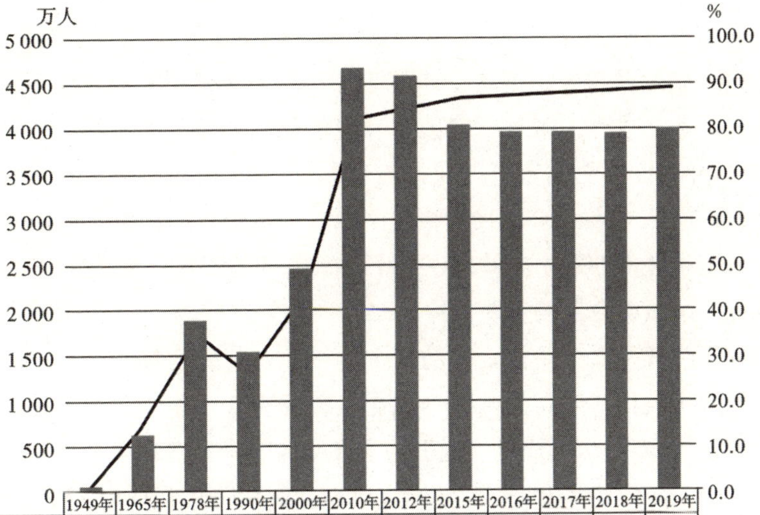

	1949年	1965年	1978年	1990年	2000年	2010年	2012年	2015年	2016年	2017年	2018年	2019年
在校生	32	613	1 885	1 529	2 447	4 677	4 595	4 035	3 970	3 971	3 935	3 995
毛入学率	1.1	14.6	35.1	26.0	42.8	82.5	85.0	87.0	87.5	88.3	88.8	89.5

图 5-1　高中阶段在校生人数和毛入学率统计图①

①中华人民共和国教育部. 2019 年全国教育事业发展统计公报[EB/OL].(2020-05-20). http://www.moe.gov.cn/jyb_sjzl/sjzl_fztjgb/202005/t20200520_456751.html.

高中阶段教育的发展与我国教育事业和社会经济的整体发展密切相关。我国一直实行普及教育的政策，但普及的阶段与重点因现实发展而不同。概括而言，我国对高中阶段教育的普及策略经历了局部提倡、全面基本普及、加快基本普及的不同阶段。① 20世纪90年代，随着义务教育的普及，高中开始进入局部提倡普及阶段。1993年《中国教育改革和发展纲要》首次提出“大城市市区和沿海经济发达地区积极普及高中阶段教育”的目标，在九年义务教育（包括初中阶段的职业技术教育）普及的基础上，积极普及高中阶段教育。1998年《面向21世纪教育振兴行动计划》提出“到2010年，在全面实现‘两基’目标的基础上，城市和经济发达地区有步骤地普及高中阶段教育”，在普及路径上，采取适量发展普通高中、大力发展中等职业教育的方式。

20世纪末，在义务教育基本普及和高校扩招的背景下，人民群众对于高中教育的需求明显扩大。我国普及高中阶段教育政策有了一个转向，从局部性的“积极普及”转变为全局性的“基本普及”。《国务院关于基础教育改革与发展的决定》提出“十五”期间高中阶段入学率达到60%左右的目标，要求按照“积极进取、实事求是、分区规划、分类指导”原则，将全国按照人口和区域发展水平分为三类，分别提出“适度发展高中阶段教育”“高中阶段教育有较大发展”“基本满足社会对高中阶段教育需求”的目标。

2010年《国家中长期教育改革和发展规划纲要（2010—2020年）》指出，到2020年“实现更高水平的普及教育”，提出“普及高中阶段教育，毛入学率达到90%”的目标和“加快普及高中阶段教育”的任务。2019年，中共中央、国务院印发的《中国教育现代化2035》明确提出，到2035年实现“全面普及高中阶段教育”的发展目标。

在逐步普及高中阶段，推动高中阶段教育整体发展的同时，我国在高中阶段教育中实行普通高中与中等职业教育规模大体相当的政策，这一政策已实施了近40年，深刻而有力地引领了我国高中阶段教育事业的发展。

20世纪80年代初期，为了调整培养经济发展急需的大量初、中级技能技术型人才，我国调整中等教育结构，确立了普通高中和中等职业教育在校生比例大体相当的政策，提倡中等职业教育，对普通高中教育的发展实行一定

---

①李建民.“全面普及高中阶段教育”的内涵释要与路径选择[J].教育研究,2019,40(07):73-82.

程度的控制。1983 年，教育部等四部门联合印发的《关于改革城市中等教育结构、发展职业技术教育的意见》提出，到 1990 年实现各类职业技术学校在校生与普通高中在校生的比例大体相当。在这一政策的引领下，1990 年前后，高中阶段职普比例大体相当。

不久后，由于高等教育开始扩招、中专毕业生不再分配工作，1999 年至 2001 年，中等职业学校招生规模连续下滑，2001 年中等职业学校招生占比（中等职业学校招生规模占高中阶段招生规模的比例）降至 41.7%。为扭转这一局面，2002 年印发的《国务院关于大力推进职业教育改革与发展的决定》和 2005 年印发的《国务院关于大力发展职业教育的决定》都强调了要保持中等职业学校与普通高中规模大体相当。在政策的调控下，尤其是 2005 年增加行政强制力度①，中等职业学校招生比重逐渐回升，2009 年超过普通高中，再次形成大体相当的格局。

2010 年《国家中长期教育改革和发展规划纲要（2010—2020 年）》指出“今后一个时期总体保持普通高中和中等职业学校招生规模大体相当”。近年颁布的《高中阶段教育普及攻坚计划（2017—2020 年）》和《国家职业教育改革实施方案》（2019 年）延续这一政策，要求“保持高中阶段教育职普比大体相当”。

三、逐步形成以财政投入为主的投入机制

21 世纪开始，随着高中阶段教育规模快速扩大，资源不足的问题也随之凸显。为了满足发展需求，各级政府逐渐加大财政保障力度。由于普通高中与中等职业学校的经费体制不同，且后者将在职业教育专章讨论，故这里只讨论普通高中。

（一）落实“以财政投入为主，其他渠道筹措经费为辅”的投入机制

从 2000 年至今，我国普通高中逐步形成以财政投入为主、其他经费为辅

①朱新卓，赵宽宽. 我国高中阶段普职规模大体相当政策的反思与变革[J]. 中国教育学刊，2020(07):11-16,102.

的投入机制。这一机制的形成不是一蹴而就的。“十五”期间，普通高中的财政性教育经费保持了年均20%的增长速度。但在“以县为主”的管理体制下，受制于地方政府财政能力以及这一时期优先发展义务教育的政策导向，政府的投入力度对于普通高中的需求而言仍然非常不够。因此，国家给予了普通高中一些特殊的政策扶持，主要包括允许并支持某些学校改制，允许公办高中实施“三限政策”，招收择校生等。普通高中的筹资模式在这一时期呈现出多元化特点，其非财政收入来源包括向银行贷款，收取择校费、学杂费等，民办高中的数量也快速增长，整体上普通高中教育非财政性教育经费在经费总投入中的占比维持在近50%。多元化筹资模式促进了普通高中事业的发展，但加重了学生家庭的经济负担。

为解决这一问题，“十一五”时期，我国进一步加大普通高中的政策保障力度，并限制非政府经费进入。2006年，教育部发布的《关于进一步规范普通高中建设兴办节约型学校的通知》中明确指出，普通高中教育应坚持政府办学为主，地方各级人民政府应承担起筹措办学经费的主要责任，加大对普通高中教育的投入。“十一五”时期，国家财政性教育经费投入量从2006年的659亿增长至2010年的1 322亿。同时，中央政府加大对普通高级中学收费的管理。教育部、财政部等部门陆续发布《关于2006年治理教育乱收费工作的实施意见》《关于2008年规范教育收费进一步治理教育乱收费工作的实施意见》《关于2010年治理教育乱收费规范教育收费工作的实施意见》，要求严格执行“限人数、限分数、限钱数”的“三限”政策，限制招收择校生。

2010年以来，我国进一步加大了财政教育经费占比，明确了政府责任。2011年《国务院关于进一步加大财政教育投入的意见》和2019年《改善普通高中学校办学条件补助资金管理办法》都要求增加普通高中生均预算内教育事业费支出。“十三五”期间，我国建立并完善了普通高中生均公用经费拨款标准，保障普通高中学校正常运转，建立按比例分担的奖补机制，落实地方各级政府责任，并提高寄宿制学校拨款水平，适应寄宿学校办学需要。

2017年，教育部组织实施高中阶段教育普及攻坚计划，并与10个普及水平较低的中西部省份签署了普及攻坚备忘录。中央设立专项资金，加大普通高中改造计划实施力度，重点支持中西部省份贫困地区普通高中改善办学条件。教育部与国务院扶贫办又于2018年1月联合印发《深度贫困地区教育脱贫攻坚实施方案（2018—2020年）》，把“三区三州”尚未普及高中阶段教育的地区作为攻坚重中之重，优先支持扩大教育资源，改善办学条件，保障建档立卡贫困家庭学生接受高中阶段教育的机会。此外国家还实施了“教育基础薄弱县普通高中建设项目”“普通高中改造计划”和“现代职业教育质量提升计划”，支持中西部贫困地区加快发展高中阶段教育。2011 年以来，中央财政共投入 350 多亿元用于普通高中学校校舍改扩建、配置图书和教学仪器设备以及体育运动场等附属设施建设，惠及了近 2 000 所普通高中和近千万名学生。

2019 年 5 月 24 日，国务院办公厅印发了《教育领域中央与地方财政事权和支出责任划分改革方案》，对普通高中免学杂费和国家助学金补助、家庭经济困难学生生活补助等扶贫措施作出了财政部署。2019 年 6 月，国务院办公厅出台了《关于新时代推进普通高中育人方式改革的指导意见》，特别要求要进一步完善经费投入机制，多渠道筹措普通高中建设资金，健全生均公用经费拨款制度，各地生均公用经费拨款标准应于 2020 年达到每生每年 1 000 元以上，个别确有困难的地区可延到 2022 年前。

21 世纪以来，我国普通高中教育经费中，财政经费比例逐步增大。从 2001 年到 2010 年，我国普通高中教育经费中，财政性教育经费占教育总经费的比例从 55.1％上升到 66.0％，2017 年这一比例上升到 82.5％。同时，2001 年到 2010 年间，普通高中教育经费中，非政府收入占教育总经费的比例从 44.9％下降到 34.0％，2017 年降至 17.5％，其中学杂费占总教育经费的比例从 2001 年的 22.1％下降为 2017 年的 11.8％。①

（二） 建立和完善学生资助政策，不让一名学生因家庭经济困难而失学

政府责任的强化落实还表现在学生资助体系的完善上。2010 年我国正式建立了普通高中家庭经济困难学生国家资助制度。在此之前，国家曾以专项形式资助普通高中学生。2007 年，经国务院批准，中央财政安排 3 亿彩票公益金资助中西部地区县镇和农村普通高中家庭贫困学生，资助名额 30 万个，每生每学年受助 1 000 元。2010 年，财政部、教育部印发的《关于建立普通

---

①梁文艳，何茜，胡咏梅．“十四五”时期中国普通高中的经费保障：现状、挑战与展望[J]．教育经济评论，2021，6(01)：3-22．

高中家庭经济困难学生国家资助制度的意见》正式提出，按照“加大财政投入、经费合理分担、政策导向明确、多元混合资助、各方责任清晰”的基本原则，建立以政府为主导、国家助学金为主体、学校减免学费等为补充、社会力量积极参与的普通高中家庭经济困难学生资助政策体系，从制度上基本解决普通高中家庭经济困难学生的就学问题。《中国学生资助发展报告》显示，2019 年，全国共资助普通高中学生 1 240.23 万人次，共投入资助资金 185.01 亿元。

按照这一原则，我国建立了以国家助学金、建档立卡等家庭经济困难学生免学杂费政策为主，地方政府资助和学校、社会资助为补充的资助政策体系，主要包括以下方面：

国家助学金制度。财政部、教育部印发的《关于建立普通高中家庭经济困难学生国家资助制度的意见》规定，从 2010 年秋季学期起，中央与地方共同设立国家助学金，用于资助普通高中在校生中的家庭经济困难学生，资助面约占全国普通高中在校生总数的 20%。目前，国家助学金平均资助标准为每生每年 2 000 元。2019 年，全国有 457.26 万普通高中学生享受国家助学金政策。全国普通高中国家助学金到位资金共计 100.35 亿元。其中，中央财政资金 69.74 亿元，占 69.50%；地方财政资金 30.61 亿元，占 30.50%。

学费减免等制度。一是国家资助。从 2016 年秋季学期起，免除了公办普通高中建档立卡等家庭经济困难学生（含非建档立卡的家庭经济困难残疾学生、农村低保家庭学生、农村特困救助供养学生）学杂费。对在民办普通高中就读的符合条件的学生，按照当地同类公办普通高中免除学杂费标准给予补助。2019 年，全国共有 191.40 万普通高中学生享受建档立卡等家庭经济困难学生免学杂费政策，免学杂费资助资金共计 25.21 亿元。其中，中央财政资金占 69.69%；地方财政资金占 30.31%。二是地方资助。2019 年，地方政府在落实国家助学金、建档立卡等家庭经济困难学生免学杂费政策的基础上，另外共资助普通高中学生 513.34 万人次，共投入资助资金 47.27 亿元。三是学校资助。普通高中从事业收入中提取一定比例的经费，用于减免学费、设立校内奖助学金和特殊困难补助等。2019 年，全国普通高中提取事业收入资助学生 58.25 万人次，全国普通高中从事业收入中提取并支出资助资金 7.90 亿元。

社会捐资助学。企业、社会团体及个人等面向普通高中设立奖学金、助学金。2019 年，全国共有 19.98 万人次普通高中学生获得社会资助，普通高中社会资助资金共计 4.28 亿元。

经过十年的发展，我国高中学生资助制度建设已经完善，政策落实效果突出，资助资金管理规范。下一阶段应在这一制度基础上，进一步提高管理水平，合理确定资助比例，加强家庭经济困难学生库建设。①

四、推动普通高中多样化有特色发展

随着高中教育阶段的普及，党和国家对高中教育质量的关注也与日俱增。高中教育所追求的质量简单而言可以理解为“多样化有特色”的发展。

20 世纪 80 年代，为纠正“应试教育”的弊端，我国提出了素质教育。1985 年，中共中央颁布的《关于教育体制改革的决定》提出“应扩大学校的办学自主权”，培养国家需要的有创造力的人才。各地立即提出了建设有特色学校的思路回应这一要求。1993 年，《中国教育改革和发展纲要》明确提出：“中小学要由‘应试教育’转向全面提高国民素质的轨道，面向全体学生，全面提高学生的思想道德、文化科学、劳动技能和身体心理素质，促进学生生动活泼地发展，办出各自的特色。普通高中的办学体制和办学模式要多样化。”1995 年，原国家教委发布的《示范性普通高级中学评估验收标准（试行）》中要求，示范性普通高级中学应当有“反映学校办学宗旨和特色的改革与发展规划及实施方案”。

21 世纪以来，普通高中的普及化促使普通高中多样化发展进入前台。②2000 年后，普通高中扩张速度的加快，埋下了高中同质化、巨型高中的隐患。高中的多样化发展成为教育高质量发展的一个明确内涵。2010 年，《国家中长期教育改革和发展规划纲要（2010—2020 年）》对高中阶段教育提出了“加快普及高中阶段教育”“全面提高普通高中学生综合素质”“推动普通高中多样

---

①李朝晖，曲绍卫. 高中学生资助管理绩效评估研究——基于 2019 年省级统计数据的实证分析[J]. 教育经济评论，2021，6(01)：23-37.

②陈丽，柴纯青. 普通高中特色建设：谋划与实施[M]. 北京：北京师范大学出版社，2014.

化发展”的要求。

高中多样化发展的目的在于打破千校一面的状况，形成百花齐放的发展态势。经过多年的发展，全国各地已形成了一批多样化特色发展高中，教育部在全国范围内组织遴选出一批“心理健康教育特色学校”“国防教育特色学校”“规范汉字书写教育特色学校”和“艺术教育特色学校”等。

高中多样化发展的出发点和落脚点在于满足不同学生的多元需求，促进学生的个性发展。对此，除了学校层面的特色发展，为营造系统性的多样化氛围，我国主要实行了新课程改革和评价系统改革。

（一） 新课程改革

新课程改革是满足学生多样化发展需要的基础性改革。2001 年教育部颁布《基础教育课程改革纲要（试行）》，指出为适应时代发展需要，构建符合素质教育要求的基础教育课程体系，课程改革势在必行。新课程改革的基本价值取向是“为了中华民族的复兴，为了每位学生的发展”。2003 年，教育部印发了普通高中课程方案和课程标准（实验稿），启动了普通高中新课程实验。从 2004 年到 2012 年，普通高中课程改革在全国范围实施。

普通高中课程改革的主要特点在于，第一，改变课程结构。在必修课程的基础上，增加选择性必修课程、选修课程，增加外语课程的语种，给予学生选课权，使学生拥有个性化课程表。第二，课程设置打破单科纵向设置特点，关注不同学科间的横向联系，培养学生的综合思考能力，课程由学习领域、科目、模块三个层次构成。

2003 年启动的新课程改革推动了素质教育的深化。面对近年来的社会经济、科技文化的巨大变化，教育部对课程方案和课程标准进行修订，并于 2017 年颁布普通高中课程方案和语文等学科课程标准，这标志着我国基础教育课程改革进入新的阶段。

新的课程方案主要有三方面的变化。首先，进一步明确了普通高中教育的定位，强调普通高中教育是在义务教育基础上进一步提高国民素质、面向大众的基础教育，不只是为升大学做准备，还要为学生适应社会生活和职业发展做准备，为学生的终身发展奠定基础。其次，进一步优化课程结构，适当增加课程的选择性，满足学生的多样化学习需求。最后，强化了课程有效实施的制度建设，从选课走班等新要求出发，进一步明确课程实施环节的责任主体和要求，增设了“条件保障”“管理与监督”内容，强化各级教育行政部门和学校课程实施的责任。

新的课程标准的变化主要有：在文本结构上，新增了学科核心素养和学业质量要求两个部分，内容更全面，结构更完整；在课标内容方面，凸显思想性、时代性和整体性等，例如强化社会主义核心价值观教育，中华优秀传统文化、革命文化和社会主义先进文化教育等；在实施层面，强化指导性、可操作性。从 2019 年秋季起，普通高中新课程新教材在全国分步实施。

高中新课标更加关注学生个性化、多样化的学习需求和发展要求，促进学生全面而有个性的发展，给予学生自主、自由选修选考的空间，将有利于减轻学生的课业负担，促进学生的个性和特长发展。2020 年，教育部对普通高中课程方案和语文等学科课程标准进行了局部修订。

（二）高考综合改革

高考综合改革是与新课程改革相配合、推动高中教育发展的重要改革。

2008 年，为进一步适应以普通高中新课程逐步推广为标志的素质教育的深入开展，适应国家对创新人才的迫切需求，教育部颁布《关于普通高中新课程省份深化高校招生考试改革的指导意见》，改革的主要任务为“促进高校招生考试改革与高中课程改革相结合，促进国家统一考试改革与高中综合评价改革相结合，促进考试改革与高校录取模式改革相结合，逐步建立和完善在国家统一考试录取基础上的全面、综合、多元化的考试评价制度和高等学校多样化的选拔录取制度”。

改革的主要内容包括：第一，建立和完善对普通高中学生的综合评价制度，并逐步纳入高校招生选拔评价体系；第二，深化统一考试内容改革，实现考试内容与新课程的衔接；第三，推进高等学校选拔录取模式和方式改革，包括高校招生录取要在高考成绩基础上增加学生学业水平考试及综合素质的考察。

2013 年，党的十八届三中全会对考试招生制度改革作出全面部署，决定逐步推行普通高校基于统一高考和高中学业水平考试成绩的综合评价多元录取机制。据此，2014 年国务院颁布《关于深化考试招生制度改革的实施意见》，就深化考试招生制度改革提出具体实施意见。高考改革是考试招生制度改革的重点。

自《关于深化考试招生制度改革的实施意见》颁布以来，各项重点改革任务扎实推进，取得了积极成效。2017年，上海、浙江第一批高考综合改革试点平稳落地，北京、天津、山东、海南第二批改革试点顺利启动。两批试点省份在完善高中育人方式、增强学生综合素质、优化高校选才方式等方面进行了积极探索，取得了有益经验。2019年4月23日，作为全国第三批启动高考综合改革试点的8个省市，河北、辽宁、江苏、福建、湖北、湖南、广东、重庆发布本省实施方案，明确从2018年秋季入学的高中一年级学生开始实施。据2019年1月第三方独立评估结果显示，新高考录取新生、高中学生对浙江省高考改革的满意度分别是81.7%、79.9%，表明“改革为了学生”的目的基本达到。①

五、深化普通高中改革，重新思考普职比例

21世纪以来，我国普通高中教育获得了巨大的发展。在此基础上，我国在下一阶段应继续深化普通高中改革，全面提高普通高中教育质量。同时，在高中教育阶段应重新思考普通高中和中等职业学校的比例。

2019年，国务院办公厅印发的《关于新时代推进普通高中育人方式改革的指导意见》指出，要全面提高普通高中教育质量，“坚决扭转片面应试教育倾向，切实提高育人水平，为学生适应社会生活、接受高等教育和未来职业发展打好基础”。同时，还提出了普通高中育人方式改革的具体目标：“到2022年，德智体美劳全面培养体系进一步完善，立德树人落实机制进一步健全。普通高中新课程新教材全面实施，适应学生全面而有个性发展的教育教学改革深入推进，选课走班教学管理机制基本完善，科学的教育评价和考试招生制度基本建立，师资和办学条件得到有效保障，普通高中多样化有特色发展的格局基本形成。”

在未来一段时间，我们应朝着这一目标，继续推进普通高中新课程改革

①浙江省教育考试院. 浙江省进一步做好高考改革工作解读[EB/OL]. (2020-06-22). https://www.zjzs.net/moban/index/40284853727e49580172db58194b0136.html.

和高考综合改革等，推进育人方式改革，全面提高普通高中教育质量。与此同时，我国高中阶段教育的结构问题也亟待商榷。近年颁布的《高中阶段教育普及攻坚计划（2017—2020年）》和《国家职业教育改革实施方案》延续了之前的政策，要求“保持高中阶段教育职普比大体相当”。

然而，近年来，职普大体相当政策引发了广泛的社会关注和讨论。2010年以来，中职招生开始明显下滑，尽管国家大力发展中等职业教育，但是中职的吸引力明显较弱。中职毕业生年龄还小，升学和工作的难度都较大，随着我国经济的发展，社会对于高级技能人才的需求缺口大，而中等职业学校毕业生无法满足，高等教育普及化进一步降低了中等职业学校的吸引力。为达到职普规模大体相当的目标，各地在中考招生中画出“中招红线”，使得中考竞争异常激烈，导致升学压力向前传导，甚至传导到学前教育阶段，加重了基础教育阶段学生的学业压力和整个社会的教育焦虑。

这一问题该如何破解？从国际趋势而言，高中阶段职业教育与普通教育关系存在两种趋势的变革。一方面，中职在校生比重呈下降趋势，北美与西欧地区中职学生占高中阶段学生的比例从1999年的30.6%下降到2006年的27.5%，这一数值在东亚与太平洋地区则为42.1%到32.9%。另一方面，职业教育与普通教育呈现贯通与融合的趋势。如日本与德国等，拓宽中职教育的升学途径，加强中等教育阶段职业教育与普通教育的沟通融合。①

近年来我国在职业教育与普通教育融通的路径上大力拓展，已取得了显著的成就。但这种融通目前更加停留在高等教育阶段，对于中等教育阶段的关注不够。未来我国应考虑调整全国统一的“大体相当”政策，尊重学生发展意愿，结合各地发展状况，由各地自主确定职业教育与普通教育比例，满足人民群众对于优质教育的需要。

---

①朱新卓，赵宽宽.我国高中阶段普职规模大体相当政策的反思与变革[J].中国教育学刊，2020(07):11-16,102.

第八章

职业教育　蓬勃发展

一、职业教育“让每个人都有人生出彩的机会”

职业教育是对学生进行从事某种职业或生产劳动所需要的知识和技能的教育。现代职业教育是服务经济社会发展需要，面向经济社会发展和生产服务一线，培养高素质劳动者和技术技能人才并促进全体劳动者可持续职业发展的教育类型。职业教育是我国教育事业的重要组成部分。在我国，职业教育主要包括中等职业教育和高等职业教育，以及职业培训等。

职业教育是公民受教育权和工作权的一部分。1996 年我国颁布的《中华人民共和国职业教育法》规定，公民有依法接受职业教育的权利，各级人民政府应将发展职业教育纳入国民经济和社会发展规划。

2014 年，习近平总书记就加快职业教育发展作出重要指示，指出“要加大对农村地区、民族地区、贫困地区职业教育支持力度，努力让每个人都有人生出彩的机会”。三百六十行，行行出状元。职业教育是为广大青年打开成功成才大门的重要途径。

自 2015 年起，国务院将每年五月第二周设为“职业教育活动周”。活动周的设立是国家弘扬劳动光荣、技能宝贵、创造伟大的时代风尚，促进大众创业、万众创新，加快发展现代职业教育的重要举措，由教育部、人力资源社会保障部联合举办。活动周上涌现一大批通过职业教育获得精彩人生的代表。2015 年首届活动中，全国共有 8 722 所职业院校向社会开放，参与师生 1 780万人次，参与企业 1.4 万家。活动周中媒体报道了 500 多个典型案例，生动说明了我国职业教育对学生发展的影响。例如，中山职业技术学院信息学院学生钟乘，在学校的创新创业教育中，从“技术宅男”成长为“中山创客”，获得了中国教育机器人大赛灭火项目特等奖、群舞机器人项目一等奖等。湖南铁道职业技术学院物业管理专业 041 班毕业生谢波，在毕业后用五年时间成长为一名拥有两家物业公司的老板。目前，职业教育活动周已经连续举办六年，越来越多的人体验到职业教育创造幸福生活、美好未来的魅力。

二、职业教育与小康社会

加快发展现代职业教育是党中央、国务院作出的重大战略决策。职业教育对于小康社会的建设有着重要价值，是促进经济、社会发展和劳动就业的重要途径，也是国家经济社会发展的人才保障，是国家竞争力的重要支撑。职业教育的发展是实施科教兴国战略、促进经济和社会可持续发展、提高国际竞争力的重要途径，是调整经济结构、提高劳动者素质，加快人力资源开发的必然要求，是拓宽就业渠道，促进劳动力就业和再就业的重要举措。随着现代科技的发展和产业结构的不断调整升级，现代职业教育体系越来越成为国家竞争力的重要支撑。世界各个国家和地区都将完善现代职业教育体系作为增强国家竞争力的战略选择。

职业教育在脱贫攻坚战中作出了重要贡献。职业教育对于经济欠发达地区和处境不利群体具有重要意义。1996 年我国颁布的《中华人民共和国职业教育法》第七条规定："国家采取措施，发展农村职业教育，扶持少数民族地区、边远贫困地区职业教育的发展。国家采取措施，帮助妇女接受职业教育，组织失业人员接受各种形式的职业教育，扶持残疾人职业教育的发展。"2016 年《教育脱贫攻坚"十三五"规划》提出了"促进教育强民、技能富民、就业安民，坚决打赢教育脱贫攻坚战"的总体要求，职业教育发挥了不可替代的精准扶贫功能。2018 年，湖南工艺美术职业学院等 65 所职业院校共同发起成立"全国职业院校精准扶贫协作联盟"。2015 至 2019 年间，高职院校在阻断代际贫困，进行智力扶贫、结对扶贫方面成果显著。其中，五年来，高职院校面向贫困地区招生 286.5 万人，为 1 100 万个家庭培养了第一代大学生，面向贫困人口开展技能培训 331 万人次等，有力助力了脱贫工作。①

改革开放后，在党和国家的领导下，我国职业教育进入了快速发展时期，逐步形成了职业教育体系。1996 年，我国颁布并实施的《中华人民共和国职

---

①谢俐，彭振宇. 高等职业院校在脱贫攻坚战中的作用与贡献——首部《中国高等职业院校精准扶贫发展报告(2015-2019)》综述[J]. 中国职业技术教育，2019(34)：5-8.

业教育法》指出，“国家根据不同地区的经济发展水平和教育普及程度，实施以初中后为重点的不同阶段的教育分流，建立、健全职业学校教育与职业培训并举，并与其他教育相互沟通，协调发展的职业教育体系”，“职业学校教育分为初等、中等、高等职业学校教育”。

伴随着经济社会的发展，党中央、国务院作出了一项重大战略部署——加快现代职业教育发展，由此我国职业教育进入了一个新的发展阶段。2010年《国家中长期教育改革和发展规划纲要（2010—2020年）》颁布后，我国陆续颁布了国务院《关于加快发展现代职业教育的决定》(2014年)、《现代职业教育体系建设规划（2014—2020年）》和《国家职业教育改革实施方案》(2019年）等影响职业教育事业的一系列重大政策，提出“到2020年，形成适应发展需求、产教深度融合、中职高职衔接、职业教育与普通教育相互沟通，体现终身教育理念，具有中国特色、世界水平的现代职业教育体系”的发展目标。

三、建成世界上最大规模的职业教育

改革开放以来，在党和国家的高度重视下，我国职业教育获得了巨大的发展。特别是进入21世纪后，国务院先后三次召开或批准召开职业教育工作会议，明确将职业教育作为我国经济社会发展的重要基础和教育工作的战略重点，推动我国职业教育获得显著发展。截至2010年，我国职业教育在办学规模、教育模式、基础保障等方面都取得了较大的进步。

（一）职业教育系统初步构建

职业教育在改革开放后规模扩大，逐渐形成了职业教育系统，为我国培养了大批高素质劳动者和技能型人才。

我国职业教育系统主要包括中等职业教育和高等职业教育。其中，中等职业教育属于高中阶段教育，是我国职业教育的基础和重点。自改革开放以来，我国一直实行“调整中等教育结构，大力发展职业技术教育”，均衡职业教育与普通教育的政策。

20世纪80年代，我国曾大力调整中等教育结构。由于“文化大革命”中大量中专和技校被裁撤，职业学校的数量大幅下降，普通中学占据了绝大部分比重，呈现出中等教育结构严重失衡的现状，1978年普通高中在校学生数为1 553万人，而中等职业教育在校学生人数仅有212万人。普职比严重失衡，不仅意味着高中毕业生升学和就业的压力巨大，也导致国家缺乏经济发展所需的技术工人。改革开放后，为了缓解这种状况，国家采取措施对中等教育结构进行调整，一方面恢复发展中专和技校，另一方面发展职业高中，将部分普通高中改办为职业中学，同时给予中等职业教育一定的政策优待，如20世纪80年代职业高中学生的就业政策优于普通高中学生，中专和技校毕业生享受同大学生一样的包分配政策。这样从1978年至1998年间，中等职业学校招生数由44.7万人增加到539.5万人，普通高中招生数从692.9万人下降为359.6万人，普职招生比从15.50下降为0.67。① 中等职业学校在校生人数大幅增长，中等职业学校和普通高中学生人数比例差距大幅缩小，结构趋于合理，中等职业教育得到发展，逐步形成了职业中学、中等专业学校、技工学校并存的中等职业技术学校结构。

21世纪初期，我国再次调整中等教育结构，促进中等职业教育的发展。20世纪90年代末，随着教育系统与社会经济体制的转型，中等职业教育的发展出现低潮。随着高等教育1999年开启的扩张，以及中专技校等中等职业教育的政策优待被取消，中等职业教育的吸引力有所减弱。② 为解决这一问题，2002年国务院颁布《关于大力推进职业教育改革与发展的决定》，大力调整中等教育结构，促进中等职业教育发展。在党的领导下，中等职业教育规模再次发展。2008年，全国中等职业学校（包括普通中专、职业高中、成人中专和技工学校，下同）共有14 767所；年招生规模达810万人，比2001年增加了410多万人；在校生达2 056万人；实现了中等职业教育与普通高中教育招生规模大体相当的规划目标。

在中等职业教育规模快速扩大的同时，改革开放后我国职业教育系统的另一大发展是高等职业教育的兴起。

随着改革开放的深入发展，国家把工作重心转移到经济上，必然增加对

①② 和震，刘云波，魏明，等. 中国教育改革开放40年：职业教育卷[M]. 北京：北京师范大学出版社，2018.

高技能人才的需求，需要高等职业教育为其培养对应的人才。1985 年中共中央《关于教育体制改革的决定》明确提出："以中等职业教育为重点，同时积极发展高等职业教育。"1996 年，全国职业教育工作会议上明确了高等职业教育"三教统筹""三改一补"的发展方针。"三教统筹"即部分高等专科学校、职业大学和成人高校通过合办、改制等形式办高职；"三改一补"即在"三教统筹"仍不能满足需求时，可将少数办学质量高、办学条件好的重点中专改制成为高等职业院校。这一方针指明了高等职业教育办学方向，促进高等职业教育结构调整和发展。1996 年，我国开始试点 15 所示范性职业大学的建设，至 1998 年，全国高等职业教育招生共计 43 万人，在校生人数共计 117 万人，独立设置的高等职业院校 432 所。到 2008 年，我国高等职业院校共有 1 184 所，年招生规模达 310 多万人，在校生达 900 多万人；高等职业院校招生规模占到了普通高等院校招生规模的一半。

（二）以就业为导向，推动教育教学改革，提高教育质量

21 世纪初开始，在规模扩张的同时，我国开始不断提高职业教育的办学质量。职业教育逐渐确立了"以服务为宗旨，以就业为导向"的办学理念，并以此指导职业教育的质量提升。2005 年国务院《关于大力发展职业教育的决定》指出，要推进职业教育办学思想的转变，坚持"以服务为宗旨，以就业为导向"的职业教育办学方针，推动职业教育从计划培养向市场驱动转变，从升学导向向就业导向转变，促进职业教育教学与生产实践、社会服务的紧密结合，推动职业教育更好地面向社会、面向市场。加强学生实践能力和职业技能培养，大力推行工学结合、校企合作的培养模式。

在这一理念指导下，我国启动了示范性职业院校的建设。2005 年国务院《关于大力发展职业教育的决定》提出实施职业教育示范性院校建设计划，在整合资源、深化改革、创新机制的基础上，重点建设高水平的培养高素质技能型人才的 1 000 所示范性中等职业学校和 100 所示范性高等职业院校，正式开启我国职业教育示范校建设。2006 年 11 月，教育部启动"百所示范性高等职业院校建设工程"，仿照普通教育进行职业教育领域的"211 工程"建设，建设示范性职业院校，以引领职业教育领域课程教学质量的提升，从而提升职业教育办学质量。2010 年教育部等部门《关于实施国家中等职业教育改革发展示范学校建设计划的意见》颁布，我国第一批示范性中等职业学校建设

项目于2011年启动。示范性职业院校建设计划提升了我国职业教育质量。

教育教学改革也是提升质量的重要举措。21世纪头十年间，我国相继颁布了多个与职业教育教学质量相关的文件，如教育部《关于以就业为导向深化高等职业教育改革的若干意见》(2004)、教育部《关于全面提高高等职业教育教学质量的若干意见》(2006)、教育部《关于进一步深化中等职业教育教学改革的若干意见》(2008)、教育部《关于成立全国中等职业教育教学改革创新指导委员会的通知》(2010)等。这些政策文件在课程建设、质量保障、学生实习实训等方面作出了统一规定，为我国职业教育的质量提升设置了标准。

工学结合、校企合作的人才培养模式的确立是21世纪职业教育质量提升的关键之一。2005年国务院《关于大力发展职业教育的决定》明确提出，要"大力推行工学结合、校企合作的培养模式"，此后工学结合成为我国职业教育人才培养模式改革的基本思路。

教育质量的提高离不开高水平的师资队伍，打造"双师型"结构、专兼结合的教师队伍是我国提高职业教育质量的重要措施。2005年国务院《关于大力发展职业教育的决定》强调，要加强师资队伍建设，实施职业院校教师素质提高计划，加强"双师型"教师队伍建设。此后，国家陆续发布了多项计划，如专业骨干级和省级培训项目、重点专业师资培养培训方案等，不断推动教师的专业化发展。据统计，从2003年到2008年，我国组织实施了"中等职业学校教师素质提高计划"，培训骨干专业教师近10万人，覆盖城乡的职业教育培训网络基本形成。

（三）加大政府投入，提高职业教育公益性

21世纪以来，我国职业教育的财政经费投入不断增加。2002年国务院《关于大力推进职业教育改革与发展的决定》提出，要多渠道筹集资金，增加职业教育经费投入，城市教育费附加安排用于职业教育的比例不低于15%，已经普及九年义务教育的地区不低于20%，主要用于职业学校实验实习设备的更新和办学条件的改善。中央财政增加职业教育专项经费，重点用于补助农村和中西部地区加强职业教育师资培训、课程教材开发和多媒体教育资源建设以及骨干和示范职业学校建设。地方人民政府也要增加职业教育专项经费。2005年国务院《关于大力发展职业教育的决定》进一步提高了城市教育费

附加用于职业教育的比例。从2006年起，城市教育费附加安排用于职业教育的比例，一般地区不低于20%，已经普及九年义务教育的地区不低于30%。

同时，我国建立了职业教育贫困家庭学生助学制度和中职免学费政策。2005年国务院《关于大力发展职业教育的决定》提出，建立职业教育贫困家庭学生助学制度，要求中央和地方财政安排经费，资助接受中等职业教育的农村贫困家庭和城镇低收入家庭子女。2007年，国务院发布《关于建立健全普通本科高校高等职业学校和中等职业学校家庭经济困难学生资助政策体系的意见》，中职学生首次被纳入国家资助体系。据统计，从2006年到2009年，各级财政共安排资金约400亿元用于资助家庭经济困难学生接受中等职业教育。其中，中央财政安排专项资金180多亿元，地方财政安排专项资金约220亿元。中等职业学校学生受资助面达到90%。高等职业院校学生享受国家奖学金、助学金和助学贷款，受资助面超过20%。职业院校家庭经济困难学生资助政策体系的建立，对于增强职业教育的吸引力，促进教育发展、改善民生，起到了重要作用。

我国中等职业教育学校免学费政策开始于2009年，经过十多年的发展，覆盖面逐步扩大，基本形成中等职业教育全部免学费。2009年，财政部、教育部出台《关于中等职业学校农村家庭经济困难学生和涉农专业学生免学费工作的意见》，规定从2009年秋季学期起，公办中等职业学校全日制正式学籍一、二、三年级在校生中农村家庭经济困难学生和涉农专业学生逐步免除学费，并确立逐步实行中等职业教育免费。免学费标准为每生每年2000元，由中央和地方按照一定比例共同分担，西部地区不区分生源，由中央承担80%，地方20%，东部地区分省市确定。2010年，《关于扩大中等职业学校免学费政策覆盖范围的通知》颁布，将城市家庭经济困难学生纳入免学费范畴。2012年《关于扩大中等职业教育免学费政策范围进一步完善国家助学金制度的意见》出台，决定从2012年秋季学期起，将免费范围由涉农专业学生和家庭经济困难学生，扩大到所有农村（含县镇）学生、城市涉农专业和家庭经济困难学生。这一政策实施后，2012年全国免学费政策覆盖面达90%。目前已有多省在遵循中央政策基础上更进一步，实现中职学生全部免学费。

四、构建现代职业教育体系，建立人人成才的“立交桥”

在改革开放后职业教育大发展的基础上，2010 年开始，我国职业教育迈入了构建现代职业教育体系的新阶段。

（一） 构建完善现代职业教育体系

构建完善的现代职业教育体系是 2010 年以来我国职业教育发展的目标。2010 年《国家中长期教育改革和发展规划纲要（2010—2020 年）》提出：“到 2020 年，形成适应经济发展方式转变和产业结构调整要求、体现终身教育理念、中等和高等职业教育协调发展的现代职业教育体系，满足人民群众接受职业教育的需求，满足经济社会对高素质劳动者和技能型人才的需要。”2014 年国务院《关于加快发展现代职业教育的决定》提出：“到 2020 年，形成适应发展需求、产教深度融合、中职高职衔接、职业教育与普通教育相互沟通，体现终身教育理念，具有中国特色、世界水平的现代职业教育体系。”

现代职业教育的“现代性”意味着职业教育具有终身性、融通性和开放性特点。所谓终身性，是指学历职业教育层次丰富完善，学历职业教育与职业培训、终身教育有效衔接。融通性是指职业教育与普通教育相融合。开放性体现在职业教育是面向人人、对所有社会群体开放的。现代职业教育体系的提出是为了满足产业转型升级提供高质量的人力资源，满足个体全面的、可持续的发展需求，促进社会公平正义，服务终身学习与学习型社会。① 这一目标的提出与我国全面建成小康社会紧密相关。

按照《现代职业教育体系建设规划（2014—2020 年）》，这一现代职业教育体系的基本架构包括四个方面。第一，职业教育层次结构完备，包括初等、中等、高等职业教育，其中高等职业教育包括专科、本科和研究生层次。第二，职业教育终身一体，包括职业辅导教育、职业继续教育、劳动者终身学习。第三，职业教育办学多元多样。办学主体包括政府办学、企业办学、社会办学，办学形式包括全日制职业教育与非全日制职业教育，办学类型包括

①关晶. 现代职业教育体系的“现代性”辨析[J]. 中国高教研究，2014(11).

学历职业教育与非学历职业教育。第四，职业教育开放沟通。职业教育体系内部衔接贯通，职业教育与普通教育双向沟通，职业教育与人力资源市场紧密联系。

1. 扩展职业教育培养层次

建立现代职业教育体系是对我国职业教育以及整个教育体系的重新建构。它首先意味着对我国职业教育培养层次的向上扩展。现代职业教育体系的层次结构包括初等职业教育、中等职业教育和高等职业教育。其中，中等职业教育在现代职业教育体系中具有基础作用；高等职业教育包括专科层次的高等职业（专科）学校、本科层次的应用技术类高校，以及研究生层次的专业学位研究生教育。职业教育层次突破专科向上拓展，意味着职业教育不再是传统观念中的“断头教育”“次品教育”。

为此，近年来我国创新发展高等职业教育，推动本科和研究生层次职业教育发展。2015 年教育部印发《高等职业教育创新发展行动计划（2015—2018 年）》，提出探索发展本科层次职业教育，建立以职业需求为导向、以实践能力培养为重点、以产学结合为途径的专业学位研究生培养模式，研究建立符合职业教育特点的学位制度。2015 年教育部、国家发展改革委、财政部印发《关于引导部分地方普通本科高校向应用型转变的指导意见》，通过 4 方面 22 项措施引导地方本科高校向培养应用型、技术技能型人才转型发展。同时，推进专业学位研究生培养模式改革，推动各级各类职业教育紧密衔接。2019 年《国家职业教育改革实施方案》明确提出“开展本科层次职业教育试点”，“推动具备条件的普通本科高校向应用型转变，鼓励有条件的普通高校开办应用技术类型专业或课程”。目前，我国已有 600 多所地方本科高校向应用技术大学转型，发展本科层次的职业教育。

2. 加强职普融通

建立现代职业教育体系也意味着全面调整我国教育体系，提高职业教育地位，尤其是打破普通教育与职业教育之间的藩篱。2019 年颁布的《国家职业教育改革实施方案》指出：“职业教育与普通教育是两种不同教育类型，具有同等重要地位。”这一定位提高了职业教育的地位，赋予职业教育与普通教育相互融通的合法性。而终身教育的需要更突显了职普融通的必要性，凸显了打造人人成才的“立交桥”的迫切性。

为加强职普融通，近年来我国多管齐下，营造人才成长的“立交桥”，完善职业教育人才多样化成长渠道。招生考试制度的改革是其中的一大方面，通过健全“文化素质＋职业技能”、单独招生、综合评价招生和技能拔尖人才免试等考试招生办法，为学生接受不同层次高等职业教育提供多种机会；适度提高专科高等职业院校招收中等职业学校毕业生的比例、本科高等学校招收职业院校毕业生的比例；逐步扩大高等职业院校招收有实践经历人员的比例；建立学分积累与转换制度，推进学习成果互认衔接。近年来，不少省份，如江苏、浙江、安徽、福建、湖北、湖南、陕西等逐步推进分类考试、综合评价、自主招生、多元录取等考试招生制度改革。根据相关产业升级的需要，吉林、辽宁、上海、江苏、江西、湖北、四川等开展五年一贯制、中高职“3＋2”、中职本科“3＋4”、高职本科“3＋2”分段培养。

同时，职普融通的加强还体现在职业院校向普通教育学生扩大开放，与社会教育相结合等方面。北京多区的中等职业学校推出了丰富的职业体验课程，向全市中小学免费开放，职业教育的定位从单一培养职业人才，加上了为普通教育提供职业预备教育的功能。当前我国社区教育大部分由职业院校承接，拓展了职业教育的社会服务功能。①

（二） 进一步提高职业教育人才培养质量

现代职业教育体系是高质量的职业教育。近年来，我国着力提升各类专业的人才培养水平，改善办学条件，更新实训设备配置水平以适应技术进步要求，广泛应用现代信息技术，建设专兼结合的“双师型”教师队伍，致力于建成一批世界一流的职业院校和骨干专业，形成具有国际竞争力的人才培养高地。

职业教育与社会经济需求密切相关，近年来我国对院校布局和专业设置进行调整，使之更适应经济社会需求。2014 年国务院《关于加快现代职业教育的决定》提出，调整完善职业院校区域布局，科学合理设置专业，健全专业随产业发展动态调整的机制，重点提升面向现代农业、先进制造业、现代服务业、战略性新兴产业和社会管理、生态文明建设等领域的人才培养能力。专业目录是职业教育的基础性教学指导文件，是职业院校专业设置、用人单位选用毕业生的基本依据，也是职业教育支撑服务经济社会发展的重要支点。

---

①和震，刘云波，魏明，等. 中国教育改革开放 40 年：职业教育卷[M]. 北京：北京师范大学出版社. 2018.

我国曾于2010年修订中等职业教育专业目录，于2015年修订高等职业教育专科专业目录。为适应社会发展，《国家职业教育改革实施方案》要求专业目录五年一大修、每年动态更新。2020年教育部启动了新版目录的研制工作，院校、行业企业代表等800余人深度参与，仅调研的企业就有2 000余家。2021年初，教育部发布了《职业教育专业目录（2021年）》，与中职专业目录（2010年）及近年增补专业相比，中职保留171个，调整（含新增、更名、合并、撤销、归属调整、拆分，下同）225个，调整幅度为61.1%；与高职专科专业目录（2015年）及历年增补专业相比，高职专科保留414个，调整439个，调整幅度为56.4%；与试点专业相比，高职本科保留39个，调整208个，调整幅度为260%。①

2010年以来，教育部着手研制职业教育标准，促进职业教育专业教学科学化、标准化、规范化。2012年，教育部办公厅颁布了《关于制定中等职业学校专业教学标准的意见》。2015年，教育部颁布了首批14个专业类的《中等职业学校专业教学标准（试行）》。2016年，教育部办公厅出台了《关于做好〈高等职业学校专业教学标准〉修（制）订工作的通知》。此外，近年来教育部还发布了《中等职业学校校长专业标准》《中等职业学校教师专业标准（试行）》等。截至2019年，教育部已先后组建55个职业教育行业教学指导委员会，涵盖国民经济各门类，不断推进职业教育质量提高。

产教融合、校企合作是职业教育的基本办学模式，是办好职业教育的关键所在。2017年国务院办公厅《关于深化产教融合的若干意见》和2018年《职业学校校企合作促进办法》的出台，推动产教融合、校企合作逐步走向制度化。目前，教育部联合行业主管部门、行业组织，组建了基本覆盖国民经济各门类的行业教学指导委员会，联合制定专项政策，定期开展产教对话，形成了产教融合发展的组织平台和工作机制。推动集团化办学也是推动产教融合的重要途径，职教集团集行业、学校和企业于一体。2015年教育部印发《关于深入推进职业教育集团化办学的意见》，推动全国1 000多个职教集团（覆盖60%以上的职业院校，参与企业近3万家）进一步加强建设、拓展功能，健全治理结构和运行机制。

现代学徒制是现代职业教育的人才培养模式，有益于促进产教融合，培养符合经济社会发展需要的职业人才。2014年国务院颁布《关于加快发展现代职

①教育部全面修订职业教育专业目录[N].光明日报，2021-03-23.

业教育的决定》，提出进行现代学徒制试点，之后教育部颁布《关于开展现代学徒制试点工作的意见》，正式开启学徒制试点工作。2015 年起，教育部分两批布局了 364 个现代学徒制试点，覆盖 600 多个专业点、5 万余名学生（学徒）。

同时，这一时期我国进一步加强“双师型”师资队伍建设。2010 年以来，教育部陆续发布了一系列政策，如 2011 年《关于实施职业院校教师素质提高计划（2017—2020 年）的意见》，2012 年《职业学校兼职教师管理办法》，2013 年《中等职业学校教师专业标准（试行）》等，推动职业教育教师素质提升。其中“双师型”教师队伍建设是重中之重。2014 年《关于加快发展现代职业教育的决定》，2018 年中共中央、国务院《关于全面深化新时代教师队伍建设改革的意见》，2018 年《教师教育振兴行动计划（2018—2022 年）》，2019 年《国家职业教育改革实施方案》等都强调建设“双师型”教师队伍。

扩大国际交流合作促进了我国高水平职业教育的发展。2016 年《关于做好新时期教育对外开放工作的若干意见》，把职业教育作为教育对外开放的重点领域之一，提出要紧密对接《中国制造 2025》，开发与国际先进标准相对接的职业教育课程体系，积极参与制定职业教育国际标准。为落实这一意见，我国与德国、澳大利亚等签署了合作备忘录或意向书，定期开展政策对话活动。同时，组织天津、上海开发对接国际水平的 100 个中职专业教学标准并开展试点。服务“一带一路”建设，深入推进与东盟等区域的合作，在有色金属行业启动试点，探索与中国企业和产品“走出去”相配套的职业教育发展模式。

经过一系列的努力，我国职业教育质量得到了显著提高。高等职业教育质量年度报告显示，我国高等职业教育在学生成长成才、学校办学实力、发展环境、国际影响力和服务贡献力方面都表现出进步趋势。高等职业教育质量报告，由全国高职高专校长联席会议和相关部门委托第三方向全社会发布。2010 年《国家中长期教育改革和发展规划纲要（2010—2020 年）》提出，要建立高等学校质量年度报告发布制度。2012 年开始，高等职业教育领域首次开始发布质量年度报告。经过多年的发展，质量年度报告制度已基本成熟，质量评估体系更加完善，形成包括学生成长成才、学校办学实力、发展环境、国际影响力和服务贡献力的“五维质量观”及完整的指标体系；评估范围也从最初的覆盖部分高职院校，逐步形成院校的全覆盖和省区的全覆盖。①

---

①上海市教育科学研究院. 2019 中国高等职业教育质量年度报告[M]. 北京：高等教育出版社，2019.

（三）继续增加财政投入，加强农村和西部地区职业教育

2010 年以来，我国进一步加大财政投入力度，继续加强农村和西部地区的职业教育，提升职业教育的公共性。

2014 年国务院《关于加快现代职业教育的决定》提出完善经费稳定投入机制。各级人民政府要建立与办学规模和培养要求相适应的财政投入制度，地方人民政府要依法制定并落实职业院校生均经费标准或公用经费标准，改善职业院校基本办学条件。地方教育费附加用于职业教育的比例不低于 30%。同时，健全社会力量投入的激励政策。

在《关于加快现代职业教育的决定》指导下，我国制定了职业教育生均拨款标准。2014 年财政部、教育部发布《关于建立完善以改革和绩效为导向的生均拨款制度加快发展现代高等职业教育的意见》，提出以地方为主，建立完善高职院校生均拨款制度，2017 年各地高职院校年生均财政拨款水平应当不低于 12 000 元；从 2014 年起，中央财政建立“以奖代补”机制，激励和引导各地建立完善高职院校生均拨款制度。财政部、教育部、人力资源和社会保障部 2015 年 11 月联合印发《关于建立完善中等职业学校生均拨款制度的指导意见》，要求到 2016 年底地方应建立中职生均拨款制度，中央财政采取“以奖代补”措施，引导各地开展工作。截至 2015 年 12 月，全国所有省份均已出台了高职生均拨款制度，26 个省（自治区、直辖市）出台了中职生均拨款制度。生均拨款制度有力地保障了职业教育的财政投入。

同时，在建设现代职业教育体系的进程中，我国继续将农村地区和西部地区职业教育发展作为重点。职业教育对于提高就业、发展社会经济有着重要意义，因而一直以来我国职业教育的发展重点就是西部和农村。2002 年国务院《关于大力推进职业教育改革与发展的决定》就将西部和农村地区作为工作重点，要求扩大中等职业学校面向农村和西部地区的招生规模。2005 年国务院《关于大力发展职业教育的决定》提出积极开展城市对农村、东部对西部职业教育对口支援工作，将发展职业教育作为城市与农村、东部与西部对口支援工作的重要内容。2010 年《国家中长期教育改革和发展规划纲要（2010—2020 年）》提出，要加快发展面向农村的职业教育，把加强职业教育作为服务社会主义新农村建设的重要内容。

在这一工作部署下，职业教育对于西部和农村地区脱贫攻坚发挥了重要作用。通过东中西部合作机制，目前东西部中等职业学校开展联合招生、合作办学规模保持在 30 万人左右。内地新疆、西藏中职班办学效益良好，累计招生近 2 万人。通过实施有针对性的精准帮扶，东部地区 10 个职教集团已与

滇西 10 市州、17 个职教集团和 33 所民办本科高校与藏区 14 地州开展对口帮扶。四川省藏区“9＋3”免费教育计划政策（9 年义务教育＋3 年免费中等职业教育）培养了一批适应民族地区发展需要的技术技能人才。通过面向“三农”的职业教育，开展国家级农村职业教育和成人教育示范县创建工作，新型职业农民的培养工作已经有了显著成效。①

五、加快职业教育法修订，完善职业资格证书制度

不断完善现代职业教育体系是我国全面建成小康社会之后职业教育发展的持续目标。为此，我们应加强保障条件的建设，包括尽快修订完善职业教育法，以及严格实施就业准入制度、完善职业资格证书制度等。

1996 年，我国颁布了《中华人民共和国职业教育法》，这对职业教育的快速发展起到了不可估量的作用。经历了近年来社会的快速发展和职业教育的迅猛发展，《中华人民共和国职业教育法》亟须修订。2019 年，教育部发布了《中华人民共和国职业教育法修订草案（征求意见稿）》，激发了社会的广泛讨论。2021 年 3 月，国务院常务会议通过了《中华人民共和国职业教育法（修订草案）》，会议决定将草案提请全国人大常委会审议。2021 年 6 月，职业教育法修订草案首次提请全国人大常委会会议审议。职业教育法修订草案指出职业教育与普通教育具有同等重要地位，聚焦职业教育领域热点难点问题，着力解决突出问题，重点修改了六个方面，包括加强党对职业教育的领导，完善职业教育管理体制，完善职业教育体系，推动多元办学，提升职业教育质量和水平，加强对职业教育的支持和保障。《中华人民共和国职业教育法（修订草案）》强调办好职业教育要适应社会主义市场经济发展要求，坚持改革创新，突出就业导向，缓解就业结构性矛盾，促进就业质量提升，为进一步深化职业教育改革提供法律基础。

为促进职业教育的发展，在法律框架下，我们应进一步严格实施就业准入制度，完善职业资格证书制度。

就业准入制度是指进入某一职业领域必须拥有一定的资格认证，即职业

---

①袁贵仁．国务院关于落实职业教育法执法检查报告和审议意见的报告[EB/OL]．(2016-02-25)．moe．gov．cn/jyb_xwfb/moe_176/201602/t20160225_230489．html．

资格证书。国家职业资格证书是对劳动者的从业资格进行认定的国家证书。职业资格证书是反映劳动者具备某种职业所需要的特定技能、专门知识和工作经验的证明。《中华人民共和国劳动法》第六十九条规定，“国家确定职业分类，对规定的职业制定职业技能标准，实行职业资格证书制度，由经备案的考核鉴定机构负责对劳动者实施职业技能考核鉴定。”①

就业准入制度和职业资格证书制度对于控制特殊职业水准有着重要作用。这一制度对于提高技能型人才待遇，保障国家财产、生命安全等关键领域有着重要的支撑作用。1992 年，英国国家职业资格证书就已经覆盖全国 80%以上的人力资源。② 我国职业资格证书制度确立于 1994 年，但目前覆盖领域仍然较为有限。这限制了我国职业教育的发展。

为改变这一局面，近年来，我国逐步推行就业准入和职业证书制度。2010 年《国家中长期教育改革和发展规划纲要（2010—2020 年）》指出，“增强职业教育吸引力”，包括“积极推进学历证书和职业资格证书‘双证书’制度”“完善就业准入制度”。2014 年国务院《关于加快发展现代职业教育的决定》要求：“健全就业和用人的保障政策。认真执行就业准入制度，对从事涉及公共安全、人身健康、生命财产安全等特殊工种的劳动者，必须从取得相应学历证书或职业培训合格证书并获得相应职业资格证书的人员中录用。支持在符合条件的职业院校设立职业技能鉴定所（站），完善职业院校合格毕业生取得相应职业资格证书的办法。”2019 年国务院颁布《国家职业教育改革实施方案》，提出在职业院校、应用型本科高校“启动 1＋X 证书制度试点工作”。教育行政部门负责院校内职业技能等级证书的实施。③ 这是我国学历证书与职业资格证书由“分开授予”向“合并授予”的尝试。这一尝试，目的在于探索国家资格框架的完善。目前，我国尚未形成一个完整有效的国家资格框架，其中一个原因就在于教育部门的学历证书体系与社会保障部门的职业资格证书体系各自为政，无法有效相互匹配、转换。

为全面推进职业教育作为一种教育类型的发展，就业制度作为保障条件必须深化改革。

---

①陈宇. 我国职业资格证书制度的回顾与前瞻[J]. 教育与职业，2004(01)：17-19.

②余冠仕. 严格执行就业准入制度[N]. 中国教育报，2011-03-10.

③国务院人力资源社会保障行政部门负责管理监督考核院校外职业技能等级证书的实施。

第七章

高等教育　跨入普及

一、高等教育是成功成才的摇篮

高等教育是在“完成高级中等教育基础上实施的教育”。《中华人民共和国高等教育法》(2018年修订)规定，我国高等教育在类型上包括学历教育和非学历教育，在形式上采用全日制和非全日制教育形式，在层次上，高等学历教育分为专科教育、本科教育和研究生教育。高等教育由高等学校和其他高等教育机构实施。高等学校是指大学、独立设置的学院和高等专科学校，其中包括高等职业教育和成人高等学校。

高等教育是个人所接受的最高层次的教育，是个人获得广博的人文素养、高深的专业教育，成长为社会主义建设者和接班人，准备迈向社会、参加工作的最后一站。高等教育对于个人的发展而言至关重要。高等教育阶段是学生探索志趣、发展能力的重要阶段。通过这一阶段的学习，学生在思维方式、社会情感、专业知识技能等方面都能获得显著的进步，为接下来人生和事业的发展打下成功的基础。因此，人民群众对于高等教育，尤其是优质的高等教育的需求日益增长。

高等教育不仅关乎个人发展，更关系着教育事业的整体发展、国家发展和民族未来。江泽民同志指出：“高等教育在整个教育事业中处于龙头地位。高等教育的发展程度和发展质量，不仅影响整个教育事业，而且关系到社会主义现代化建设的未来。”作为教育事业中的“龙头”，高等教育的规模和质量对基础教育阶段有着重要影响，客观上影响着整个教育体系的健康发展。同时，高等教育直接影响着我国高级专门人才的培养质量。党中央确立了高等教育为现代化建设培养高级专门人才的定位。1993年《中国教育改革和发展纲要》指出：“高等教育担负着培养高级专门人才、发展科学技术文化和促进现代化建设的重大任务。”《中华人民共和国高等教育法》规定：“高等教育的任务是培养具有社会责任感、创新精神和实践能力的高级专门人才，发展科学技术文化，促进社会主义现代化建设。”

可以说，高等教育的发展对于提升我国人力资源的整体水平，满足广大人民群众日益增长的接受高等教育的需要，造就一大批高素质劳动者、专门人才和拔尖创新人才，推进中华民族的伟大复兴，都有着十分重要的作用。

二、高等教育与小康社会

高等教育是国家发展水平和发展潜力的重要标志。高等教育发展水平是小康社会发展的重要经济指标。研究表明，进入高等教育大众化阶段的国家，绝大多数是人均国民生产总值在 1 000 美元以上的国家。① 高等教育发展水平也是小康社会发展的重要社会民生指标。人民群众的生活在由温饱向小康转变的过程中，会有更为普遍的接受高等教育的要求。

高等教育是小康社会的建设动力。建成社会主义现代化强国，实现中华民族伟大复兴，迫切需要高等教育培养优秀的知识型人才。高等教育承担着培养大批有理想、有本领、有担当的高素质专门人才，为全面建成小康社会、基本实现社会主义现代化、建成社会主义现代化强国提供强大的人才支撑和智力支持的使命。

伴随小康社会的建设，我国高等教育获得了重大发展，已迈入普及化阶段，形成世界上最大规模的高等教育体系。我国高等教育毛入学率从 1949 年的 0.26%上升到 2019 年的 51.6%，2020 年更是增长至 54.4%。按照美国马丁・特罗教授的“精英—大众—普及”的高等教育发展阶段理论，高等教育适龄人口（18～21 岁）入学率在 15%以内为精英型高等教育阶段，15%～50%为大众型高等教育阶段，50%以上为普及型高等教育阶段。新中国成立以来，我国高等教育已从精英型高等教育进入普及型高等教育。

①史朝.对我国高等教育大众化的探讨[J].高等教育研究，1999，(01).

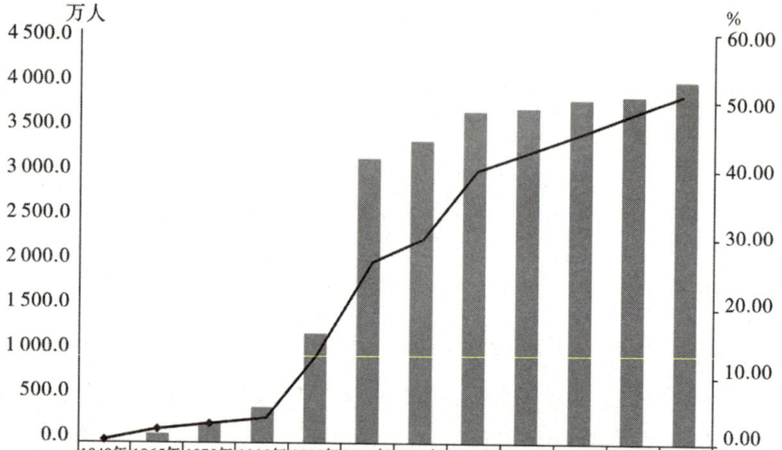

	1949年	1965年	1978年	1990年	2000年	2010年	2012年	2015年	2016年	2017年	2018年	2019年
在学总规模	11.7	109.5	228	382	1 229	3 105	3 325	3 647	3 699	3 779	3 833	4 002
毛入学率	0.26	1.95	2.7	3.4	12.5	26.5	30.0	40.0	42.7	45.7	48.1	51.6

图 6-1　高等教育在学总规模和毛入学率统计图①

同时，高等教育质量明显提高，国际影响力不断提升。高校服务经济社会发展的能力显著提高，为社会培养了大量高层次专业人才，在国家创新事业中扮演重要角色。“十二五”期间，高校牵头承担 80%以上的国家自然科学基金项目和一大批“973”“863”国家重大科技任务，产出了一大批标志性成果，获国家科技三大奖数占获奖总数的 70%左右。在国际影响力上，我国高水平大学和重点学科在主要国际排名中的位次明显提升。2016 年，我国工程教育正式加入国际互认的《华盛顿协议》，工程教育质量得到国际社会认可。2015 年共有来自 202 个国家和地区的近 40 万人来华留学。

我国高等教育的发展与小康社会的建设基本同步。概括而言，我国高等教育发展的历程自改革开放后经历了大改革、大发展、大提升三个阶段，对应着小康社会的三个建设阶段。在建设总体小康社会时期，我国高等教育经历了“大改革”，主要是体制改革。大改革是从 1985 年《中共中央关于教育体制改革的决定》出台以后，或者说是从 1992 年第四次全国高等教育工作会议以后开始的。在全面建设小康社会时期，我国高等教育在大改革的基础上，

①中华人民共和国教育部. 2019 年全国教育事业发展统计公报[EB/OL]. (2020-05-20). http://www.moe.gov.cn/jyb_sjzl/sjzl_fztjgb/202005/t20200520_456751.html.

开始出现“大发展”。一方面，高等教育规模快速扩大，从1999年扩招，截止到2007年底，我国高等教育入学率迅速达到23%。另一方面，大发展也包括质量发展，如通过“211工程”“985工程”建设等，我国高水平大学质量快速提升，研究生教育和科研水平进步很快。在推进全面小康社会建设的过程中，我国高等教育进入了大提高阶段，中央采取多项措施大力提高高等教育质量。整体而言，我国高等教育的发展是在体制改革基础上的规模扩张与质量提升。

三、高等教育体制改革打下发展基础

改革开放后，随着社会主义市场经济体制的转型，我国高等教育进入大改革时期。

改革的目标是使我国高等教育适应社会主义市场经济的需要。改革开放后，我国原有高等教育体制已经不适应经济社会的发展。新中国成立后，我国学习苏联，高等教育实行国家集中计划、中央部门（俗称“条”）和地方政府（俗称“块”）分别投资办学和管理，统一考试招收学生，国家包上学、包分配工作的体制，也就是“一包二统”的体制，即“一切由国家包下来，一切由政府统起来”。这种体制是与国家高度集中的计划经济体制相适应的。

这种体制存在几个特点和问题。第一是“包”，国家包办教育，对学校包投资，包经费，对学生包培养，包就业，对教师也是一样包下来。第二是统，国家管理教育各个方面，学校基本没有办学自主权。第三是条块分割，自成体系，各自封闭办学。高度集中的计划经济体制下，各部门、行业按需要自己办配套学校，培养专门人才。各部门、行业、地方各自办学，造成同一地区设置多所同类院校或专业，造成资源分散、浪费，办学效益低。第四是分割导致封闭，窄化了专业，影响人才培养，学生学习面狭窄，毕业后适应能力差，后劲不足。总之，这一体制已无法适应市场经济改革的需要。因而，1993年中共中央、国务院印发的《中国教育改革和发展纲要》指出：“高等教育要适应加快改革开放和现代化建设的需要，积极探索发展的新路子。”

为实现这一目标，建立与市场经济体制相适应的高等教育体制，党中央就高等教育体制改革在五个方面作出了部署：办学体制改革、管理体制改革、投资体制改革、招生与就业体制改革、校内管理体制改革。

（一）办学体制由一元化向多元化改革

高等教育办学体制是指高等教育的所有制性质，包括高等教育由谁举办、由谁投资、由谁办学、由谁管理、归谁所有等问题。

新中国成立后，我国高等教育实行的是一元化的办学体制，即办学主体只有国家机构，包括中央和地方各级政府。新中国成立伊始，我国建立了“国有、公办”的高等教育体制，即高等学校全部由国家投资举办，学生入学、培养、就业所有环节由国家统一规定。高等教育的投资者、举办者和管理者三位一体，统一由政府担任。在此基础上，从20世纪60年代开始，对所有高等学校实行中央统一领导，中央和省（自治区、直辖市）两级管理的制度，形成“条”（中央部门）、“块”（地方政府）分别办学的格局。① 改革开放后，这一办学体制由于不适应市场经济体制而暴露出多种弊端，包括单一的国家经费投入不适应高等教育的快速发展，单一的国家计划管理不利于高校适应经济社会发展等。

于是，我国高等教育办学体制开始由一元化向多元化转变。中共十四大报告明确提出：“鼓励多渠道、多形式社会集资办学和民间办学，改变国家包办教育的做法。”1993年，国务院批转原国家教委《关于加快改革和积极发展普通高等教育的意见》，指出“改革原有的由国家包办高等教育的单一体制和模式，探索适应社会主义市场经济体制、调动社会办学积极性、多种形式和途径发展高等教育的新路子”，“积极鼓励和支持社会力量兴办民办高等学校”。

中共十四大召开后，国家逐步放宽了对于民办高等教育的限制。1993年，原国家教委颁布《民办高等学校设置暂行规定》，首次对民办高校的各项事宜作出规定，并评定公布了第一批拥有学历授予权的民办高校。1995年颁布的《中华人民共和国教育法》和1996年颁布的《中华人民共和国职业教育法》都指出鼓励发展民办教育。1997年，国务院颁布《社会力量办学条例》，首次

---

①王英杰，刘宝存. 中国教育改革开放40年：高等教育卷[M]. 北京：北京师范大学出版社，2019.

以行政法规的形式提出国家对社会力量办学“积极鼓励、大力支持、正确引导、加强管理”，但同时条例第五条规定“社会力量应当以举办实施职业教育、成人教育、高级中等教育和学前教育的教育机构为重点。国家鼓励社会力量举办实施义务教育的教育机构作为国家实施义务教育的补充。国家严格控制社会力量举办高等教育机构”。1998 年，国家首次以法律形式对社会力量举办高等学校表示鼓励。1998 年颁布的《中华人民共和国高等教育法》第六条第二款规定：“国家鼓励企业事业组织、社会团体及其他社会组织和公民等社会力量依法举办高等学校，参与和支持高等教育事业的发展。”2002 年我国颁布了《中华人民共和国民办教育促进法》，并于 2004 年颁布《中华人民共和国民办教育促进法实施条例》，重申国家对民办教育实行“积极鼓励、大力支持、正确引导、依法管理”的方针。

（二） 管理体制改革：改变单一隶属关系

改革开放前，我国高校的单一隶属关系形成了条块分割的高等教育局面。为打破条块分割、优化资源配置，1994 年至 1998 年间，国务院办公厅先后召开了四次高等教育管理体制改革座谈会，李鹏、李岚清同志曾参加会议并发表重要讲话，明确改革的思路是“淡化和改变学校单一的隶属关系、加强省级人民政府的统筹、变条块分割为条块有机结合等”①。

合并院校是管理体制改革中最重要的一个举措。为合理配置、充分利用教育资源，提高办学质量和办学效益，从 1993 年到 21 世纪初，我国进行了大规模的院校合并调整。这次调整的基本思路是“共建、调整、合作、合并”。调整后，行业不再办学，医学院校合并到综合性大学中。经过调整，基本完成了我国高等教育宏观管理体制的改革和布局，形成了中央和地方政府两级管理、分工负责，国家指导下以省级政府统筹为主的新体制。②

（三） 投资体制改革：收费制度

收费制度的建立是高等教育投资体制改革中的重要部分。新中国成立初期，我国实行免费高等教育，并设立人民助学金制度，补助学生基本生活费。1985 年《中共中央关于教育体制改革的决定》开始允许高校在国家计划统一

①周远清，万作芳. 跨世纪的中国高等教育大改革[J]. 教育史研究，2017(02)：1-13，220.

②周远清. 迈向新世纪的高等教育[M]. 北京：高等教育出版社，2003：51-53.

招生之外，招收少数自费生，自费生需要交纳学费。如此，20 世纪 80 年代中期到 90 年代初期，我国高等教育实行的是公费生和自费生“双轨制”，也就是对达到录取分数线的计划内招收的学生实行公费，对没有达到录取分数线的计划外招收的学生实行缴费入学。1993 年《中国教育改革和发展纲要》提出“改革学生上大学由国家包下来的做法，逐步实行收费制度”，第一次明确定位“高等教育是非义务教育”“学生上大学原则上均应缴费”。1994 年开始进行公费自费招生并轨，统一收取学费，之后逐步推广开，到 1997 年我国高等教育学费收费全面并轨。收费制度的改革保障了我国高等教育的发展经费。

（四） 招生就业制度改革：打破国家分配

与收费制度同步的是招生就业制度改革。1985 年《中共中央关于教育体制改革的决定》开启招生就业制度改革，改变过去高等学校全部按国家计划统一招生，毕业生全部由国家包下来分配的办法，开始实行三种方式。第一种是国家计划招生。这部分学生的毕业分配，实行在国家计划指导下由本人选报志愿、学校推荐、用人单位择优录用的制度。为了保证边远地区及工作环境比较艰苦的行业能分配到一定数量的毕业生，应按国家招生计划的一定比例实行定向招生，到这些地方工作的毕业生待遇从优。第二种是用人单位委托招生，作为国家招生计划的重要补充。委托单位要按议定的合同向学校交纳一定数量的培养费，毕业生应按合同规定到委托单位工作。第三种是国家计划外招收少数自费生。学生应交纳一定数量的培养费，毕业后可以由学校推荐就业，也可以自谋职业。不论哪类学生，都必须经过国家考试合格，由学校录取。从招生开始，通过收费制度，改变学生上大学由国家包下来、毕业由国家包就业的制度，建立奖贷学金制度，引导毕业生参与劳动力市场竞争。

（五） 校内管理体制改革

校内管理体制改革是高校体制改革中的重要部分。1993 年《关于加快改革和积极发展普通高等教育的意见》提出，要积极稳妥地推进高校内部管理体制改革，包括校内人事、分配、住房、医疗、后勤服务企业化、社会化等一系列改革，以增强学校办学活力。高校后勤服务的社会化改革最先实施。

21 世纪以来，我国高等教育体制改革进一步深化。《国家中长期教育改革和发展规划纲要（2010—2020 年）》提出要“推进现代大学制度建设，完善学校内部治理结构”，“推进高等教育分类管理和高等学校综合改革”。

四、质量改革促进高等教育质量全面提升

体制改革为我国高等教育的大规模发展奠定了基础。1999 年国务院出台高校扩招政策。高校扩招主要发生在 1999 年至 2007 年间。1999 年全国普通高校招生规模从 1998 年的 108 万人增长为 160 万人，增幅达到 48%。此后直到 2006 年，招生规模以每年平均增加 60 万人的数量扩大。之后扩招规模减小。在扩招政策下，我国高等教育总规模快速上升。1998 年我国高等教育总规模为 340 万人，毛入学率为 9.8%；2003 年高等教育总规模为 903 万，毛入学率为 15%；2010 年我国高等教育总规模为 3 105 万人，毛入学率达到 26.5%。① 扩招满足了人民群众对高等教育的期盼和社会对高等人才的需要，将我国迅速推入高等教育大众化时代。

在大众化高等教育时代，我国高等教育的发展重点变为提升质量。全面实施素质教育，深化教学改革，提高教育质量，是这一时期高等教育改革的核心。2012 年颁布的《教育部关于全面提高高等教育质量的若干意见》，明确提出“保持公办普通高校本科招生规模相对稳定”，全面提高高等教育质量。

（一） 本科教学改革

本科教育质量是高等教育质量的核心，教学是教育工作的落脚点。本科教学改革是高等教育质量工作的一贯重点。本科教育是提高高等教育质量最重要的基础。

1. 90 年代的本科教学改革

党和国家一向重视高等教育质量。实际上，20 世纪 90 年代，我国即开展了本科教育质量提升工作。针对当时本科教学的五个弊端，即专业设置过窄、教学内容偏旧、外语水平偏低、教学方法偏死、人文教育过弱②，我国开展了本科课程体系改革、教学评估等。

---

①朱永新. 中国教育改革大系：高等教育卷[M]. 武汉：湖北教育出版社，2016.

②周远清. 教育思想：教育改革发展的灵魂[J]. 中国高等教育，2015(02)：1.

课程是教学的核心，为适应社会需求，针对教学内容偏旧的问题，1993年底，原国家教委启动“高等教育面向21世纪教学内容和课程体系改革计划”。全国300多所高校约一万名教师参加了这一计划的研究工作。1997年，原国家教委出台《关于积极推进“高等教育面向21世纪教学内容和课程体系改革计划”实施工作的若干意见》。这一计划工程出版了近1 000本新教材。①

同时，我国通过教学评估和表彰教务处等方式促进了本科教学改革。1993年开始，国家开始进行本科教学评估。本科教学评估工作的展开主要有几个方面的考虑。第一，在改革时期，教育体制机制发生重大变化，需要寻找新的办法来引导、激励高校；管理教育事业，评估是一种可用的手段。第二，本科教育是高等教育的主体和基础，代表高等教育的水平，同时本科教育也存在诸多问题，如“三种滑坡”（“一部分学校在滑坡，个别的严重滑坡；一部分学校存在着滑坡的趋势；一部分学校，即使是基础较好的学校，也存在着滑坡的潜在危险”），“四个投入不足”（经费投入不足，主要指教学经费投入不足；一部分教师对教学工作的精力投入不足；领导精力投入不足；学生对学习投入不足），“三重三轻”问题（重科研，轻教学；重本科以上的学历教育，轻本科教育；重外延的扩张，轻内涵的提高）。第三，通过本科教学评估，引导高等教育提高质量和效益，面向21世纪发展。教学评估工作从1994年开始试点，到1999年完成。此外，1994年初，原国家教委隆重表彰了161所高等学校的教务处，提出“教务处是学校的第一大处”。

此外，教育部还就本科专业设置进行修订。高等学校的专业设置是高等教育人才培养的重要标准。新中国成立后，国家于1963年颁布了由国家统一制定的高等学校专业目录，共包括510种专业。1982年至1987年间，国家第二次进行专业目录的全面修订，专业数由1 343种减少到671种。1989年开始，原国家教委开始进行第三次本科专业目录修订，按照经济社会发展需要，进一步拓宽专业口径，于1993年正式颁布《普通高等学校本科专业目录》，共设504种专业，分为10大门类，71个二级门类，大幅调减了专业数量。1997年，国家开始对《普通高等学校本科专业目录》进行修订，修订后高校专业调整为11个学科门类，71个二级门类，249种专业。通过两次修订，专业面变宽。

---

①周远清，万作芳．跨世纪的中国高等教育大改革[J]．教育史研究，2017(02)：1-13，220.

2. 全面实施本科教学“质量工程”

进入21世纪后，教育部加强本科教学工作的力度，全面实施本科教学质量工程。2001年教育部印发《关于加强高等学校本科教学工作提高教学质量的若干意见》，就加强教学工作提出加大教学经费投入、加强教师队伍建设等12条针对性要求。教育部于2004年召开第二次全国普通高校本科教学工作会议，并于2005年印发《关于进一步加强高等学校本科教学工作的若干意见》，要求牢固确立质量是高等学校生命线的基本认识，要求抓人才培养模式、课程体系建设、教学方法改革，开展“教学名师奖”表彰，建设国家精品课程，推动大学英语教学改革，建设实验教学示范中心，开展高等学校本科教学评估工作等。

2003年，教育部开始实施“普通高等学校本科教学工作水平评估”。2004年，教育部设立“教育部高等教育教学评估中心”，组织第一轮五年（2003—2008年）高等学校本科教学工作水平评估。高职院校评估由各省（自治区、直辖市）教育厅（委）领导和组织，由教育部抽查。评估结果与学校的激励和约束政策结合。2004年教育部评估指标体系包括办学指导思想、师资队伍、教学条件与利用、教学建设与改革、教学管理、学风、教学效果、特色项目八项一级指标，19项二级指标，评估结果分为优秀、良好、合格和不合格。2008年第一轮五年评估完成，共评估了589所高校，其中72.0%优秀。①

2007年教育部、财政部联合下发“1号文件”，决定实施“质量工程”，即“高等学校本科教学质量与教学改革工程”。同时，教育部下发《关于进一步深化本科教学改革全面提高教学质量的若干意见》（“2号文件”），要求面向全国1 000所本科院校，进一步推动本科教学工作，提高教学质量。质量工程重点建设的六个项目是专业结构调整与专业认证，课程、教材建设与资源共享，实践教学与人才培养模式改革创新，教学团队与高水平师资队伍建设，教学评估与教学状态基本数据公布，对口支援西部地区高等学校。

2018年教育部发布《关于加快建设高水平本科教育全面提高人才培养能力的意见》，决定实施“六卓越一拔尖”计划2.0，提出了七个方面的主要任务，包括把思想政治教育工作贯穿高水平本科教育全过程、围绕激发学生学

① 王英杰，刘宝存．中国教育改革开放40年：高等教育卷[M]．北京：北京师范大学出版社，2019.

习兴趣和潜能深化教学改革、全面提高教师教书育人能力、大力推进一流专业建设、推进现代信息技术与教育教学深度融合、构建全方位全过程深融合的协同育人新机制、加强大学质量文化建设，明确了建设高水平本科教育人才培养体系的主要任务和重点举措。“六卓越一拔尖”计划 2.0 是指卓越工程师教育培养计划 2.0、卓越医生教育培养计划 2.0、卓越农林人才教育培养计划 2.0、卓越教师培养计划 2.0、卓越法治人才教育培养计划 2.0、卓越新闻传播人才教育培养计划 2.0、基础学科拔尖学生培养计划 2.0。2019 年至 2021 年，教育部将分三年全面实施“六卓越一拔尖”计划 2.0，深化卓越拔尖人才的培养。

（二）发展研究生教育

研究生教育肩负着培养高层次人才和创新创造的重要使命，是教育事业的重要部分，是应对全球人才竞争的基础布局。研究生教育质量是关系着国家创新战略的关键因素。

改革开放后，尤其是 1992 年我国开始从计划经济向市场经济体制转轨后，我国研究生教育规模逐步扩大，1992 年全国研究生招生 33 449 人，到 1999 年达到 92 225 人。1999 年高等教育大规模扩招后，研究生教育也开始大规模扩招。1999 年至 2004 年间，研究生招生规模以年均 30.2%的速度快速增长。2004 年后扩招速度逐渐减缓。① 在规模扩大的基础上，研究生教育的质量是教育部门的工作重点。

研究生培养质量是研究生教育的生命线，研究生教育尤其注重创新。《2003—2007 年教育振兴行动计划》提出推进“研究生教育创新计划”。2005 年《教育部关于实施研究生教育创新计划，加强研究生创新能力培养，进一步提高培养质量的若干意见》强调通过资助优秀博士生科研创新、建立博士生访学制度、设立博士生学术论坛、评选优秀学位论文等方式加强研究生的科研创新能力。

2013 年教育部、国家发展改革委、财政部联合发布《关于深化研究生教育改革的意见》，提出在改革招生选拔制度的基础上，创新人才培养模式，完

---

①谢安邦，朱宇波．我国学位与研究生教育发展 30 年：回顾与展望[J]．教育研究，2008(11)：19-29.

善以提高创新能力为目标的学术学位研究生培养模式，建立以提升职业能力为导向的专业学位研究生培养模式，建立创新激励机制，并加大考核与淘汰力度。同时，改革评价监督机制，对于研究生教育质量的评价要更加突出人才培养质量，加强研究生教育质量评估，建立研究生质量信息平台等。2014年，国务院学位委员会、教育部《关于加强学位与研究生教育质量保证和监督体系建设的意见》发布了《学位授予单位研究生教育质量保证体系建设基本规范》。

2020 年，教育部、国家发展改革委、财政部发布了《关于加快新时代研究生教育改革发展的意见》，进一步要求提升研究生教育质量，切实提升研究生教育支撑引领经济社会发展能力，要求“全面从严加强管理，提升培养质量”，强化落实学位授予单位质量保证主体责任，强化指导教师质量管控责任。

（三） 实施重点建设工程

为加快我国高水平大学的发展，我国陆续实施了一系列重点建设工程。

1993 年，为提高高等教育办学条件，提高高校知识创新能力和科研水平，原国家教委颁布《关于重点建设一批高等学校和重点学科点的若干建议》，提出设置“211 工程”，即面向 21 世纪的挑战，要集中中央和地方等各方面力量，重点建设 100 所左右高等学校和一批重点学科，力争在 21 世纪初，有一批高等学校和学科专业达到世界水平。1995 年，“211 工程”正式启动，分三期建设，共涉及 112 所高校。“九五”期间“211 工程”建设资金为 186.3 亿元，主要用于重点学科建设、公共服务体系建设和基础设施建设等。经过三期的建设，我国 211 高校的整体实力有了显著提高，缩小了与世界一流大学的差距。

1998 年 5 月 4 日，江泽民在北京大学建校 100 周年大会上发表讲话，指出：“大学应该成为科教兴国的强大生力军。教育应与经济社会发展紧密结合，为现代化建设提供各类人才支持和知识贡献。”为此，教育部决定集中国家财力，对若干高校和已经并有条件达到国家先进水平的学科进行重点建设，在 15～20 年间，争取使若干所大学和一批重点学科进入世界一流水平。这一世界一流大学建设工程，根据江泽民在北京大学的讲话时间命名为“985 工程”。1999 年，国务院批转教育部《面向 21 世纪教育振兴行动计划》，“985

工程”正式启动，1999年至2002年间，共27所高校参加，资金投入力度大幅增加，一期共投入227.7亿元。2004年，教育部启动“985工程”二期，列入39所高校，投入资金为225.83亿元。2008年启动第三期，包括32所高校，共投入451.23亿元。一期主要进行硬件投入，二期主要进行科研平台建设，三期主要进行学科和高层次人才引进。经过建设，我国高校科研竞争力大大提升。

2014年5月4日，习近平在北京大学考察时，提出办好中国的世界一流大学，必须有中国特色。2015年，党中央、国务院作出关于建设世界一流大学和一流学科的重大战略决策。2017年，教育部、财政部、国家发展改革委印发《统筹推进世界一流大学和一流学科建设实施办法（暂行）》，启动了我国“双一流”建设。“双一流”是以中国特色、世界一流为核心，面向国家重大战略需求，面向经济社会主战场，面向世界科技发展前沿，全面提升我国高等教育在人才培养、科学研究、社会服务、文化传承创新和国际交流合作中的综合实力。

2018年，教育部批复了42所一流大学的高校建设方案，“双一流”建设全面开始实施。研究显示，“双一流”建设实施以来，已取得了显著成效，推动了高校的学科结构不断优化，显著提高人才培养成效，提升科研和社会服务能力，高校文化建设和国家交流水平也明显提升。①

此外，我国还针对中西部地区专门实施高等教育发展工程。2013年，教育部、国家发展改革委、财政部颁布了《中西部高等教育振兴计划（2012—2020年）》，以贯彻落实《国家中长期教育改革和发展规划纲要（2010—2020年）》，服务国家西部大开发战略、东北地区等老工业基地振兴战略和中部崛起战略的深入实施，服务区域经济社会发展需要。《中西部高等教育振兴计划（2012—2020年）》的发展目标在于，“到2020年，中西部高等教育结构更加合理，特色更加鲜明，办学质量显著提升，建成一批有特色、高水平的高等学校，为整体提升我国高等教育发展水平、建设高等教育强国奠定坚实基础。”为实现这一目标，该计划提出了主要任务，其中包括加强优势特色学科专业建设，加强中西部博士、硕士授予单位建设，继续实施特色重点学科项

①高耀，王莉莉．“双一流”建设的阶段性成效评估与问题剖析——基于36所高校《“双一流”建设2018年度进展报告》的内容分析[J]．中国人民大学教育学刊，2020(04)：96-116.

目，重点支持中西部地方高校的国家重点学科建设等，发展区域经济社会发展急需人才的相关专业等；扩大中西部学生入学机会，包括坚持新增招生计划向中西部高等教育资源短缺地区倾斜，继续实施面向贫困地区的专项招生计划，如“援藏计划”，适度扩大少数民族预科班、民族班、高校招收内地西藏班、内地新疆高中班毕业生以及“非西藏生源定向西藏就业”等专项招生计划，加快培养少数民族地区急需人才等。

五、加快推动高等教育内涵发展

伴随着全面建成小康社会伟大目标的完成，我国高等教育已迈入普及化发展阶段，高等教育规模与质量都得到巨大的提升。面向社会主义现代化建设的新阶段，我国高等教育应加快推动内涵发展，全面提升高等教育质量，不断推动高等教育现代化。

高等教育的内涵发展是我国新阶段的重要任务，是建设教育强国的关键方面。2021 年 5 月，我国颁布了《“十四五”时期教育强国推进工程实施方案》，将促进高等教育内涵发展作为建设教育强国的重要建设内容。方案指出，高等教育内涵发展的目标在于培养国家急需的人才，显著提升急需领域学科专业建设和人才培养能力，破解“卡脖子”的关键核心技术，提升高等教育对于经济社会发展的支撑引领能力。

正如习近平总书记 2021 年在清华大学考察时所强调的，我国高等教育要立足中华民族伟大复兴战略全局和世界百年未有之大变局，心怀“国之大者”，把握大势，敢于担当，善于作为，为服务国家富强、民族复兴、人民幸福贡献力量。

为促进高等教育内涵发展，我们应继续推进“双一流”建设。大力建设一批世界一流高等学校，提升一流人才培养与创新能力。高等教育内涵发展必须打造一流学科高峰，突出学科优势和特色，加快培育国际领军人才和团队，实现重大突破，解决重大理论和实践问题。增强学科的创新能力，加强应用基础研究，加强对创新人才，特别是拔尖创新人才的培养。健全有利于激发创新活力和促进科技成果转化的科研体制。

同时，高等教育的内涵发展还要求积极回应国家和社会需要，包括建设优质医学和师范院校，加强中西部高校建设等。

评估是促进我国高等教育内涵式发展的一大推力。我国正不断建构高等教育评估体系，以支撑高质量教育体系建设。2020年，教育部、财政部、国家发展改革委制定了《“双一流”建设成效评价办法（试行）》，提出以中国特色“双一流”建设成效评价体系引导高校和学科争创世界一流。“双一流”建设强调动态调整，坚持滚动竞争、优胜劣汰、注重持续改进的价值取向。2021年，教育部发布了《普通高等学校本科教育教学审核评估实施方案（2021—2025年）》，确立了坚持立德树人、推进改革、分类指导、问题导向、方法创新的五个原则。中国特色的高等教育评估体系正逐渐建构，未来我们应不断完善这一体系，依靠这一体系做好高等教育的评估认证监测工作，推动高等教育的内涵式发展。

第八章

教师教育　多元开放

一、教师教育是教育事业的工作母机

教师是教育事业发展的基础。习近平总书记在 2013 年致全国广大教师的慰问信里指出："教师是立教之本、兴教之源，承担着让每个孩子健康成长、办好人民满意教育的重任。"在 2014 年的教师节之际，他谈道："今天的学生就是未来实现中华民族伟大复兴中国梦的主力军，广大教师就是打造这支中华民族'梦之队'的筑梦人。"教师具有特别重要的特殊地位，2018 年中共中央、国务院《关于全面深化新时代教师队伍建设改革的意见》明确提出，要"突显教师职业的公共属性，强化教师承担的国家使命和公共教育服务的职责，确立公办中小学教师作为国家公职人员特殊的法律地位"。

教师教育是培养教师的专业教育，教师教育是教育事业的工作母机，是提升教育质量的动力源泉。教师教育是终身学习理念下对传统"师范教育"的更新。传统师范教育更着重于教师的职前培养，而教师教育则是贯穿教师职业全过程的专业教育。《教学和教师教育国际百科全书》认为教师教育包括职前、入职、职后三个连续的阶段。2002 年教育部《关于"十五"期间教师教育改革与发展的意见》也指出，教师教育是指"教师的职前培养、入职教育和在职培训的统称"①。21 世纪以来，我国教育事业进入了一个新的阶段，2001 年国务院《关于基础教育改革与发展的决定》颁布，以"教师教育"替代了"师范教育"的概念，开启了教师教育的转型之路。

教师教育的核心是教师专业化。顾明远先生曾指出，"教师是一个专门的职业""教师教育的转型不是培养形式的变化，而是水平的提高"②。这一"水平"即指教师专业化水平。教师教育的发展是围绕教师专业化水平提高而作出的努力。③

教师教育的发展是教师队伍建设的重要部分和关键抓手。兴国必先强师，

---

①张元龙. 对教师教育有关概念的认识[J]. 教师教育研究，2011，23(01)：7-11+6.

②顾明远. 我国教师教育改革的反思[J]. 教师教育研究，2006(06)：3-6.

③朱旭东. 教师作为一个专业何以可能？——评顾明远教授的教师教育思想[J]. 教师教育研究，2008(05)：7-13.

建立一支师德高尚、业务精湛、结构合理、充满活力的高素质专业化教师队伍，需要多管齐下，完善教师相关制度，包括建立健全教师管理、切实保障教师合法权益和待遇等，但提高教师教育发展水平无疑是教师队伍建设工作的重中之重。

二、教师教育与小康社会

党中央和国务院一贯重视教师教育。推动教师教育的改革发展，构建高水平、高质量、高效益的教师教育体系，对振兴教育和实现全面建成小康社会的宏伟目标具有重要意义。

在党中央的领导下，我国教师教育取得了令人瞩目的发展。改革开放以来，我国教师队伍规模不断扩大，生师比逐渐下降，教师学历层次不断上升。

以义务教育阶段为例，从1978年到2016年，我国普通小学教师由522.6万人增加到578.9万人，初中教师由244.1万人增加到348.8万人；生师比渐趋合理，1978年，小学、初中的生师比分别为28.0∶1、20.5∶1，到2016年，分别下降为17.1∶1和12.4∶1；教师学历层次大幅提升，1987年①我国小学教师中中师、高中及以上学历的教师不足2/3，到1990年，这一比例上升为不足3/4。1991年，小学教师中本科及以上学历的仅占0.1%，到2016年，这一比例上升为50.5%。1987年，初中教师中本科及以上学历的占5.3%，到2016年，这一数字上升为82.5%。1993年颁布的《中华人民共和国教师法》规定初中教师应具有大专及以上学历。1993年时，我国初中教师学历合格率为59.5%，到2016年初中教师学历合格率达到99.8%。②

---

①由于缺少1978—1986年教师学历构成数据，所以从1987年开始讨论。

②朱旭东，胡艳. 中国教育改革开放40年：教师教育卷[M]. 北京：北京师范大学出版社. 2019：68-80.

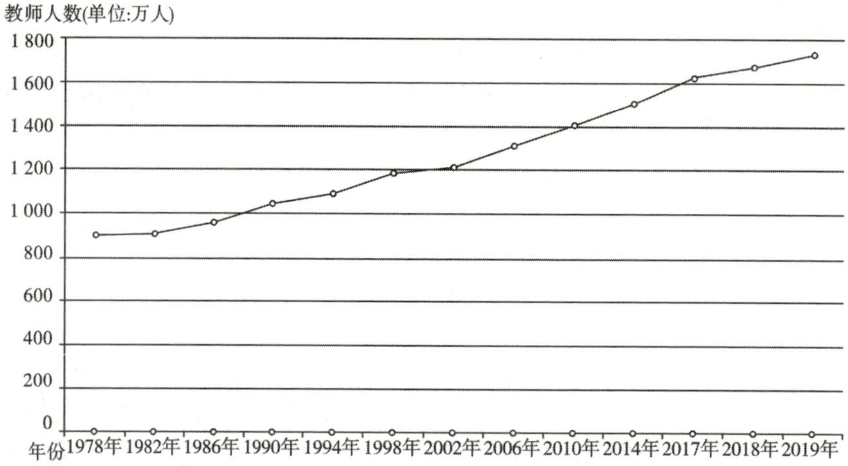

图 8-1　1978—2019 年教师队伍规模发展状况①

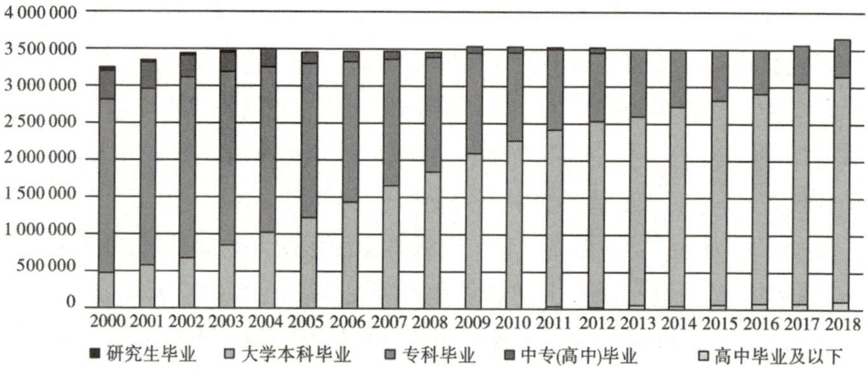

图 8-2　2000—2018 年初中专任教师学历结构②

①周洪宇. 中国教育黄皮书 2021 年:科学编制国家教育事业发展"十四五"规划[M]. 武汉:湖北教育出版社,2021:214.

②邓赛男. 初中专任教师队伍结构演变及优化研究(2000-2018)[D]. 郑州大学,2020:51.

三、教师教育体系从独立封闭走向多元开放

改革开放以来，我国教师教育体系经历了从独立封闭的师范教育时期，走向开放多元的教师教育时期。20 世纪末 21 世纪初是两个时期的转折点。这一转折伴随教育事业的发展而发展，对于教育事业的发展有着重要的意义。

在 21 世纪前，我国实行是独立封闭的师范教育体系。这一体系的显著特点是师范教育由独立设置的师范学校实施，教师继续教育由独立设置的机构进行，教师培养培训职前职后相互割裂。

在这一时期，我国师范教育采取的是三级师范教育体系。1978 年教育部颁布《关于加强和发展师范教育的意见》，逐步恢复了在“文化大革命”期间遭受破坏的师范教育体系。1985 年中共中央《关于教育体制改革的决定》“把发展师范教育和培训在职教师作为发展教育事业的战略措施”，强调师资队伍建设是普及义务教育、提高教育水平的根本大计。为适应义务教育的发展，我国不断完善了独立的“三级”师范教育体系：师范本科、师范专科、中等师范。小学师资由中等师范学校（中师）培养，初中师资由师范专科学校（师专）培养，高中师资由师范学院或师范大学培养。①

同时，我国建立了独立的教师继续教育培训体系。1977 年教育部颁布《关于加强在职中小学教师培训工作的意见》，提出“尽快建立和健全省、地、县、社和学校的师资培训网。省（自治区、直辖市）、地（盟、州）可建立教育学院或教师进修学院；县（旗）可建立教师进修学校；公社可建立培训站，不设站的，要有专人负责。”在这一思路下，我国建立了独立的教师继续教育体系，分为省级教育学院、地市级教育学院、区县教师进修学校。②

这一体系满足了师资的培养和培训，保障了改革开放后我国教育事业的发展。1995 年全国有高等师范院校 236 所，在校生 58.29 万人；中等师范学校 897 所，在校生 84.80 万人；教育学院 242 所，学生 21.37 万人；教师进修

---

①②朱旭东，胡艳．中国教育改革开放 40 年：教师教育卷[M]．北京：北京师范大学出版社，2019：3-4.

学校 2 031 所，学生 51.63 万人。

20 世纪末，随着普九事业的基本完成，教育规模的扩大和人民对高质量教育需求的增长，相对独立的师范教育体系越来越难以满足对教师多元化和高质量的需求。面向 21 世纪的挑战，我国着手进行教育改革，教师教育改革首当其冲，整体升级师范教育势在必行。1996 年第五次全国师范教育工作会议召开，提出师范教育在整个现代化过程中要走在前面，我国师范教育要从规模、数量的发展进入以要求质量、优化结构、提升效益为核心的新时期。

从此，我国师范教育体系逐步向教师教育体系转型。1996 年《关于师范教育改革和发展的若干意见》初步打破了原先封闭独立的体系，提出了“健全和完善以独立设置的各级各类师范院校为主体，非师范类院校共同参与，培养和培训相沟通的师范教育体系”的任务。1999 年《关于师范院校布局结构调整的几点意见》，对开放的师范教育体系进行部署，提出“从现在起，我国师范教育的发展趋势是：（1）以师范院校为主体，其他高等学校积极参与，中小学教师来源多样化；（2）师范教育层次结构重心逐步升高；（3）职前职后教育贯通，继续教育走上法制化轨道，以现代教育技术和信息传播技术为依托，开放型的中小学教师继续教育网络初步建立”。1999 年中共中央、国务院出台《关于深化教育改革全面推进素质教育的决定》，提出“加强和改革师范教育，大力提高师资培养质量。调整师范学校的层次和布局，鼓励综合性高等学校和非师范类高等学校参与培养、培训中小学教师的工作，探索在有条件的综合性高等学校中试办师范学院”。

2001 年国务院《关于基础教育改革与发展的决定》以“教师教育”替代了“师范教育”，提出“完善以现有师范院校为主体、其他高等学校共同参与、培养培训相衔接的开放的教师教育体系。加强师范院校的学科建设，鼓励综合性大学和其他非师范类高等学校举办教育院系或开设获得教师资格所需课程”。2004 年，教育部颁布《2003—2007 年教育振兴行动计划》，提出了“全面推动教师教育创新，构建开放灵活的教师教育体系”的总体目标，并制定了“改革教师教育模式，将教师教育逐步纳入高等教育体系，构建以师范大学和其他举办教师教育的高水平大学为先导，专科、本科、研究生三个层次协调发展，职前职后教育相互沟通，学历与非学历教育并举，促进教师专业发展和终身学习的现代教师教育体系”等具体目标。我国教师教育体系走上了开放多元的完善之路。

四、不断完善多元开放的教师教育体系

21 世纪起，我国逐步建立并完善多元开放的教师教育体系。这主要表现以下几个方面：首先，通过实施教师资格制度逐步推动中小学教师来源多样化；其次，提高教师教育专业化发展，整合职前培养和职后培训，形成教师教育一体化，提升教师教育质量；同时，通过教师教育培养重心的倾斜，优化义务教育教师资源配置，促进义务教育均衡发展。

（一）教师资格制度改革深化

教师资格制度是国家对教师实行的一种职业资格认证制度，是教师职业专门化的结果。《中华人民共和国教育法》规定："教师是履行教育教学职责的专业人员。""国家实行教师资格制度。中国公民凡遵守宪法和法律，热爱教育事业，具有良好的思想品德，具备本法规定的学历或者经国家教师资格考试合格，有教育教学能力，经认定合格的，可以取得教师资格。"

我国自改革开放后逐步建立了教师资格制度，伴随着多元开放的教师教育转型，2010 年以来教师资格制度不断深化改革。当前，我国教师资格制度主要包括准入阶段的教师资格国家统一考试和教师资格认定制度，以及职后的教师资格定期注册制度。教师资格制度设置了准入标准与职后培训标准，是教师教育质量保障体系的重要方面。

2010 年起，我国逐步探索并实施教师资格国家统一考试。2010 年，《国家中长期教育改革和发展规划纲要（2010—2020 年）》明确提出，要"完善并严格实施教师准入制度，严把教师入口关。国家制定教师资格标准，提高教师任职学历标准和品行要求"。2011 年，我国逐步推进国家教师资格统一考试制度，开始打破教师资格证书分省考试认证的局面。2013 年，我国全面推广教师资格国家统一考试。

教师资格国家统一考试彰显了教师教育体系的开放性。教育部 2013 年颁布的《中小学教师资格考试暂行办法》规定，凡是具有中华人民共和国国籍，遵守宪法和法律，热爱教育事业，具有良好的思想品德，符合申请认定教师资格的体检标准，符合《中华人民共和国教师法》规定的学历要求，都可以报名参加教师资格考试。这一办法将普通高校的在读师范生、非师范生、社会人员等一律纳入考试范围，都视为“教师资格考试的申请者”。

同时，教师资格国家统一考试提高了准入门槛。《中小学教师资格考试暂行办法》规定，教师资格考试包括笔试和面试。其中笔试主要考查三个方面，一是申请人从事教师职业所应具备的教育理念、职业道德、法律法规知识、科学文化素养、阅读理解、语言表达、逻辑推理和信息处理等基本能力；二是教育教学、学生指导和班级管理的基本知识；三是拟任教学科领域的基本知识，教学设计实施评价的知识和方法，运用所学知识分析和解决教育教学实际问题的能力。面试则主要考查申请人的职业认知、心理素质、仪表仪态、言语表达、思维品质等教师基本素养和教学设计、教学实施、教学评价等教学基本技能。这一考试内容以教师专业标准为参照，体现了考试所坚持的“育人导向、能力导向、实践导向和专业化导向”。2012 年，教育部颁布了不同学段的教师专业标准，并在此后组织有关专家不断修改、完善教师资格考试标准和考试大纲。

职后教师资格定期注册制度也促进了教师专业水平的提升。2013 年教育部颁布《中小学教师资格定期注册暂行办法》，指出教师资格定期注册是对教师入职后从教资格的定期核查。规定中小学教师资格实行 5 年一周期的定期注册，定期注册不合格或逾期不注册者，不得从事教育教学工作。注册合格需满足以下条件，包括师德良好、每年年度考核合格、每个注册期内完成不少于国家规定的 360 个培训学时或省级教育行政部门规定的等量学分、身心健康能胜任教育教学工作等。

（二）提高教师培养培训质量，提高教师专业化水平

1. 高校师范类专业认证

专业认证是由评估认证机构对于高校人才培养状况实施的外部评价。2012 年国务院《关于加强教师队伍建设的意见》明确提出，要完善教师专业发展标准体系并制定师范类专业认证标准，开展专业认证和评估，规范师范类专业办学，建立教师培养质量评估制度。2014 年教育部启动了我国师范类专业认证试点工作。2017 年为提高师范类专业人才培养质量，教育部出台了《普通高等学校师范类专业认证实施办法（暂行）》，标志着我国师范类专业认

证工作正式启动。

师范类专业认证是全面深化教师教育改革的重要举措。《普通高等学校师范类专业认证实施办法（暂行）》提出了“学生中心、产出导向、持续改进”的基本认证理念。学生中心，强调遵循师范生成长成才规律，以师范生为中心配置教育资源、组织课程和实施教学；产出导向，强调以师范生的学习效果为导向，对照师范毕业生核心能力素质要求，评价师范类专业人才培养质量；持续改进，强调对师范类专业教学进行全方位、全过程评价，并将评价结果应用于教学改进，推动师范类专业人才培养质量的持续提升。师范类专业实行三级监测认证：第一级定位于师范类专业办学基本要求监测。第二级定位于师范类专业教学质量合格标准认证。第三级定位于师范类专业教学质量卓越标准认证。三级之间相互衔接，逐级递进。

自启动以来，全国培训组建了 1 000 多人的专家团队，受理专业 100 多个。① 2019 年，经高校申请、教育评估机构组织专家现场考查、普通高等学校师范类专业认证专家委员会审定，北京师范大学汉语言文学专业等 2 个专业通过第三级专业认证，东北师范大学思想政治教育专业等 34 个专业通过第二级专业认证。2020 年，东北师范大学生物科学专业等 4 个专业通过第三级专业认证，北京师范大学历史学专业等 155 个专业通过第二级专业认证。认证结论有效期为六年。

2. 人才培养模式改革

在专业认证的外部质量保障体制建设之外，教师教育内部的人才培养模式改革也逐渐深化。

《2003—2007 年教育振兴行动计划》提出以师范大学和其他举办教师教育的高水平大学为先导，专科、本科、研究生三个层次协调发展。对此不少大学积极探索，在研究生层次的培养模式上实行本硕贯通培养的学士后教师教育人才培养模式。如北京师范大学和华中师范大学的“4＋2”模式和华东师范大学的“4＋1＋2”模式等。在本科培养层次上，部分大学形成了“3＋1”“2＋2”“2＋1＋1”等模式。例如“3＋1”模式是在前三年学习学科基础课程，第四年进入教育学院学习教育理论、教学技能，参与教育见习实习。

①周晓静，何菁菁. 我国师范类专业认证：从理念到实践[J]. 江苏高教，2020(02)：72-77.

在人才培养方面，教师教育近年来着重关注实践能力，围绕实践能力创新教师教育模式。2008年，国家启动了六所部属师范大学“教师教育创新平台计划”。2014年发布《关于实施卓越教师培养计划的意见》等，提出要建立高校与地方政府、中小学的协同培养机制，建立教师教育协同创新试验区，提高师范生的教育实践能力。同时，教育实习模式实现创新多元化，目前除传统教育实习外，还包括顶岗置换实习、三角置换实习、支教实习、海外实习等模式。① 2016年教育部出台了《关于加强师范生教育实践的意见》，进一步强调要全面加强师范生的教育实践，构建全方位的教育实践内容，创新实践形式，建设长期稳定的教育实践基地等。

3. 国培计划

21世纪以来，在多元开放的教师教育体系下，我国不断加强教师培训工作。“国培计划”是其中的典型代表。“国培计划”全称是“中小学幼儿园教师国家级培训计划”，2010年由教育部和财政部联合启动实施，主要包括“中小学教师示范性培训项目”和“中西部农村骨干教师培训项目”两部分。中小学教师示范性培训旨在为全国中小学培育一批骨干教师；中西部农村骨干教师培训旨在提升薄弱地区教师专业能力和教学水平，提升农村教师队伍整体素质。

“国培计划”是国家提高基础教育教师质量的重要工程。国培计划是全球最大规模的教师培训行动。十年间，中央财政累计投入经费172亿元，31个省（自治区、直辖市）的约1 680万人次的教师参与“国培计划”。2015年起，“国培计划”集中支持农村教师，基本实现对中西部农村义务教育学校和幼儿园教师的全覆盖，大幅提升了中西部教师专业素养。“国培计划”蓝皮书课题组在湖南、四川、甘肃、贵州、云南5省发放的调查问卷结果显示，通过“国培计划”，参培教师在师德修养和育人能力、课程理解和教学能力、信息素养和研究意识、专业交往与互助网络等方面都得到了普遍提升。②

---

①朱旭东，胡艳. 中国教育改革开放40年：教师教育卷[M]. 北京：北京师范大学出版社，2019.

②联合国教科文组织教师教育中心.“国培计划”蓝皮书(2010-2019)摘要[EB/OL].(2020-09-04). http://www.moe.gov.cn/fbh/live/2020/52439/sfcl/202009/t20200904_485104.html.

同时，“国培计划”还推动了立体开放、训育一体的我国特色现代教师培训体系。在“国培计划”引领下，我国形成了“国培—省培—市培—县培—校培”五级联动的教师培训网络，形成了开放竞争的教师培训承训局面。通过承训，“国培计划”推动高等师范院校面向基础教育、服务基础教育，紧密连接了高等学校与基础教育一线，推动高校更新教师教育理念、改革课程与教学、扩展教育资源和合作网络等。

（三） 教师教育向乡村倾斜

教师是教育事业的基础资源。为了缩小地区教育差距，促进教育事业均衡发展，党和国家一向大力支持乡村地区教师队伍建设。其中，教师教育向乡村倾斜，着力为乡村地区培养教师是一个基本的策略，具体包括公费师范生政策、“特岗计划”“硕师计划”“三支一扶”等。

1. 公费师范生政策

公费师范生政策是我国建设优秀乡村教师队伍的一大举措。公费师范生政策起始于2007年，最初称为免费师范生政策。2007年初，时任总理温家宝在政府工作报告中明确提出：“在教育部直属师范大学实行师范生免费教育，建立相应的制度。”2007年5月，国务院公布《教育部直属师范大学师范生免费教育实施办法（试行）》，决定从2007年秋季开始在教育部直属的六所师范院校实施免费师范生政策。免费师范生政策是为了在全社会进一步形成尊师重教的浓厚氛围，鼓励更多优秀青年选择教师职业。新中国成立以来，我国曾长期实行免费师范生教育，1996年大学招生改革后师范生教育同其他类型高等教育一样开始收费，这对于师范生教育的招生造成一定的影响。对此，2007年我国恢复了师范生教育免费政策，首先从六所部属师范大学开始试点，此后各省也积极响应并实施免费师范生教育。

免费师范生政策出台后不断得到完善。2007年《教育部直属师范大学师范生公费教育实施办法（试行）》规定，部属师范大学实行师范生免费教育，免费师范生在校期间免除学费，免缴住宿费，并补助生活费，所需经费由中央财政安排。免费师范生毕业后按照协议到城镇学校或农村义务教育学校服务十年。2018年《关于全面深化新时代教师队伍建设改革的意见》将“免费师范生”改称为“公费师范生”，完善教育部直属师范大学师范生公费教育政策，履约任教服务期调整为6年。2018年8月10日，国务院转发《教育部直属师范大学师范生公费教育实施办法》，对选拔录取、履约任教、激励措施、条件保障做进一步阐释，保障师范生公费教育政策有效落实。

自 2007 年公费师范生政策实施以来，截至 2018 年，六所部属师范大学公费师范生累计招生 10.1 万人，2011 至 2017 年七届免费师范毕业生约 7 万人到中小学任教。在部属师范大学师范生公费教育政策的示范引领下，截至 2018 年，全国 28 个省份相继实行地方师范生公费教育，每年有 4.1 万名师范毕业生到农村特别是贫困地区中小学任教。公费师范生政策大大改善了我国农村地区的基础教育师资质量。

2. 特岗计划

“特岗计划”全称是“农村义务教育阶段学校教师特设岗位计划”。2006 年，为加强农村教师队伍建设，促进义务教育均衡发展，我国开始实施特岗教师政策，由中央财政设立专项资金，用于特设岗位教师的工资性支出，通过招募高校毕业生到西部农村任教，引导和鼓励高校毕业生从事农村教育工作，以提高农村教师队伍整体素质。

特岗教师政策基本包括，在财政支持上由中央安排经费支持西部农村贫困地区和边远地区，在农村地区设立教师岗位，招募高校毕业生任教。在招聘与管理上，特岗教师在中小学现有编制内实行聘任制，公开招聘、择优录取、合同管理。特岗计划教师聘期 3 年，聘期中执行国家统一工资标准，其他津贴等由当地确定。3 年聘期满后，鼓励继续任教。如有意愿升学，3 年内参加全国硕士研究生招生考试享受优先政策。

自 2006 年至今，“特岗计划”已经实施了十五年，政策不断完善，对农村教育的发展发挥了显著的作用。2006 年，四部门联合启动“特岗计划”试点，覆盖范围为 12 个省区和新疆生产建设兵团的“两基”攻坚县，2009 年“特岗计划”实施范围进一步扩大到中西部地区 22 个省区的国家扶贫开发工作重点。截至 2020 年，“特岗计划”已经百分之百覆盖了国家贫困县、“两基”攻坚县、灾区县、边境县，少数民族自治贫困县覆盖率达 78.3%，革命老区覆盖率达 79.6%。中央财政累计投入资金 710 亿元，累计招聘 95 万名特岗教师，覆盖中西部省份 1 000 多个县、3 万多所农村学校。

“特岗计划”的实施，显著优化了乡村教师队伍的质量。全国特岗教师队伍中，专科及其以下学历占比为 15.4%，本科学历占比为 83.6%，研究生学历占比为 1.1%。全国中央特岗教师的年龄均值为 24.8 岁。2006 至 2019 年间，全国乡村小学教师本科及以上学历占比从 5%提高到 49%，乡村薄弱学科专任教师的比例从 6%提高到 17%，同时集中补充了大量英语、信息技术、音体美等乡村薄弱学科教师。同时，特岗教师在岗率、服务期满特岗教师的留任率呈逐年上升趋势，近年留任率在 85%以上。①

除公费师范生政策、“特岗计划”外，近年来我国还实施了“硕师计划”“三支一扶”等，多方面提升了乡村教师队伍水平。“硕师计划”是 2004 年教育部启动的“农村学校教育硕士师资培养计划”，即从具有推荐免试硕士研究生资格的高校中选拔优秀本科毕业生，录取为“硕师计划”研究生，他们与地方教育行政部门签约受聘为编制内正式教师，在贫困县镇及以下农村中小学任教不少于三年，任教期间在职进行教育硕士学习。“三支一扶”是 2006 年中央组织部、教育部等多部门共同推进的计划，公开招募选拔高校毕业生到农村基层从事支教、支农、支医和扶贫工作。这些计划都有力地补充了乡村教师队伍，提高了乡村教育质量。

五、加快建构高质量教师教育体系

教师教育是教育事业的工作母机，是提升教育质量的动力源泉。我国教育事业已经进入高质量教育发展阶段，教师教育必须加快改革发展，不断深化教师教育质量，建构高质量的教师教育体系。

2018 年，教育部等五部门印发了《教师教育振兴行动计划（2018—2022 年）》，对教师教育工作的发展进行了具体的部署，提出了明确目标，即“经过 5 年左右努力，办好一批高水平、有特色的教师教育院校和师范类专业，教师培养培训体系基本健全，为我国教师教育的长期可持续发展奠定坚实基础。师德教育显著加强，教师培养培训的内容方式不断优化，教师综合素质、

①北京师范大学“特岗计划政策研究”课题组. 提升农村教育质量：“特岗计划”实施十五年[R/OL].（2020-09-04）. https://yz.chsi.com.cn/kyzx/kydt/202009/20200904/1972749443.html.

专业化水平和创新能力显著提升，为发展更高质量更加公平的教育提供强有力的师资保障和人才支撑”。

在这一计划的引导下，为加快建构高质量教师教育体系，我国教师教育事业应更加着重于以下几个方面：

第一，建构以一流师范大学和一流综合性大学为主体的高质量教师教育体系。积极推动一批有基础的高水平综合大学成立教师教育学院，推动教师教育质量提高，加强教师教育专业化发展。在教师教育系统中，特别重视工科教师教育，为高等职业技术学院培养一流师资。

第二，建立区县教师教育体系，强化教师教育职前职后一体化。建立以区县教师专业发展机构为核心的教师专业发展学校、校本教师专业发展中心和名师工作室（坊）构成的区县教师教育体系，与一流师范大学和一流综合性大学的教师教育体系相呼应，强化县级教师发展机构对乡村教师专业发展的支撑作用。

第三，着力建构“互联网＋”教师教育体系，全面提升教师信息素养教育。积极推动最新研究成果与教师教育课程内容、教学方式、实践的深度融合，推动人工智能等现代信息技术在教师教育中的深度应用，加强信息技术知识、技能、应用能力、信息意识、信息伦理等方面的培养，全面提升信息素养教育。

第四，完善教师教育质量保障体系。进一步完善教师资格国家统一考试制度、师范生生源质量保障制度、教师教育课程和教学标准制度、师范类专业质量认证和评估制度等；加强教师教育学术学科制度和专业学科制度的建设，分别建设好幼儿园、小学、中学、中职、特教等五个分学段、分领域的教师教育专业；建立完善教师教育体系资源保障制度，包括教师教育的治理保障制度和师资保障制度，不断夯实教师教育的学科资源、制度资源、人力资源，为建设高质量的教师教育体系做好保障。

第九章

民办教育　齐头并进

一、民办教育是我国教育事业的重要组成部分

民办教育是社会力量兴办教育的主要形式。所谓社会力量兴办教育是指各种社会力量以捐赠、出资、投资、合作等方式举办或者参与举办法律法规允许的各级各类学校和其他教育机构。按照《中华人民共和国民办教育促进法》，国家机构以外的社会组织或者个人，利用非国家财政性经费，面向社会举办学校及其他教育机构都属于民办教育。

民办教育是我国社会主义教育事业的重要组成部分。改革开放以来，我国民办教育不断发展壮大，形成了从学前教育到高等教育、从学历教育到非学历教育，层次类型多样的发展局面。2019 年，我国各级各类民办学校共 19.15 万所，占全国学校总数的 36.13%；民办学校在校生共 5 616.61 万人，占全国在校生总数的 19.9%。

民办教育对于我国教育事业的发展有着重要意义。《国家中长期教育改革和发展规划纲要（2010—2020 年）》指出，“民办教育是教育事业发展的重要增长点和促进教育改革的重要力量”。一方面，民办教育是教育事业发展的重要力量，是教育事业规模扩张的重要推力。民办教育以社会力量办学，减轻了国家的教育财政负担，有效增加了教育供给，满足人民群众的教育需求，为推动教育事业发展，推动教育现代化，促进经济社会发展作出了积极贡献。所以民办教育具有公益性质，应该受到政府财政支持。

另一方面，民办教育对于教育系统的改革具有促进作用。著名教育家潘懋元先生指出，民办高等教育拥有较强的办学自主权，其办学者具有较强的经营意识，同时受传统教育治理体制的影响较少，因而具有较强的改革动力，民办高校在高等教育改革创新上具有机制优势，例如“（1）精简机构，减少人员，提高效率；（2）贴近社会，重视学生，促进就业；（3）节省费用，增值资产，提高效率与收益；（4）制定长远规划，推行校本研究”① 等。民办教

①潘懋元. 中国民办高教的优势、困境与新思路[N]. 华南师范大学学报(社会科学版)，2018(6)：18-19.

育的发展促进了整个教育系统的健康发展。

二、民办教育与小康社会

民办教育作为教育事业的重要组成部分，对于我国实现全面建成小康社会的宏伟目标具有重要意义。

我国传统社会一直有着民间兴办教育的深厚传统，从孔子的“有教无类”一直到近代民间私人办学，都是重要的教育事业。新中国成立后，我国进行了社会主义改造，取消了私立学校，中国教育从此只有公立学校。改革开放后，随着我国小康社会的建设，我国民办教育逐渐恢复、壮大。纵观 40 余年的发展，我国民办教育发展历程可以大致分为恢复起步期（1978—1992 年）、快速发展期（1993—2002 年）、规范发展期（2003—2016 年）、内涵发展期（2017 年至今）四个阶段。①

这四个阶段与小康社会的建设密切相关。在恢复起步期，我国囿于“穷国办大教育”的基本国情，面对公立教育资源与人民对于教育的热切需求之间的缺口，开始默许、认可、鼓励社会力量办学。这一时期的民办教育主要集中于非学历培训教育，以文化补习班、职业培训班为主要办学形式。民办教育为我国改革开放培养了急需的人才。

1993 年民办教育进入快速发展期。1992 年邓小平南方谈话澄清并解决了“姓资姓社”“姓公姓私”的问题，解开了人们对民办教育的疑虑。同年，党的十四大宣布我国正式由社会主义计划经济向社会主义市场经济转变，十四大报告提出“鼓励社会力量办学”，1997 年国务院发布了《社会力量办学条例》。在政府的支持和鼓励下，民办教育进入了大胆试验、大步闯荡的快速发展期，规模迅速扩大，并开始大规模开展学历教育。从 1993 年到 2002 年，民办幼儿园从 1.699 万所增长到 4.4526 万所，在园幼儿数从 72.4 万人增长到 341.9 万人。2001 年民办园数量占全国幼儿园总数的 39.84%，在园人数

①周海涛. 中国教育改革开放 40 年：民办教育卷[M]北京：北京师范大学出版社，2019.

占全国幼儿园在园人数的 16.05%。① 1993 年至 2002 年，民办小学从 4 030 所增加到 4 846 所，在校生人数从 649 000 人增加到 1 818 438 人；民办中学从 851 所增加到 1 915 所，在校生人数从 227 000 人增加到 2 328 698 人。② 民办教育成为我国教育事业中不可缺少的重要组成部分。在公共教育资源紧缺的情况下，民办教育的快速发展大力推动了我国教育事业的发展进程。

2003 年《中华人民共和国民办教育促进法》的实施和 2016 年该法的修订分别标志着民办教育进入了规范发展期（2003—2016 年）、内涵发展期（2017 年至今）。《中华人民共和国民办教育促进法》明确民办教育事业是公益性事业，是社会主义教育事业的组成部分，以法律的形式确立了民办教育与公办教育同等的法律地位，为公办和民办教育的共同发展奠定了法律依据。《中华人民共和国民办教育促进法》及《中华人民共和国民办教育促进法实施条例》颁布后，民办教育事业走上了优化发展环境、规范办学秩序的“快车道”。2017 年党的十九大报告强调要“支持和规范社会力量兴办教育”。新修订的《中华人民共和国民办教育促进法》的实施推动民办教育进入分类管理的内涵式发展新时代。2003 年以来，民办教育的规模持续扩大，以高等教育为例，2003 年至 2016 年，全国民办高校数量增长了 428.9%，民办高校在校生规模则增长了 782.7%。2003 年，全国每 10 名大学生中，就有 1 名大学生是民办高校的，到了 2016 年，平均 5 名大学生就有 1 名在民办高校就读。

经过 40 余年的发展，民办教育成为我国教育事业的重要组成部分，为小康社会的建设培养了大批人才。2020 年全国共有民办学校 18.67 万所，占全国各级各类学校总数的比例超过 1/3；在校生 5 564.45 万人，占比接近 1/5。民办学校在校生中，学前教育阶段占将近一半。2019 年民办学校在校生中，学前教育阶段占 47.2%，普通小学和本专科、初中分别占 16.8%、12.6%、12.2%，普通高中占 6.4%，中等职业教育占 4%。

---

①中国教育年鉴编委会. 中国教育年鉴[M]. 北京：人民教育出版社，1998，1999，2000，2001.
②周海涛. 中国教育改革开放 40 年：民办教育卷[M]. 北京：北京师范大学出版社，2019.

三、从默许与鼓励到支持与规范，逐步完善法律保障体系

改革开放 40 多年来，我国对民办教育的政策态度从最初的默许、鼓励转变为当前的支持与规范，逐步建立了完善的法律政策保障体系，推动着民办教育的健康发展。

（一）恢复时期的默许与鼓励

改革开放初期，由于公办教育供给不足，为满足人民教育需要，我国默许并鼓励社会力量办学。1982 年《中华人民共和国宪法》第十九条规定，“国家鼓励集体经济组织，国家企业事业单位和其他社会力量依照法律规定举办各种教育事业”，第一次以宪法的形式明确了社会力量作为办学主体，确立了民办教育的法律地位。1985 年中共中央《关于教育体制改革的决定》明确提出“地方要鼓励和指导国营企业、社会团体和个人办学……支持企事业单位和业务部门发展职业技术教育，并且鼓励集体、个人和其他社会力量办学”。1986 年《中华人民共和国义务教育法》重申“国家鼓励企业、事业单位和其他社会力量，在当地人民政府统一管理下，按照国家规定的基本要求举办本法律规定的各类学校”。同年，国务院办公厅转发原国家教委等部门的文件《关于实施〈义务教育法〉若干问题意见的通知》，进一步明确要鼓励社会各界和个人捐资助学，个人依法办学可以进行试办。

1987 年原国家教委出台的《关于社会力量办学的若干暂行规定》进一步鼓励民办教育。这一规定是我国民办教育第一个专门规定，首次对“社会力量”的含义、地位、设置等作出规定，明确提出“社会力量办学是我国教育事业的组成部分，是国家办学的补充”。随即，原国家教委先后出台了《社会力量办学财务管理暂行规定》《社会力量办学教学管理暂行规定》等，为民办教育的尽快恢复提供了良好的政策环境。

随着我国由计划经济体制向社会主义市场经济体制的转变，民办教育获得了更大的重视和认可，国家赋予民办教育的地位上升，从公办教育的补充

转变为国家教育事业的重要组成部分。① 1993 年《中国教育改革和发展纲要》明确提出改革办学体制，即“改变政府包揽办学的格局，逐步建立以政府办学为主体、社会各界共同办学的体制”，改变以往单一办学主体的格局。《中国教育改革和发展纲要》还首次提出“十六字方针”，即“国家对社会团体和公民个人依法办学采取积极鼓励、大力支持、正确引导、加强管理的方针”，同时，《中国教育改革和发展纲要》提出“欢迎港澳台同胞、海外侨胞和外国友好人士捐资助学，在国家有关法律法规范围内进行国际合作办学”。1994 年《中华人民共和国教师法》规定“社会力量所办学校的教师的待遇，由举办者自行确定并予以保障”，1995 年《中华人民共和国教育法》强调民办学校属于公益性质，任何组织和个人不得以营利为目的。

1997 年国务院颁布了《社会力量办学条例》，标志着我国民办教育依法办学、依法管理进入新时期。作为我国第一部民办教育行政法规，《社会力量办学条例》详细规定了民办教育发展的基本原则、民办教育机构的设立、教学和行政管理、财产和财务管理、机构的变更与解散、保障与扶持及法律责任等内容。

1998 年《中华人民共和国高等教育法》明确提出“国家鼓励企业事业组织、社会团体及其他社会组织和公民等社会力量依法举办高等学校，参与和支持高等教育事业的改革和发展”，肯定了民办高校的地位，为民办学校和公办学校共同发展奠定了基础。1999 年中共中央、国务院《关于深化教育体制改革，全面推进素质教育的决定》提出“形成以政府办学为主体、公办学校和民办学校共同发展的格局”，鼓励大胆试验各种办学形式，在发展民办教育方面迈出更大的步伐。

在政策的鼓励下，我国民办教育获得了长足的发展。

（二） 快速发展后的支持与规范

民办教育在发展中不可避免地积累了一些问题，如滥收费、滥招生、滥发文凭等。为解决这些问题，推动民办教育健康发展，2003 年我国开始实施《中华人民共和国民办教育促进法》，这一法律的实施推动民办教育进入了规范发展、有法可依的新时期。

---

①周海涛. 中国教育改革开放 40 年：民办教育卷[M]. 北京：北京师范大学出版社，2019.

《中华人民共和国民办教育促进法》于2003年9月1日正式实施，同时，1997年颁布的《社会力量办学条例》被废止。《中华人民共和国民办教育促进法》明确民办教育事业是公益性事业，是社会主义教育事业的组成部分，将十六字方针上升为法律条文，规定“民办学校与公办学校具有同等的法律地位，国家保障民办学校的办学自主权。国家保障民办学校举办者、校长、教职工和受教育者的合法权益”,“民办学校享受国家规定的税收优惠政策”。2004年国务院出台《中华人民共和国民办教育促进法实施条例》，从民办学校的举办者，民办学校的设立、组织与活动、资产与财务管理、扶持与奖励、法律责任等方面做了详尽的规定，并对民办学校与公办学校的“同等”作了细化和补充。比如，第二十七条规定民办学校与同级同类的公办学校有同等的招生权，第二十九条细化了民办学校及教师、学生的具体权利。由此民办教育领域法律法规框架基本建立，民办教育事业走上了优化发展环境、规范办学秩序的“快车道”。

在《中华人民共和国民办教育促进法》的框架下，国家出台了一系列配套政策，推动民办教育的发展。2007年实施的《民办高等学校办学管理若干规定》、2008年实施的《独立学院设置与管理办法》、2012年颁布的《关于鼓励和引导民间资金进入教育领域，促进民办教育健康发展的实施意见》，都进一步推进了民办学校的发展，促进了民办教育和公办教育共同发展的基本格局。

2010年《国家中长期教育改革和发展规划纲要（2010—2020年)》首次提出积极探索非营利性和营利性民办学校分类管理，为我国民办教育事业的发展提供了新思路。为了破除影响分类管理的制度障碍，教育部开始了法律修订工作。2015年修正的《中华人民共和国教育法》和《中华人民共和国高等教育法》分别删除了“任何组织和个人不得以营利为目的举办学校及其他教育机构”和“设立高等学校不得以营利为目的”的条例，为举办营利性民办学校提供了生存空间。2016年11月，第十二届全国人大常委会第二十四次会议审议通过了《关于修改〈中华人民共和国民办教育促进法〉的决定》，正式肯定实行非营利性和营利性民办学校分类管理，但是义务教育阶段的民办学校只能选择成为非营利性民办学校，并要求完善民办学校党的建设、师生权益保障机制和国家扶持政策。

2017年实施的《中华人民共和国民办教育促进法》第十九条规定："民办学校的举办者可以自主选择设立非营利性或者营利性民办学校。但是，不得设立实施义务教育的营利性民办学校。非营利性民办学校的举办者不得取得办学收益，学校的办学结余全部用于办学。营利性民办学校的举办者可以取得办学收益，学校的办学结余依照《中华人民共和国公司法》等有关法律、行政法规的规定处理。"配合新修订的《中华人民共和国民办教育促进法》，国家相关部门出台了配套政策文件。2017年教育部等十四部门印发国务院《关于鼓励社会力量兴办教育促进民办教育健康发展的若干意见》，为新的《中华人民共和国民办教育促进法》提供了进一步的行动方案。该意见强调"积极引导社会力量举办非营利性民办学校"，提出"加强党的领导、创新体制机制、完善扶持制度、加快现代学校制度建设、提高教育教学质量、提高管理服务水平"等内容。

2018年我国进一步修订了《中华人民共和国民办教育促进法》，2021年4月修订公布《中华人民共和国民办教育促进法实施条例》，将于2021年9月1日起施行。《中华人民共和国民办教育促进法》以及《中华人民共和国民办教育促进法实施条例》的不断修订完善，推动着民办教育正在进入"全面施工、内部装修"的内涵式发展期。①

四、大力支持民办教育

2010年，《国家中长期教育改革和发展规划纲要（2010—2020年）》提出了分类管理的思路，同时提出要"大力支持民办教育""依法管理民办教育"，使得民办教育在支持和规范的双轮驱动下继续前行。

《国家中长期教育改革和发展规划纲要（2010—2020年）》指出，大力支持民办教育，首先要求各级政府要把发展民办教育作为重要工作职责。其次，要依法落实民办学校、学生、教师与公办学校、学生、教师平等的法律地位，保障民办学校办学自主权。再次，要完善独立学院管理和运行机制，支持民

①周海涛. 中国教育改革开放40年：民办教育卷[M]. 北京：北京师范大学出版社，2019.

办学校创新体制机制和育人模式，提高质量，办出特色，办好一批高水平民办学校。

近年来，在《国家中长期教育改革和发展规划纲要（2010—2020年）》的指引下，我国多管齐下，大力支持民办教育的发展。

（一）健全公共财政对民办教育的扶持政策

民办教育是公益性事业，公共财政对民办教育的扶持体现了国家对于民办教育与公办教育一视同仁。公共财政对民办教育的扶持政策主要包括给民办学校提供财政支持、税收优惠、补贴和奖励、政府购买服务、助学贷款等。

2016年国务院《关于鼓励社会力量兴办教育促进民办教育健康发展的若干意见》指出，要不断完善扶持制度，包括加大财政投入力度，财政扶持民办教育发展的资金要纳入预算；创新财政扶持方式，地方各级人民政府建立健全政府补贴制度，制定向民办学校购买就读学位、课程教材、科研成果、职业培训、政策咨询等教育服务的具体政策；落实同等资助政策，民办学校学生与公办学校学生按规定同等享受助学贷款、奖助学金等国家资助政策。各级人民政府应建立健全民办学校助学贷款业务扶持制度，提高民办学校家庭经济困难学生获得资助的比例；落实税费优惠等激励政策，对企业办的各类学校、幼儿园自用的房产、土地，免征房产税、城镇土地使用税。对企业、个人支持教育事业的公益性捐赠支出，按照税收法律法规及政策的相关规定进行税收优惠。民办学校用电、用水、用气、用热，执行与公办学校相同的价格政策等。

目前全国有20多个省份设立了民办教育发展专项资金，支持民办高校发展。有些地区按照公办高校生均拨款水平的一定比例作为标准给予财政支持，如重庆这一比例为20%，内蒙古为10%。有些地区按比例将高等教育经费用于支持民办高校发展，如宁夏将高等教育专项经费的20%用于支持民办高校建设发展。有些地区采取奖励、项目建设等方式拨付扶持资金，如上海、吉林开展非营利性民办高校建设项目，陕西实施高水平民办高校建设项目等。

在党中央领导下，各省（自治区、直辖市）结合本地实际，对民办义务教育阶段学校实施财政补贴支持，如上海每年用于民办基础教育的专项资金约1亿元，主要包括课程改革、教师队伍建设、教育教学内涵建设、特殊学校和优质幼儿园创建等项目；湖南设立省级民办教育发展专项资金3 000万元，其中50%用于奖励民办中小学；广东省21个地市级民办专项资金每年总和超4个亿，主要用于向民办学校教师发放从教津贴，向民办学校购买学位或向在义务教育阶段民办学校就读的学生发放学位津贴等；云南分别设立民办基础教育发展专项资金和民办高等教育发展专项资金，每年共计约7 000万元，用于支持民办学校规模发展、建设示范性民办学校。

公共财政对民办教育的扶持政策最突出的是大力发展普惠性民办幼儿园。学前教育是我国民办教育中的“半壁江山”，2019年民办教育在校生规模结构中学前教育占47.2%。民办幼儿园是我国学前教育资源的重要供给者。近年来，国家持续大力支持普惠性民办幼儿园的发展，力图尽快解决“入园难”“入园贵”等问题。

（二）保障民办学校享有平等的法律地位

《中华人民共和国民办教育促进法》规定，“民办学校与公办学校具有同等的法律地位”，“国家保障民办学校举办者、校长、教职工和受教育者的合法权益”，“民办学校的教师、受教育者与公办学校的教师、受教育者具有同等的法律地位”。

同等招生权是民办学校与公办学校同等法律地位的标志之一。2019年中共中央、国务院印发的《关于深化教育教学改革全面提高义务教育质量的意见》强调，“推进义务教育学校免试就近入学全覆盖”，要求将民办义务教育学校招生纳入审批地统一管理，与公办学校同步招生；对报名人数超过招生计划的，实行电脑随机录取。民办学校享有和公办学校平等的招生权，保障这一权利有利于推动公办学校与民办学校的良性竞争，形成良好的教育生态。公办学校与民办学校之间的竞争“不在于生源竞争，而在于办学特色与教育质量的竞争”。①

民办学校的学生与公办学校学生享有同等权利，近年来民办学校学生权利的保障力度加大。《中华人民共和国民办教育促进法》规定，“民办学校的受教育者在升学、就业、社会优待以及参加先进评选等方面享有与同级同类公办学校的受教育者同等权利”。2021年新修订的《中华人民共和国民办教育

①张志勇．义务教育公办民办校应享有同等招生权[J]．云南教育（视界时政版），2019(Z2)：48.

促进法实施条例》重申了二者的平等权利，规定“各级人民政府应当保障民办学校的受教育者在升学、就业、社会优待、参加先进评选，以及获得助学贷款、奖助学金等国家资助等方面，享有与同级同类公办学校的受教育者同等的权利。实施学历教育的民办学校应当建立学生资助、奖励制度，并按照不低于当地同级同类公办学校的标准，从学费收入中提取相应资金用于资助、奖励学生”。

2010 年以来，民办教育的教师权利也得到越来越多的保障。2016 年国务院发布的《关于鼓励社会力量兴办教育促进民办教育健康发展的若干意见》明确要求“保障民办学校师生权益。完善学校、个人、政府合理分担的民办学校教职工社会保障机制”等，“民办学校教师在资格认定、职务评聘、培养培训、评优表彰等方面与公办教师享有同等权利”。2018 年中共中央、国务院《关于全面深化新时代教师队伍建设改革的意见》专门针对民办学校教师的权益保障提出：“完善学校、个人、政府合理分担的民办学校教师社会保障机制，民办学校应与教师依法签订合同，按时足额缴纳社会保险费和住房公积金。依法保障和落实民办学校教师在业务培训、职务聘任、教龄和工龄计算、表彰奖励、科研立项等方面享有同公办学校教师同等权利。”

（三） 完善机制，办好高水平民办学校

民办教育是教育体系改革中的重要主体。民办教育的发展一方面有助于扩大教育资源供给，另一方面也有助于教育体系的多元化。民办教育的高水平发展有着广阔的潜力和前景。

为提供人民满意的教育，我国不断完善民办教育办学体制机制。2010 年以来，我国独立学院转设工作平稳推进。2018 年起，独立学院转设成为教育部首要工作，2020 年教育部颁布《关于加快推进独立学院转设工作的实施方案》，截至 2020 年底，全国已有 136 所独立学院转设或公示转设为普通本科高校，转设后发展向好。民办教育在职业教育领域中也取得了新的发展，《国家职业教育改革实施方案》提出“开展本科层次职业教育试点”，截至 2020 年 9 月，全国已审批设置的 22 所本科层次职业技术大学中，有 21 所是民办

高职院校。①

民办教育的高水平发展已取得一定成效。《国家中长期教育改革和发展规划纲要（2010—2020年）》指出要“提高质量，办出特色，办好一批高水平民办高校”。在该文件指引下，我国各地兴起了建设高水平民办大学的热潮，如山东省实施民办本科高校优势特色专业支持计划；陕西省实施“一流学院”建设计划，囊括三所民办高校；上海市开展高水平民办高校建设试点；西湖大学的成立是民办高校高水平发展的代表。2015年，施一公等人向习近平总书记递交了《关于试点创建新型民办研究型大学的建议》报告，得到了习总书记的亲自批示。西湖大学树立了“小而精、高起点、国际化、高水平、研究型大学”的办学理念，自建校以来发挥了显著的学术影响和社会影响。

五、加快发展普惠性民办幼儿园，鼓励民办学校开展制度创新

2019年，中共中央、国务院印发《中国教育现代化2035》，部署了我国面向2035年实现教育现代化的十大战略任务，其中包括“推动各级教育高水平高质量普及”和“推进教育治理体系和治理能力现代化”。对此，民办教育承担着重要任务。为推进教育现代化，我国应继续加快发展普惠性民办幼儿园，鼓励民办学校按照非营利性和营利性两种组织属性开展现代学校制度改革创新。

民办学校是我国学前教育的重要提供者，2019年，我国民办幼儿园数量占全国所有幼儿园数量的61.6%，民办幼儿园在园幼儿数量占全国在园幼儿数量的56.2%。民办幼儿园大大丰富了我国学前教育资源，促进了我国学前教育的普及。但是，民办幼儿园的高收费与学前教育的公益性存在冲突，为了解决这一矛盾，建立学前教育公共服务体系，我国近年来积极提倡和扶持普惠性民办幼儿园。通过对民办幼儿园进行普惠性认定，制定落实对应扶持

---

①阙明坤，段淑芬.我国民办高校改革发展成效、经验及展望——《教育规划纲要》实施十年审视[J].大学教育科学，2021(02):16-25.

政策，以公共财政支持普惠性幼儿园发展，引导普惠性幼儿园与公立幼儿园同质同价，成为我国学前教育公共服务体系的重要组成部分。截至 2020 年，我国普惠性幼儿园覆盖率达到 84.74%，未来我国应进一步加快普惠性民办幼儿园发展，完善学前教育公共服务体系，推动学前教育高水平高质量普及。

民办学校的制度改革创新是完善民办教育分类管理政策、推进我国教育治理现代化的重要方面。2017 年新《中华人民共和国民办教育促进法》开启了我国民办教育分类管理的新时代。按照该法律规定：“民办学校的举办者可以自主选择设立非营利性或者营利性民办学校。”营利性和非营利性是民办学校的两种组织属性。民办教育分类管理旨在理顺民办教育管理体制，以便于建立差别化的政策体系，既有利于政府财政资助民办学校，也有利于金融资本大规模进入民办教育。对营利性和非营利性民办学校分别采取类似企业、商业结构或类似公办学校的管理方式进行管理，“让不同的学校各走各的路”。

然而，尽管分类管理政策在理论上是清晰的，现实中却推进缓慢，首先在“营非登记”上，民办教育举办者存在普遍的犹豫和观望。形成这一局面的原因之一是“营非选择困境”。如果选择成为非营利性，以往的投资及累积资本的奖励或补偿政策尚不明朗，学校发展前景不确定。如果选择成为营利性，资产清算的方式不确定，同时政府优惠政策不明确，营利前景也不确定。所以，除了少数捐资办学的民办学校外，大多数民办学校既不敢登记为营利性，又不愿登记为非营利性。① 在种种不够确定下，民办教育举办者和投资者正出现将资金抽离民办学校的趋势，这不利于民办教育的持续发展。

对此，我国在完善分类管理政策之外，应“鼓励民办学校按照非营利性和营利性两种组织属性开展现代学校制度改革创新”。分类管理政策仍待完善，通过制定更加明确有力的引导性政策，建立非营利性民办学校监管框架等，促使民办学校完成组织属性转换，在政策和监管体系完善之前，暂缓“营非登记”工作。同时，我国应鼓励民办学校按照两种组织属性，开展现代

---

①胡晨曦，魏聪，胡辰方，等. 分类管理背景下民办幼儿园办园意向研究——基于对全国 11 个省 2 687 位民办幼儿园举办者的实证调查[J]. 教育发展研究，2018(08)：28-37. 别敦荣，石猛. 民办高校实施分类管理政策面临的困境及其完善策略[J]. 高等教育研究，2020，41(03)：68-76. 潘懋元. 中国民办高教的优势、困境与新思路，华南师范大学学报(社会科学版)，2018，(06)：18-19.

学校制度改革创新，探索新的民办教育发展路径，“公私混合所有制”办学即是近年来出现的一种尝试，还需鼓励与探索。①

①李虔.民办高校组织属性变更的争议与反思——基于美国私立高校的个案研究[J].高等教育研究,2019,40(07):75-81.潘懋元.中国民办高教的优势、困境与新思路[J].华南师范大学学报(社会科学版),2018(06):18-19.别敦荣,石猛.民办高校实施分类管理政策面临的困境及其完善策略[J].高等教育研究,2020,41(03):68-76.

第十章

特殊教育　融合发展

一、特殊教育与融合教育

特殊教育是我国教育事业必不可少的组成部分。特殊教育是指使用特别设计的课程、教材、教法等，对有特殊需要的人群提供教育，以达到一般和特殊的培养目标。所谓特殊儿童，是指与正常儿童在某些方面有显著差异的各类儿童，这些差异可以表现在智力、感官、情绪、肢体、行为、言语等方面，既包括发展水平低于正常发展的儿童，也包括发展水平高于正常发展的儿童。《美国特殊教育百科全书》将特殊儿童分为天才、智力落后、身体和感官有缺陷（视觉障碍、听觉障碍）、肢体残疾及其他健康损害、言语障碍、行为异常、学习障碍等类型。①

特殊教育对于特殊儿童的发展和特殊儿童家庭的发展都有着巨大的意义。对于特殊儿童提供适宜的教育和训练，可以帮助其达到最佳康复水平，减少不良后果，以适应社会，发展个性，成为社会平等的成员。相比于一般儿童，特殊儿童家庭在养育和教育上要付出更多的心力，承担更大的经济压力，健全的特殊教育有助于减轻这一压力，帮助特殊儿童家庭成员获得发展。

特殊群体享有与其他公民一样的平等权利，应该共同参与社会生活。这一理念表现在特殊教育上，是特殊教育从隔离向融合教育的转变。长期以来，特殊教育一般是单独开展的。而近年来兴起的融合教育理念则提倡将特殊儿童尽可能地融入普通教育中。1994 年，联合国教科文组织在西班牙召开的“世界特殊需要教育大会”上发表了《萨拉曼卡宣言》，确立了融合教育的基本理念，并使之成为全球特殊教育发展的趋势。以美国为例，1990 年美国《美国残疾人法案》规定为残疾人就业提供公共支持，使他们顺利回归主流社会生活。1997 年美国《残疾人教育法修正》进一步从注重帮助特殊学生从隔离环境转入正常学校，拓展到为他们进入社会生活提供系统的教育与支持。②

融合教育不仅仅是为了特殊群体的发展，也是对整个教育系统的优化。

---

①朴永馨．特殊教育辞典[M]．北京：华夏出版社，2006.

②邓猛，颜廷睿．西方特殊教育研究进展述评[J]．教育研究，2016，37(01)：77-84.

“融合教育并不是说要让进来的残疾儿童‘变’得跟其他学生一样，好让我们的教育系统对他们‘一视同仁’。恰恰相反，融合教育的价值在于尊重每一个学生的‘差异性’。学生并非千人一面的‘标准化产品’，而是棱角各异的‘有趣灵魂’。‘融合’的意义是让每一个‘不同的人’感受到平等：每一个学生都是学校‘平等’而‘不同’的一员，所有学生都因为各自的‘独特’和‘不同’而平等共存。简言之，‘融合’不是要让大家都变得‘一样’，而是要尊重大家的‘不一样’，并在尊重的基础上为所有人的发展提供支持。融合教育就是在尊重学生差异化的前提下，为每个学生提供优质的、合适的教育。’”① 在我国全面建设高质量的教育体系进程中，注重每个学生的个性和个人发展，融合教育必不可少。

二、全面建成小康社会，残疾人一个也不能少

2016 年 7 月 28 日，习近平总书记到河北省唐山市考察，在访问唐山市截瘫疗养院时，他说，不忘初心，继续前进，我们要把中国共产党历史的接力不断走下去，为中国人民幸福追求而努力。中国有几千万残疾人，2020 年全面建成小康社会，残疾人一个也不能少。为残疾人事业做更多事情，也是全面建成小康社会的一个重要方面。我们一定要把全面建成小康社会这个历史性任务完成好，这是当代共产党人的历史使命。

中国有 8 500 万残疾人。2006 年第二次全国残疾人抽样调查显示，全国有残疾人的家庭户共 7 050 万户，占全国家庭户总户数的 17.80%。残疾儿童受教育状况，6～14 岁学龄残疾儿童为 246 万人，占全部残疾人口的 2.96%。其中视力残疾儿童 13 万人，听力残疾儿童 11 万人，言语残疾儿童 17 万人，肢体残疾儿童 48 万人，智力残疾儿童 76 万人，精神残疾儿童 6 万人，多重残疾儿童 75 万人。在学龄残疾儿童中，63.19%正在普通教育学校或特殊教育学校接受义务教育，各类别残疾儿童的相应比例为视力残疾儿童 79.07%，听力残疾儿童 85.05%，言语残疾儿童 76.92%，肢体残疾儿童 80.36%，智

①邓猛，赵勇帅.从“随班就读”走向“中国味”的融合教育[J].教育家，2021(06)：20-21.

力残疾儿童64.86%，精神残疾儿童69.42%，多重残疾儿童40.99%。

新中国成立以来，党和政府一直关心特殊群体，尊重和保障残疾人的人权和人格尊严，使他们能以平等的地位和均等的机会充分参与社会生活，将特殊群体共享物质文明和精神文明成果视为国家义不容辞的责任，也视为中国特色社会主义制度的必然要求。为此，我国一直高度重视特殊教育，推动特殊群体成为经济社会发展的参与者、贡献者和享有者。

我国不断建立健全残疾人权益保障机制，走出了一条具有中国特色的残疾人事业发展道路。其中，残疾人教育事业取得了巨大的成就。残疾人享有平等受教育权，残疾人教育体系日趋完备。特殊教育公共支出持续增长。2019年，国务院发表《平等、参与、共享：新中国残疾人权益保障70年》白皮书，据介绍，2019年全国共有特殊教育学校2 192所，比上年增加40所，增长1.86%；特殊教育学校共有专任教师6.24万人，比上年增加0.37万人，增长6.31%。招收各种形式（含特殊教育学校、附设特教班、随班就读和送教上门学生）的特殊教育学生14.42万人，比上年增加2.07万人，增长16.76%；在校生79.46万人，比上年增加12.87万人，增长19.32%。其中，附设特教班在校生3 845人，占特殊教育在校生0.48%；随班就读在校生39.05万人，占特殊教育在校生49.15%；送教上门（含特殊教育学校、普通小学、初中送教上门学生）在校生17.08万人，占特殊教育在校生21.50%。

我国特殊教育事业的发展与小康社会的建设进程紧密相关。改革开放后，在建设总体小康社会时期，我国逐步形成了特殊教育体系，形成特殊教育法律保障体系，以残疾儿童义务教育为发展重点。进入21世纪后，在全面建设小康社会时期，我国特殊教育的覆盖范围扩大，并逐步实施特殊儿童教育免费。进入全面建成小康社会时期后，我国特殊教育向融合教育转变，进一步提升了教育质量。

三、形成并完善特殊教育体系

改革开放后，我国特殊教育事业进入新时期，逐步形成特殊教育体系。

21 世纪前十年中，这一体系逐步完善，我国特殊教育的覆盖范围、公共性和教育质量都明显上升。

（一）形成特殊教育法律政策体系

从 20 世纪 80 年代起，我国陆续制定了基本的法律政策体系保障特殊教育的发展。1982 年，《中华人民共和国宪法》规定“国家和社会帮助安排盲、聋、哑和其他有残疾的公民的劳动、生活和教育”。这是残疾人教育第一次出现在国家根本大法中。1986 年，《中华人民共和国义务教育法》规定“县级以上地方人民政府根据需要设置相应的实施特殊教育的学校（班），对视力残疾、听力语言残疾和智力残疾的适龄儿童、少年实施义务教育。特殊教育学校（班）应当具备适应残疾儿童、少年学习、康复、生活特点的场所和设施。普通学校应当接收具有接受普通教育能力的残疾适龄儿童、少年随班就读，并为其学习、康复提供帮助”。对拒绝接收具有接受普通教育能力的残疾适龄儿童、少年随班就读的由县级人民政府教育行政部门视情况责令限期改正或依法给予处分。

1988 年后，特殊儿童教育政策进入一个新的时代。1988 年，中国残疾人联合会成立，特殊儿童教育体系具有了独立的职能部门、管理制度和组织形式。全国第一次特殊教育工作会议召开。1994 年，教育部专门设立了特殊教育办公室，这些都显示了党和国家对特殊教育事业的高度重视，极大地促进了特殊教育事业的发展。

（二）建设多种形式办学的特殊教育体系

改革开放前，我国特殊教育的办学形式单一，主要是国家办的聋校、盲校。1988 年，我国提出“坚持多种形式办学，逐步形成以一定数量的特殊教育为骨干，以大量的特教班和随班就读为主体，进行残疾儿童、少年教育的新格局”。经过多年的努力，我国特殊教育已逐渐形成多元的办学生态。1986 年至 1992 年，八至九成的残疾儿童在特殊学校就读；1993 年至 2001 年，五至七成的残疾儿童在普通学校就读，随班就读成为主体，特殊教育学校作为骨干；2002 年至 2011 年，这一模式基本稳定，六成左右的残疾儿童在普通学校就读，随班就读为主体，特殊教育学校为骨干。同时，这一时期综合性特殊教育增加，特殊教育类别增加。①

随班就读是我国特殊教育办学形式中的重要组成部分。1987 年，我国开始在全国进行随班就读实验。1994 年，原国家教委召开了全国残疾儿童、少年随班就读工作会议。同年，原国家教委颁布《关于开展残疾儿童少年随班就读工作的试行办法》，标志着我国初步建成随班就读政策体系。该办法指出："开展残疾儿童、少年随班就读工作，是发展和普及我国残疾儿童少年义务教育的一个主要办学形式，是建立适合我国国情的残疾儿童、少年义务教育新格局的需要。"残疾儿童、少年随班就读的对象，主要是指视力（包括盲和低视力）、听力语言（包括聋和重听）、智力（轻度，有条件的学校可以包括中度）等类别的残疾儿童、少年。随班就读政策的出台促使残疾儿童在校生人数迅速增加。②

20 世纪 80 年代末所提出的残疾儿童随班就读政策是受制于教育条件的做法，是为了在有限的教育资源下提高特殊儿童的义务教育入学率。1987 年，原国家教委在《全日制弱智学校（班）教学计划（征求意见稿）》中提出"大多数轻度智力落后儿童在普通学校随班就读"。1988 年，第一次全国特殊教育工作会议上提出了将在普通学校招收特殊教育学生进行随班就读作为一项政策。这一政策的提出是由于当时我国特殊教育资源无法满足特殊教育普及发展的需要。1987 年，"全国残疾人抽样调查"数据表明，全国有 800 多万学龄残疾儿童，而当时的特殊教育学校完全无法容纳，也无力新增学校。所以普通教育机构必须招收特殊儿童随班就读。③ 这一政策确实发挥了作用，残疾学龄儿童入学率在 1991 年至 1995 年间达到 62.45%。④

除完善随班就读政策外，我国也在不断加强特殊教育学校建设，保障特殊教育资源供给。2009 年，国务院办公厅转发教育部等部门《关于进一步加快特殊教育事业发展的意见》，该意见指出要"加强特殊教育学校建设"，"国家支持中西部地区特殊教育学校建设，在人口 30 万以上或残疾儿童、少年相对较多，尚无特殊教育学校的县，独立建设一所特殊教育学校；不足 30 万人口的县，在地市范围内，统筹建设一所或几所特殊教育学校"。

---

①②④赵小红. 近 25 年中国残疾儿童教育安置形式变迁——兼论随班就读政策的发展[J]. 中国特殊教育，2013(03).

③肖非. 中国的随班就读：历史·现状·展望[J]. 中国特殊教育，2005(03)：3-4.

（三）不断扩大特殊教育服务人群

改革开放后，我国特殊教育服务人群不断扩大。1978 年前，我国特殊教育主要针对视觉障碍和听觉障碍儿童，主要是由国家举办盲、聋哑学校。1978 年后，国家将智力落后的儿童纳入特殊教育范围，1979 年开始建立智力落后儿童辅读班，20 世纪 80 年代开始建立培智学校。从此国家为视力残疾、听力残疾和智力残疾儿童设立了特殊教育学校。

进入 21 世纪后，特殊教育服务群体进一步扩大，从传统三类残疾儿童教育向有特殊需要的儿童教育转变。① 国家陆续颁布政策，提出要扩展特殊教育服务对象，在保障聋、哑、盲等轻度残疾儿童接受义务教育的同时开始将重度身体和智力残疾、脑瘫、孤独症等残疾儿童纳入义务教育服务体系。2008 年，中共中央、国务院颁发《关于促进残疾人事业发展的意见》，明确逐步解决重度肢体残疾、重度智力残疾、失明、失聪、脑瘫、孤独症等残疾儿童、少年的教育问题。2009 年发布的《关于进一步加快特殊教育事业发展的意见》中指出，积极创造条件，以多种形式对重度肢体残疾、重度智力残疾、孤独症、脑瘫和多重残疾儿童、少年等实施义务教育，保障儿童福利机构适龄残疾儿童、少年接受义务教育。

（四）加强残疾儿童义务教育普及工作

改革开放后到 20 世纪末，在普及九年义务教育的背景下，我国特殊教育的主要发展任务是提高残疾儿童义务教育普及率。残疾儿童教育是普及初等教育最薄弱的环节，到 20 世纪 80 年代末，全国盲、聋学龄儿童入学率还不足 6%。1988 年，国务院批转原国家计委等部门《中国残疾人事业五年工作纲要（1988—1992 年）》，提出“今后五年，要采取多种措施，使盲童、聋童的入学率从现在的不足 6%，分别提高到 10%和 15%，弱智儿童入学率要有大幅度提高；发达地区的残疾儿童入学率应有更大的提高”。并提出“到 2000 年，力争全国多数盲、聋和弱智学龄儿童能够入学”的目标。1989 年，国务院转发原国家教委等部门《关于发展特殊教育的若干意见》，提出“发展特殊教育要贯彻普及与提高相结合，以普及为重点的原则”。该意见还提出，“当前和今后一个时期，发展特殊教育事业的基本方针是着重抓好初等教育和职

---

①彭霞光. 中国特殊教育发展面临的六大转变[J]. 中国特殊教育，2010(09)：3-8.

业技术教育，积极开展学前教育，逐步发展中等和高等教育”。“把残疾少年儿童教育切实纳入普及义务教育的工作轨道”。

1990年，《中华人民共和国残疾人保障法》颁布，将特殊教育独立成章，明确特殊教育是残疾人的基本权益，并提出实行普及与提高相结合的发展战略。1994年，国务院发布《残疾人教育条例》，明确“发展残疾人教育事业，实行普及与提高相结合、以普及为重点的方针，着重发展义务教育和职业教育，积极开展学前教育，逐步发展高级中等以上教育”。2001年召开的特殊教育工作会议、同年出台的《关于“十五”期间进一步推进特殊教育改革和发展的意见》《中国残疾人事业“十五”计划纲要》等都将提高残疾儿童的义务教育入学率作为重要目标。在政府的大力推动下，特殊教育获得了长足的发展。

同时，我国大力加强了对特殊教育的财政保障。2006年颁布了《少数民族教育和特殊教育中央补助专项资金管理办法》，中央设立专项资金补充中西部地区特殊儿童教育经费。2009年《关于进一步加快特殊教育事业发展的意见》提出：“全面实施残疾学生免费义务教育。对义务教育阶段残疾学生在‘两免一补’基础上，针对残疾学生的特殊需要，进一步提高补助水平。”

四、全面推进融合教育

2010年起，伴随着全面建成小康社会的有力进程，我国特殊教育事业迈入新的历史阶段。

2010年，《国家中长期教育改革和发展规划纲要（2010—2020年）》首次将特殊教育单列为一章，作为八大教育改革任务之一。近年来特殊教育事业进一步加强残疾人享有平等接受教育的权利，以提高质量为重点，全面推进融合教育。通过修订《残疾人教育条例》，将残疾人教育纳入《国家中长期教育改革和发展规划纲要（2010—2020年）》《中国教育现代化2035》和《“十三五”推进基本公共服务均等化规划》，制定实施两期“特殊教育提升计划”等，我国特殊教育事业再上新台阶。

（一）保障残疾人享有平等接受教育的权利

2017 年，国务院公布了修订后的《残疾人教育条例》。新修订的《残疾人教育条例》强调保障教育机会平等，积极推进融合教育，加强对残疾人教育的支持力度。

2011 年，盲人姑娘董丽娜两次报名参加北京高等教育自学考试均遭拒绝一事，曾引发社会的广泛关注。如何保障我国 8 500 万残疾人平等接受教育的机会？修订后的《残疾人教育条例》规定，“学前教育机构、各级各类学校及其他教育机构应当依照本条例以及国家有关法律、法规的规定，实施残疾人教育；对符合法律、法规规定条件的残疾人申请入学，不得拒绝招收”。“残疾人参加国家教育考试，需要提供必要支持条件和合理便利的，可以提出申请。教育考试机构、学校应当按照国家有关规定予以提供”。

融合教育是本次条例修订的一大重点。该条例指出，“融合教育是指将对残疾学生的教育最大程度地融入普通教育”。“残疾人教育应当提高教育质量，积极推进融合教育，根据残疾人的残疾类别和接受能力，采取普通教育方式或者特殊教育方式，优先采取普通教育方式”。“适龄残疾儿童、少年能够适应普通学校学习生活、接受普通教育的，依照《中华人民共和国义务教育法》的规定就近到普通学校入学接受义务教育”。“在特殊教育学校学习的残疾儿童、少年，经教育、康复训练，能够接受普通教育的，学校可以建议残疾儿童、少年的父母或者其他监护人将其转入或者升入普通学校接受义务教育”。

本次修订还加强了对特殊教育的政策支持保障。修订后的条例进一步加强了各级政府和有关部门的职责。修改后的条例加强了三方面的支持力度，一是保障经费投入。残疾人教育所需经费纳入本级政府预算，残疾人就业保障金可以按规定用于特殊教育学校开展职业教育。二是加强特殊教育学校建设。政府按照国家有关规定为特殊教育学校配备必要的残疾人教育教学、康复评估和康复训练等仪器设备。三是减免费用。学校按照国家有关规定对经济困难的残疾学生减免学费和其他费用，并优先给予补助。

（二）建设更融合、更完整的特殊教育体系

从 2014 年起，我国实施了两期“特殊教育提升计划”，建立了更融合、更完整的特殊教育体系。2014 年，国务院办公厅转发教育部等部门《特殊教育提升计划（2014—2016 年）》，指出“必须加快推进特殊教育发展，提升特

殊教育水平，进一步保障残疾人受教育权利，帮助残疾人全面发展和更好融入社会，使广大残疾人共享改革发展成果，在全面建成小康社会、实现‘两个百年’目标和中国梦的进程中实现人生幸福”，并提出总体目标，即“全面推进全纳教育，使每一个残疾孩子都能接受合适的教育。经过三年努力，初步建立布局合理、学段衔接、普职融通、医教结合的特殊教育体系，办学条件和教育质量进一步提升”。2017 年，教育部等部门推出《第二期特殊教育提升计划（2017—2020 年）》，进一步要求提升教育质量。这是增进残疾人家庭福祉、加快残疾人小康进程的重要举措。总目标是“到 2020 年，各级各类特殊教育普及水平全面提高，残疾儿童、少年义务教育入学率达到 95%以上，非义务教育阶段特殊教育规模显著扩大。特殊教育学校、普通学校随班就读和送教上门的运行保障能力全面增强。教育质量全面提升，建立一支数量充足、结构合理、素质优良、富有爱心的特殊教育教师队伍，特殊教育学校国家课程教材体系基本建成，普通学校随班就读质量整体提高”。

经过两期计划，我国大大加强了融合教育水平，进一步完善了特殊教育体系。《第二期特殊教育提升计划（2017—2020 年）》提出“以普通学校随班就读为主体、以特殊教育学校为骨干、以送教上门和远程教育为补充，全面推进融合教育。普通学校和特殊教育学校责任共担、资源共享、相互支撑”。

1. 融合教育重新塑造随班就读

随班就读是在我国特殊教育资源还不够充足的情况下，快速经济地使得残疾儿童“有学上、有书读”的措施。随着融合教育理念的深入，随班就读被赋予了新的生命。①“随班就读”从提高残疾儿童入学率向高质量融合教育发展。

《国家中长期教育改革和发展规划纲要（2010—2020 年）》提出“关心和支持特殊教育，完善特殊教育体系，健全特殊教育保障机制”的目标。党的十八大、十九大分别提出“支持特殊教育”“办好特殊教育”。2017 年修订的《残疾人教育条例》指出“积极推进融合教育，根据残疾人的残疾类别和接受

①邓猛，和景时．从随班就读到同班就读：关于全纳教育本土化理论的思考[J]．中国特殊教育，2013(08)：3-9．彭兴蓬．融合与全纳：新时代背景下随班就读功能转化与生成[J]．中国教育学刊，2021(02)：81-87．

能力，采取普通教育方式或者特殊教育方式，优先采取普通教育方式”。《中国教育现代化2035》《第二期特殊教育提升计划（2017—2020年）》等文件均提出全面推进融合教育。

近年来，各地通过不断完善随班就读支持保障体系，加强普通学校特殊教育资源教室建设，配备专兼职教师等，促使在普通学校就读的残疾学生规模不断扩大。近十年来，残疾学生在普通学校就读的比例均超过50%。在普通学校就读的残疾学生数从2013年的19.1万人增加到2018年的33.2万人。

2.“零拒绝”送教上门

送教上门是向无法进入特殊学校和无法在普通学校随班就读的特殊学生提供上门教育服务。送教上门是特殊教育“零拒绝”理念的体现。“零拒绝”是教育公平在特殊教育中的反映：“我们没有任何权力、任何借口，拒绝有身心障碍，哪怕是重度残疾儿童接受教育。”① 对于这部分学生应送教上门。

送教上门是对我国特殊教育体系的完善。1990年，《中华人民共和国残疾人保障法》规定：“普通教育机构对具有接受普通教育能力的残疾人实施教育。普通小学、初级中等学校，必须招收能适应其学习生活的残疾儿童、少年入学。”无论是特殊教育学校，还是随班就读，都设置了一定的入学条件，将一部分儿童尤其是重度残疾儿童排除在外。

2017年修订的《残疾人教育条例》第十七条对于不同残疾程度的适龄儿童就学方式作出规定：“适龄残疾儿童、少年能够适应普通学校学习生活、接受普通教育的，依照《中华人民共和国义务教育法》的规定就近到普通学校入学接受义务教育。适龄残疾儿童、少年能够接受普通教育，但是学习生活需要特别支持的，根据身体状况就近到县级人民政府教育行政部门在一定区域内指定的具备相应资源、条件的普通学校入学接受义务教育。适龄残疾儿童、少年不能接受普通教育的，由县级人民政府教育行政部门统筹安排进入特殊教育学校接受义务教育。适龄残疾儿童、少年需要专人护理，不能到学校就读的，由县级人民政府教育行政部门统筹安排，通过提供送教上门或者远程教育等方式实施义务教育，并纳入学籍管理。”第二十六条规定：“县级以上地方人民政府教育行政部门应当统筹安排支持特殊教育学校建立特殊教

---

①方俊明.送教上门支持保障体系的构建与完善[J].现代特殊教育,2017(07):28-29.

育资源中心，在一定区域内提供特殊教育指导和支持服务。”特殊教育资源中心可以受教育行政部门的委托承担的工作包括“派出教师和相关专业服务人员支持随班就读，为接受送教上门和远程教育的残疾儿童、少年提供辅导和支持”。

2014 年，《特殊教育提升计划（2014—2016 年）》提出扩大残疾儿童、少年义务教育规模，为此采取的措施包括“组织开展送教上门。县（市、区）教育行政部门要统筹安排特殊教育学校和普通学校教育资源，为确实不能到校就读的重度残疾儿童、少年提供送教上门或远程教育等服务，并将其纳入学籍管理”。送教上门的义务教育阶段生均公用经费与特殊教育学校学生一样。

2017 年，《第二期特殊教育提升计划（2017—2020 年）》进一步强调送教上门，将送教上门作为特殊教育体系的重要组成部分，提出“以普通学校随班就读为主体、以特殊教育学校为骨干、以送教上门和远程教育为补充，全面推进融合教育”。通过特殊教育学校就读、普通学校就读、儿童福利机构（含未成年人救助保护机构）特殊教育班就读、送教上门等多种方式，落实“一人一案”，做好教育安置。将儿童福利机构特殊教育班就读和接受送教上门服务的残疾学生纳入中小学生学籍管理。对不能到校就读、需要专人护理的适龄残疾儿童、少年，采取送教进社区、进儿童福利机构、进家庭的方式实施教育。以区县为单位完善送教上门制度，为残疾学生提供规范、有效的送教服务。

通过扩充特殊教育学校招生能力、扩大普通学校残疾学生随班就读规模及送教上门等多种方式，近年来我国残疾儿童、少年义务教育普及水平显著提高。特殊教育在校生数量逐年大幅度上升，视力、听力、智力等各种类别的残疾儿童、少年受教育机会明显增加。2018 年，我国残疾儿童、少年在校生 66.6 万人，比 2013 年增加 29.8 万人，增长 81％。

3. 加快非义务教育阶段特殊教育发展

近年来，为满足特殊群体的教育需求，我国逐步推进残疾人非义务教育稳步发展，在学前教育、职业教育、高等教育等阶段大力扩充特殊教育资源。

在学前教育阶段，除普通幼儿园积极招收残疾儿童外，还鼓励特殊教育学校增设学前班或附属幼儿园，并将家庭经济困难的残疾儿童接受学前教育纳入幼儿资助范围。2016 年，3 万多名在园残疾幼儿获得专门资助。2012 至 2018 年，残疾人事业彩票公益金助学项目共投入约 3.1 亿元，为 10.5 万人次家庭经济困难的残疾儿童提供学前教育资助。

在高中教育阶段，我国积极举办残疾人高中部（班），扩大残疾人接受高中教育的机会。

在职业教育方面，2018 年教育部等四部门联合发布了《关于加快发展残疾人职业教育的若干意见》，加快发展残疾人职业教育。2018 年，全国共有残疾人中等职业学校（班）133 个，在校生 19 475 人。

在高等教育方面，努力畅通残疾人接受高等教育的渠道。2015 年，中国残联和教育部实施了高考便利措施，为更多的残疾青年上大学提供方便，如残疾考生可以使用大字版或者盲文试卷，可以携带自制的桌椅参加考试，用脚写字的考生可以申请延长考试时间等。通过这一措施，许多残疾学生考入大学。有一位没有双臂的学生通过高考便利措施，考了 603 分，被四川大学录取。2017 年，教育部和中国残联制定《残疾人参加普通高等学校招生全国统一考试管理规定》，为残疾人参加高考提供合理便利和必要支持。2012 至 2018 年，全国共有 6.22 万名残疾考生进入普通高等院校学习。在普通高校招生录取工作中，教育部要求坚决维护残疾考生权利，对肢体残疾、生活能够自理、能完成所报专业学习且高考成绩达到要求的考生，高校不能因其残疾而不予录取。同时，教育部批准同意 22 所高校面向残障考生实行单独考试、单列计划、单独录取，鼓励高校开设特殊教育专业。截至 2018 年，全国已有 61 所普通本科高校开设特殊教育专业，在校生 1 万余人，全国高职院校已开设特殊教育专业点 37 个。

经过扩充，我国已逐步形成了包含各个教育阶段的完整的特殊教育体系。

（三）全面提高特殊教育质量

近年来，在特殊教育体系日趋完备的同时，通过加强财政投入、提高特殊教育办学条件、加强专业化特殊教育队伍建设、制定特殊教育课程标准等，我国特殊教育质量也在日渐提高。

2016 年，教育部颁布了特殊教育学校义务教育课程标准，通过课程这一抓手，全面提升义务教育质量。《盲校义务教育课程标准（2016 年版）》《聋校义务教育课程标准（2016 年版）》和《培智学校义务教育课程标准（2016 年版)》是我国第一次专门为残疾学生制定的一整套系统的学习标准，是对我国多年来特殊教育发展和教育教学改革经验的集中总结，是当前及今后一个时期我国特殊教育教学改革的顶层设计。特殊教育阶段义务教育课程标准的颁布实施是提升特殊教育质量的一大步。

特殊教育的公共支出也在持续增长。2008 至 2015 年，国家财政投入 71.42 亿元，实施两期特殊教育学校建设项目，新建、改扩建中西部地区 1 182所特殊教育学校，支持 61 所残疾人高等院校、中等职业学校和特殊师范院校改善办学条件。自 2014 年开始，中央特殊教育专项补助经费提高到每年 4.1 亿元，支持范围由中西部地区扩大到除京津沪以外的所有省份。全国义务教育阶段在普通学校和特殊教育学校就读的残疾学生年生均公用经费标准提高到 6 000 元。部分地区将普通学校随班就读教师、送教上门教师纳入享受特殊教育津贴范围。我国还建立了从幼儿园到高等院校的残疾儿童和残疾学生资助体系。自 2016 年秋季学期起，免除普通高中家庭经济困难残疾学生学杂费，从而实现家庭经济困难残疾学生从小学到高中阶段的 12 年免费教育。2015 年颁布了《特殊教育教师专业标准（试行）》，遴选确定华东师范大学等 5 所院校实施卓越特殊教育教师培养改革项目，在“国培计划”中专设特殊教育学校校长和骨干教师培养项目。截至 2018 年，培训特殊教育学校骨干教师 10 298 名、校长 726 名。

经过多年的努力，我国特殊教育事业已形成一个完备的教育体系。一方面，以教育部门为办学主体，民政、残联和社会力量辅助，涵盖学前教育、初等教育、中等教育和高等教育；另一方面，以普通学校随班就读为主体，以特殊教育学校为骨干，以送教上门和远程教育为补充，统筹推进，普特结合。

五、继续推进融合教育，尽快推行 15 年免费特殊教育

随着全面建成小康社会伟大目标的达成，我国特殊教育事业取得了令人瞩目的成就。在下一征程中，我国特殊教育应继续全面推进融合教育，提高

特殊教育质量，并尽快在全国范围推行特殊教育 15 年免费，为特殊群体提供更有质量的公共教育服务。

继续推进融合教育是我国特殊教育进一步发展的重点。2019 年《中国教育现代化 2035》指出实现基本公共教育服务均等化是面向 2035 年实现教育现代化的十大战略目标之一。办好特殊教育是实现这一目标的重要方面，包括“推进适龄残疾少年儿童教育全覆盖，全面推进融合教育，促进医教结合”。融合教育是世界特殊教育的趋势，也是我国特殊教育发展的方向。我国融合教育正处于“从规模效应走向质量提升的过渡阶段”①，尽管融合教育已取得了相当的成绩，但仍然面临着巨大挑战，如融合教育的支持体系不完善，社会文化接受度不高，专业人才缺乏等。未来我们应进一步完善融合教育的政策支持体系，提倡包容友好的社会氛围，加强融合教育专业师资的培养等，全面推进融合教育深入发展。

同时，我国应尽快在全国推行 15 年免费特殊教育。将全面实施特殊学生 15 年免费教育纳入社会公共服务，尽快在全国范围推进，对于发展特殊教育事业具有重要意义。党的十八大以来，特殊教育获得了极大的完善与发展，但仍存在一些问题，如非义务教育阶段发展相对滞后，仍然存在特殊儿童、少年因家庭经济负担不愿或不能接受教育的现象。对此应加强财政保障，扩大免费范围。国家教育“十三五”规划中提出了“为家庭经济困难的残疾儿童和残疾青少年提供包括义务教育、高中阶段教育在内的 12 年免费教育”。2021 年这一要求已被纳入我国《国家基本公共服务标准》。在 12 年免费教育的基础上，目前我国已有多省实施残疾学生从学前到高中的 15 年免费教育，其中既有发达省份也有不发达省份。从财政数据来看，我国全面实施残疾学生 15 年免费教育是可行的。我国应尽快推动这一政策在全国范围内实行，保障特殊群体享有教育基本公共服务，为残疾学生享有平等而精彩的人生奠定基础。

---

①邓猛，赵泓. 新时期我国融合教育现状和发展趋势[J]. 残疾人研究，2019(01)：12-18.

第十章

终身学习　构建体系

一、终身教育、终身学习与学习型社会

终身教育是20世纪60年代中期国际上新出现的一种教育思潮，它认为教育应当贯穿每个人一生的全过程，并涉及整个社会。1965年，保罗·朗格朗在《终身教育引论》中将终身教育定义为“完全意义上的教育，它包括了教育的各个方面、各项内容，从一个人出生的那一刻起，一直到生命终结时为止的不间断的发展”，人的发展持续一生，教育应该“在人类存在的所有部门进行”，“学校教育、社会教育等由原来的各种不同的教育活动的状况、形式所形成的相互隔绝的墙壁必须加以清除”。① 这一定义指出了终身教育的两个特点，其一是贯穿一生的持续性，其二是突破学校范围普遍存在于全社会。联合国教科文组织在《教育——财富蕴藏其中》报告中也指出，所谓终身教育就是“与生命有共同外延并已扩展到社会各个方面的一种连续教育”。② 从纵向而言，终身教育贯穿人的一生；从横向而言，终身教育涉及家庭、组织、学校、社区、社会各个方面。

从20世纪90年代开始，随着教育的概念从传授知识到引发学习，出现了“终身学习”的理念。终身教育与终身学习在促进人的全面发展上是一致的，但是终身学习更侧重从个体的角度，强调学习者在学习中的主体地位；终身教育则侧重从社会的角度，强调社会的教育制度（教育服务的提供者）应当为所有人终身参与教育提供条件和可能性。正如郝克明所言：“如果说，终身学习是社会成员从个人角度对社会变革作出的应答，终身学习的实现在很大程度上取决于个人对学习的兴趣、态度、习惯和能力，那么终身教育就是国家从社会角度对社会变革作出的应对，是为实现社会成员终身学习的要求，从制度、环境和组织等方面提供保证。”③

终身教育与终身学习是时代和社会发展的需要，是每个公民生存和发展不可缺少的重要权利。顾明远指出了终身教育的时代性——“终身教育是为

①保尔·朗格朗.终身教育引论[M].北京:中国对外翻译出版公司,1985.

②国际21世纪教育委员会.教育——财富蕴藏其中[M].北京:教育科学出版社,1996:89-90.

③郝克明.让学习伴随终身[M].北京:高等教育出版社,2017.

了适应科学技术的不断进步和生产的不断变革而提出来的”，是“一种知识更新、知识创新的教育”。①

实现终身教育和终身学习，意味着必须建立一种学习型社会。终身教育和终身学习贯穿人的一生，这同时意味着教育和学习必须突破学校的范围，成为整个社会的事业。联合国教科文组织在《学会生存——教育世界的今天和明天》报告中提出，学习型社会“不仅必须发展、丰富、增加中小学和大学，而且我们还必须超越学校教育的范围，把教育的功能扩充到整个社会的各个方面……我们越来越不能说，社会的教育功能是学校的特权。所有的部门——政府机关、工业交通、运输——都必须参与教育工作”。② 学习型社会是以终身学习和终身教育体系为核心和基石，由各级各类学习型组织构成的网络系统。这个网络系统包括学习的个人、学习型家庭、学习型企业、学习型社区、学习型政府和学校等。在学习型社会，人人都能进行终身学习。

二、终身学习与小康社会

终身教育是全面建设小康社会的重要目标之一。21 世纪初，我国已经完成了总体小康的目标，“人民生活总体上达到小康水平”，但总体小康“还是低水平的、不全面的、发展很不平衡的小康”。为此，党的十六大提出了全面建设小康社会的奋斗目标，对经济建设、民主法制建设、可持续发展能力等方面都提出了更高的要求，同时要求全面提高国民素质，指出全面建设小康社会的重要目标之一是“形成全民学习、终身学习的学习型社会，促进人的全面发展”，要求“发展继续教育，构建终身教育体系”。

终身教育是全面建设小康社会的必然要求。一方面，终身教育能够为全面建设小康社会提供人力资源保障，是全面建设小康社会的基础和必然要求。党的十六大提出，全面建设小康社会的目标之一是在优化结构和提高效益的基础上，国内生产总值到 2020 年力争比 2000 年翻两番，综合国力和国际竞

①顾明远.终身教育——20 世纪最重要的教育思潮[J].职业技术教育,2002,(03).

②联合国教科文组织国际教育发展委员会.学会生存——教育世界的今天和明天[M].北京：教育科学出版社,1996.

争力明显增强。这一目标的实现需要强有力的人才支持和智力资源。传统的学校教育已经无法满足这一人才需要。知识经济的兴起和社会的发展要求人们不断学习，以掌握不断更新的知识和技能。另一方面，终身教育是现代社会公民的一项权利，提高全民族的科学文化素质和人民受教育水平是全面建设小康社会的重要目标和标志。①

改革开放 40 多年来，我国终身教育取得了巨大成就，践行了联合国教科文组织关于终身教育、终身学习应保障公民学习权、提高公民素养，实现人性健全、人格完善的价值取向和目标基础。

我国终身学习体系的建设历程伴随小康社会的建设而完善。我国终身学习体系的形成大致经历了三个阶段。从 1978 年到 1992 年是终身学习体系的孕育阶段，主要以成人教育发展为特点。这一时期中终身教育理念传入我国，终身教育实践主要表现为成人教育、广播电视大学等，终身教育逐渐写入政策并法律化。从 1993 年到 2009 年，是我国终身学习体系的初创阶段。社区教育、校外培训等继续教育活动得到加强，对老年教育的重视程度有所提升。2010 年后，我国终身学习体系进入了全面发展阶段。终身教育开始由教育政策上升为国家发展战略，地方性法规相继出台，全国立法亦在积极酝酿之中。②

三、从成人教育到终身教育

改革开放后，我国开始逐步发展终身教育，终身教育经历了从孕育到初创的过程，在这一过程中，终身学习的理念逐步彰显、深入社会，并形成了基本的终身教育形式和相应的教育政策体系。

（一） 提供学历补偿的成人教育

成人教育是我国终身教育最先发展的类型。成人教育是指对已经走上工

①孟繁华，周洪宇，石中英，等. 全面建设小康社会与教育改革[J]. 教育研究，2003(03)：3-13；吴霓. 构建发达的终身教育体系，全面建设小康社会的教育[J]. 清华大学教育研究，2003(04)：51-55.

②韩民. 我国终身学习体系形成发展的回顾与前瞻[J]. 终身教育研究，2019，30(01)：11-18.

作岗位的从业人员进行的教育活动。“终身教育的目标之一是让失去学校教育机会的人能够重新得到受教育的机会”，所以成人教育是最先发展的终身教育事业。实际上，也是成人教育理念催生了终身教育理念。

我国成人教育的产生是伴随“文化大革命”的结束和“改革开放”的需要而发展起来的。“文化大革命”中因学校“关门”，大量青年没有接受足够的学校教育，成为文盲或半文盲，“文化大革命”结束后，这部分青年因年龄限制被挡在校门之外。改革开放后，我国高度重视对这一部分成人的教育。

1986 年，原国家教委在山东召开全国成人教育工作会议，首次将成人教育、基础教育、高等教育和职业技术教育并列为我国国民教育体系的重要组成部分。1987 年，国务院批转原国家教委《关于改革和发展成人教育的决定》指出“成人教育是当代社会经济发展和科学技术进步的必要条件”，必须“提高全社会对成人教育在社会主义现代化建设中的重要地位和作用的认识”。该决定指出“成人教育是我国教育的重要组成部分。在整个教育事业中，它与基础教育、职业技术教育、普通高等教育同等重要”，成人教育既“能够直接有效地提高劳动者和工作人员的素质，从而可以直接提高经济效益和工作效率。同时，对于培养有理想、有道德、有文化、守纪律的社会主义公民，形成好学上进的社会风气，对于发扬民主、健全法制，促进安定团结，成人教育也有着直接的作用”。① 1993 年，原国家教委发布我国第一部全面指导成人高等教育的政策文件——《关于进一步改革和发展成人高等教育的意见》，鼓励普通高校举办成人教育，建立高等教育自学考试制度。在政策提倡下，我国相继建立了成人学历教育和非学历教育的两个部分的成人教育体系。

这一阶段成人教育的实践主要表现为远程教育的大规模开展，如全国广播电视大学的成立、成人高等教育自学考试制度的建立、职工“双补”教育的开展，依托普通大学成立的函授与夜大等。②

1. 广播电视大学

广播电视大学是指中央广播电视大学和省（自治区、直辖市）广播电视

①吴遵民. 中国成人教育会终结吗？——新时期我国成人教育面临的重大危机与挑战[J]. 开放教育研究，2013，19(04)：20-25.

②吴遵民. 改革开放 40 年中国终身教育的历史回顾与展望[J]. 复旦教育论坛，2018(06)：12-19.

大学及其分校组成的远程教育办学和教学系统。广播电视大学自建立以来，为我国人才发展作出了重要的贡献。

广播电视大学的创办是我国改革开放后教育事业恢复的一部分。1977 年 8 月，邓小平在教育和科学工作座谈会上指出："教育还是要两条腿走路，就高等教育来说，大专院校是一条腿，各种半工半读的和业余的大学是一条腿。"①

邓小平亲自倡导和批准创办了广播电视大学。1977 年 10 月，邓小平会见来华访问的英国前首相爱德华·希思时，谈到中国恢复教育的艰难和人才短缺的问题，希思介绍了英国利用电视等现代化手段办大学的情况。邓小平当即表示要用电视手段来发展教育。随着紧锣密鼓的准备，1979 年 1 月，国务院批转教育部、中央广播事业局《关于全国广播电视大学工作会议的报告》，并指出"举办广播电视大学，是我国高等教育事业发展中的新事物，对于扩大高等教育的规模，提高广大群众的科学文化水平，加速培养大量又红又专的人才，将会起重大作用"。1979 年 2 月，中央广播电视大学和 28 所省（自治区、直辖市）广播电视大学同时开学。

广播电视大学"堪称教育发展史中具有中国特色的伟大创造"。② 通过电大的学习，参加成人高考，一批青年取得了大专学历。

2. 高等教育自学考试

高等教育自学考试制度是我国高等教育基本制度之一。

1978 年，我国颁布了《关于业余高等教育的考核办法（试行草案）》，初次提出"建立定期的考核制度，自学的人们可以到国家指定的高等学校或其他单位参加考核，证明已经达到国家规定的大学毕业水平的，由高等学校发给证书，各单位使用时应按同等毕业生对待，用其所学"。1981 年，国务院批准了教育部《高等教育自学考试试行办法》，正式确立了这一制度。1988 年，国务院颁布《高等教育自学考试暂行条例》，明确了其"是对自学者进行以学历考试为主的高等教育国家考试，是个人自学、社会助学和国家考试相结合的高等教育形式"。1988 年，《中华人民共和国高等教育法》规定高等教育自

---

①中共中央文献研究室. 邓小平文选：第 2 卷[M]. 北京：人民出版社，1994.

②李岚清. 李岚清教育访谈录[M]. 北京：人民教育出版社，2003：438-439.

学考试是我国高等教育基本制度之一。

高等教育自学考试制度为我国高等教育大众化作出了重要贡献。1983 年至 1998 年，参与人次从 32.8 万升至 1 180.81 万。在规模扩张的同时，自学考试的专业设置也更加丰富，1998 年教育部发布的《高等教育自学考试专业目录》中，专业数达 224 种，基本涵盖普通高等教育所有学科门类。1999 年，我国高等教育毛入学率为 10.5%，其中自学考试的占 2.3%。①

这一时期，成人教育作为我国教育事业的组成部分，受到了党和国家的高度重视。1988 年 12 月，国务院成立了成人教育司②，进一步加强成人教育工作。1995 年，《中华人民共和国教育法》规定成人教育制度是我国基本教育制度，其中第十九条规定："国家实行职业教育制度和成人教育制度。各级人民政府、有关行政部门以及企业事业组织应当采取措施，发展并保障公民接受职业学校教育或者各种形式的职业培训。国家鼓励发展多种形式的成人教育，使公民接受适当形式的政治、经济、文化、科学、技术、业务教育和终身教育。"

（二）逐步构建终身教育体系

20 世纪 90 年代中，随着改革开放的深入，我国教育进入了适应市场经济体制改革的新阶段。同时，随着终身教育思想的传播，尤其是 21 世纪后"两基"普及，学历补偿式的成人教育需求减弱，我国成人教育体系开始向终身教育体系转型。

20 世纪 90 年代起，终身教育受到了党和国家更多的重视，逐步进入政策与法律体系。1993 年《中国教育改革和发展纲要》指出应大力发展终身教育，这是"终身教育"第一次出现在党中央和国务院文件中。1995 年，终身教育被写入《中华人民共和国教育法》，其中第十一条规定"国家适应社会主义市场经济发展和社会进步的需要，推进教育改革，促进各级各类教育协调发展，建立和完善终身教育体系"，第十四条指出"国家鼓励学校及其他教育机构、

---

①潘懋元，覃红霞. 高等教育自学考试制度改革的成就与展望[J]. 教育与考试，2008(06)：5-9.

②国务院批准原国家教委的"三定"方案（定职能、定机构、定编制），其中将原成人教育管理部门、高教三司、高等教育自学考试指导委员会办公室合并为成人教育司。

社会组织采取措施，为公民接受终身教育创造条件”。从此，终身教育有了法律保障。

进入21世纪后，终身教育体系建构加速。2001年，《中华人民共和国国民经济和社会发展第十个五年计划纲要》指出：“大力发展职业教育和职业培训，发展成人教育和其他继续教育，逐步形成大众化、社会化的终身教育体系。”这是终身教育第一次被列入国家五年计划。2002年，党的十六大报告提出了“构建终身教育体系”和“形成比较完善的现代国民教育体系”的发展目标，这是构建终身教育体系第一次出现在党代会重要文件中。2007年，党的十七大报告再次提出两个“教育体系”的说法，提出“现代国民教育体系更加完善，终身教育体系基本形成，全民受教育程度和创新人才培养水平明显提高”的愿景。

在政策大力推动下，这一时期我国终身教育获得了长足发展。现代远程教育、学习型社会建设、农村成人教育、社区教育等是这一时期终身教育中的重要实践。

现代远程教育（网络教育）是基于以互联网为代表的现代信息技术开展的远程教育。1996年，时任清华大学校长王大中提出在清华大学进行现代远程教育的设想，1998年，时任副总理李岚清肯定了远程教育的重要意义，指出“应作为一项重大工程来研究实施”。1999年，国务院批准了教育部制订的《面向21世纪教育振兴行动计划》，提出实施“现代远程教育工程”，借助现代信息技术，“构建终身学习体系”。

1999年3月，现代远程教育工程正式启动，教育部批准了69所普通高校和中央广播电视大学开展这一工程。1999年5月，教育部发布《关于发展我国现代远程教育的意见》。现代远程教育工程启动后发展迅速，1999年至2002年招生规模达27万多人。为规范管理，2002年至2013年，教育部建立了一系列管理制度，包括远程教育公共服务体系、远程教育质量监管系统、年报年检和抽查制度、网络统考制度等，保障教育质量。

随着高等教育进入大众化阶段，远程教育面临挑战。目前这一政策已到调整期。同济大学、湖南大学、清华大学等已停止现代远程教育学历教育招生。中山大学2017年已停止，北京大学、武汉大学、哈尔滨工业大学从2018年起停止。

学习型社会建设也是这一时期的一个重点。2001 年 5 月，江泽民在亚太经济合作组织人力资源能力建设高峰会议上首次提出“构筑终身教育体系，创建学习型社会”。2002 年，党的十六大报告正式提出“形成全民学习、终身学习的学习型社会，促进人的全面发展”，并将建设学习型社会作为全面建设小康社会的目标之一。学习型社会建设在全社会营造了终身学习的热潮。其中全民终身学习活动周是一个生动的例子。为了大力营造“全民学习、终身学习”的浓厚氛围，推动学习型社会建设的深入发展，自 2005 年开始，中国成人教育协会联合一些城市组织开展了全民终身学习活动周，为各地积极推动学习型城市建设搭建平台，在全国范围内产生了很大的影响。为推动这项活动深入持久地开展下去，从 2009 年开始，由教育部组织举办全民终身学习活动周，以推动全民树立终身学习的理念，营造良好氛围，建设学习型社会。2009 年至 2020 年，教育部每年部署安排全民终身学习活动周。《国家教育事业发展“十三五”规划》提出“持续开展全民终身学习活动周”的要求。

四、构建服务全民的终身学习体系

从 2010 年开始，发展终身教育上升为一项国家发展战略，我国进入了全面构建终身学习体系阶段。① 2010 年，国务院颁布了《国家中长期教育改革和发展规划纲要（2010—2020 年）》，将“构建体系完备的终身教育”作为战略目标，并指出“到 2020 年要基本形成终身教育体系”，将终身教育提升到教育改革与发展的战略高度。

终身教育的政策化和法治化进程加快。《国家教育事业发展“十三五”规划》进一步提出“形成更加适应全民学习、终身学习的现代教育体系”的重要目标。2019 年颁布的《中国教育现代化 2035》指出，推进教育现代化的基本理念包括“更加注重面向人人，更加注重终身学习”，将“构建服务全民的终身学习体系”作为面向教育现代化的战略任务，提出 2035 年“建成服务全民终身学习的现代教育体系”的发展目标。在这一阶段，终身教育的使命进

①韩民．我国终身学习体系形成发展的回顾与前瞻[J]．终身教育研究，2019，30(01)：11-18.

一步深化，以融合为特点，指向搭建终身学习的立交桥。

成人教育被继续教育取代、《中华人民共和国教育法》的修订都是这一理念的体现。2010 年《国家中长期教育改革和发展规划纲要（2010—2020 年）》中，成人教育被正式纳入继续教育的范畴。继续教育“是面向学校教育之后所有社会成员的教育活动，是终身学习体系的重要组成部分”。1998 年，原国家教委更名为教育部时，成人教育司更名为职业教育与成人教育司。地方教育委员会的成人教育处、成人教育科等也被终身教育处或社会发展科取代，许多高校的成人教育学校改名为继续教育学院或开放学院。

2015 年 12 月，正式通过了《全国人民代表大会常务委员会关于修改〈中华人民共和国教育法〉的决定》，这是该法自 1995 年颁布以来第一次修订。修正案将原“建立和完善终身教育体系”，修改为“完善现代国民教育体系，健全终身教育体系，提高教育现代化水平”，预示着“现代国民教育体系向终身教育体系转型”。① 在此之前，我国终身教育与国民教育是分离的状态，1985 年，中共中央《关于教育体制改革的决定》主要是针对学校教育体制改革的问题，虽然指出“有关干部、职工、农民的成人教育和广播电视教育是我国教育事业极为重要的组成部分”，但却暗示两者是分离并列的，“国家教育委员会应就改进和加强这方面工作，作出专门的决定”。修正案将“成人教育”修改为“继续教育”，并增加“促进不同类型学习成果互认和衔接，推动全民终身学习”的内容。这反映了党和国家对终身教育的高度重视。修订后的法律第二十条规定：“国家实行职业教育制度和继续教育制度。各级人民政府、有关行政部门和行业组织以及企业事业组织应当采取措施，发展并保障公民接受职业学校教育或者各种形式的职业培训。国家鼓励发展多种形式的继续教育，使公民接受适当形式的政治、经济、文化、科学、技术、业务等方面的教育，促进不同类型学习成果的互认和衔接，推动全民终身学习。”

同时，国家层面终身教育的立法调研和起草工作也开始启动。地方层面的终身教育立法则在多省市（福建省、上海市、太原市、河北省、宁波市等）取得实质进展。2005 年，福建省通过《福建省终身教育促进条例》；2011 年，

---

①吴遵民. 改革开放 40 年中国终身教育的历史回顾与展望[J]. 复旦教育论坛，2018，16(06)：17.

上海市通过了《上海市终身教育促进条例》；2012 年 9 月，太原市通过了《太原市终身教育促进条例》；2014 年 5 月，河北省通过了《河北省终身教育促进条例》；2014 年 10 月，宁波市通过了《宁波市终身教育促进条例》。

在这一新的理念下，2010 年以来，我国终身教育体系的发展主要体现在开放大学、学分银行等方面。

开放大学是一种新型的高等教育学校，一种新型的终身教育实践形态。《国家中长期教育改革和发展规划纲要（2010—2020 年）》提出了“到 2020 年，基本实现教育现代化，基本形成学习型社会，进入人力资源强国行列”的战略目标，其中，“构建灵活开放的终身教育体系”明确提出“办好开放大学”。

“开放大学是以开放、灵活、全纳、终身、优质为核心理念，面向全体社会成员，以现代信息技术为支撑、实行多种模式办学和混合式学习、服务终身学习和学习型社会建设的新型高等学校”。作为一种新型高校，它首先在于理念新——面向全体社会成员，技术新——依托信息技术搭建新的学习平台，灵活性——能积极回应多样化、不断变化的学习需求等。①

2010 年，我国启动开放大学建设试点工作。2012 年教育部同意在中央广播电视大学基础上建立国家开放大学。国家开放大学是教育部直属的，以现代信息技术为支持，主要面向成人开展远程开放教育的新型高等学校。国家开放大学坚持非学历继续教育和学历继续教育并举。积极推进“学分银行”建设，通过建立学习成果的互认和学分的积累、转换制度，探索搭建终身学习的“立交桥”。为提高质量，国家开放大学实施“1314 工程”，即“一个核心”，在各项改革建设工作中，深化教育教学改革，提升人才培养质量；“三根支柱”，形成立体覆盖全国城乡的办学组织体系、实现教育信息化、搭建起与现代大学治理结构相适应的基本制度框架；“一条纽带”，通过学分银行建设，搭建终身学习立交桥，促进各级各类教育横向沟通、纵向连接；“四个着力点”，非学历继续教育、学科专业和课程建设、师资队伍建设、科学研究。

2010 年在上海电视大学的基础上，上海整合其他资源建立了上海开放大

---

①翁朱华，王一兵．中国特色开放大学体系的建立和发展研究报告[J]．开放教育研究，2014(06)：10-22．

学。与电大相比，开放大学体现出更加开放的特点，不用入学考试、注册入学，更注重社会紧缺专业。开放大学的定位是“面向每个人并影响到每个人终身的一种新型高等教育”。2016 年，教育部《关于办好开放大学的意见》印发，强调“探索具有中国特色、体现时代特征的开放大学办学模式，满足全民学习、终身学习需要，建设学习型社会”。

国家开放大学建立后，各地地方广播电视大学更名为开放大学。国家开放大学和 5 所地方开放大学（北京开放大学、上海开放大学、江苏开放大学、广东开放大学、云南开放大学）都陆续获得学士学位授予权。2016 年 1 月，教育部印发《关于办好开放大学的意见》，提出到 2020 年初步建成中国特色开放大学体系。

在开放大学以及开放的终身教育体系中，学分认证和学分银行等是终身教育体系建设的重要途径。上海市创立了全国第一家学分银行——上海市终身教育学分银行。2012 年以来，国家开放大学建立了专门的学分认证机构。2016 年，教育部发布《关于推进高等教育学分认定和转换工作的意见》，稳步推进服务全民的终身学习体系的形成。

五、加快制定《终身学习促进法》

2020 年 9 月，习近平总书记在教育文化卫生体育领域专家代表座谈会上指出，要完善全民终身学习推进机制，构建方式更加灵活、资源更加丰富、学习更加便捷的终身学习体系。立法是构建这一终身学习体系的重要保障，为推动终身学习发展，我国应加快终身学习立法工作。

以立法保障终身学习发展是世界各国的普遍趋势。日本是最先进行终身教育立法的亚洲国家，1990 年日本出台《终身学习振兴法》，2002 年又通过了法律修正案《关于完善终身学习振兴措施及推进体制的法律》（简称《终身学习完善法》）。美国的终身学习立法更早，1976 年美国即通过了《终身学习法》，法律确保了终身学习的重要地位，推动了终身学习的发展。

在我国，目前终身学习立法的条件已基本具备，时机已基本成熟。我国社会经济的发展要求加快服务全民的终身学习体系，党中央也高度重视终身学习体系建设，在历次党代会报告中对此作出部署，充分体现了党中央建设终身学习体系的决心。然而，建设终身学习体系涉及教育与社会的诸多方面，是一项复杂的系统工程，需要动员全社会的力量和资源，突破原有体制与机制，建立新的制度，如果没有有力的法律保障，这一目标是很难实现的。加快终身学习立法对于推动终身学习体系的建设是非常必要的。与此同时，近年来我国不少地方指定颁布了终身教育促进条例等，为制定终身学习法打下了良好的立法基础，使之具有现实可行性。

因此，我国应将终身学习立法尽快提上议事日程，并将终身学习法定位于“终身学习促进法”。终身学习法律应以保障全民的终身学习权利为目标，为构建终身学习体系和学习型社会提供体制、机制、制度和资源保障，促进全民的终身学习。

第十二章

教育保障 全面有力

新中国成立以来，在党中央的领导下，我国教育事业取得了举世瞩目的伟大成就。教育事业的发展与方方面面的保障密不可分。为了推动教育健康发展，我国构建了全面有力的教育保障体系。

一、全面坚持党的领导

2018 年 9 月 10 日，中共中央召开新时代第一次全国教育大会，习近平总书记发表了关于教育的重要论述，提出了教育“九个坚持”的新理念、新思想、新观点。其中最首要的就是“坚持党对教育事业的全面领导”。他指出，办好中国的事情，关键在党。加强党的领导，是做好教育工作的根本保证，必须牢牢掌握党对教育工作的领导权，坚持马克思主义的指导地位，把思想政治工作贯穿学校教育管理全过程，不断加强教育系统党的建设，使教育领域成为坚持党的领导的坚强阵地。

坚持党对教育工作的全面领导是我国社会主义教育事业的根本特征。中国共产党是中国社会主义事业的领导核心。习近平总书记指出：“中国共产党的领导是中国特色的最本质特征。”① 党的十九大报告中指出“党政军民学，东西南北中，党是领导一切的，是最高的政治领导力量”，要“坚持党对一切工作的领导”。党的领导决定着我国社会主义教育的根本性质。

坚持党的全面领导是我们党长期以来的光荣传统和根本经验，历史证明了党的领导是中国特色社会主义教育事业不断发展的最大政治优势，是办好中国教育的根本政治保证。1979 年，邓小平提出了“坚持社会主义道路、坚持无产阶级专政，坚持共产党的领导，坚持马列主义毛泽东思想”这四项基本原则，同时强调“坚持四项基本原则的核心，就是坚持党的领导”，在教育

---

①习近平.中国共产党领导是中国特色社会主义最本质的特征[J].求是，2020(14).

领域，邓小平指出所有教师都应该“坚信社会主义和党的领导”。① 改革开放以来，我国小康社会的全面建成和教育大国的建成，都证明了坚持党的全面领导是中国社会主义事业发展的根本保证。

党的十九大以来，中国特色社会主义进入新时代，我国进入新的发展阶段，面对人民日益增长的美好生活需要与不平衡不充分的发展之间的矛盾，坚持党对教育工作的全面领导为我国教育事业的发展打下了“定海神针”。

（一） 全面贯彻党的教育方针，培养社会主义建设者和接班人

坚持党对教育事业的全面领导，首先在于全面贯彻党的教育方针。党的教育方针是党的理论和路线方针政策在教育领域的集中体现，在教育事业发展中具有根本性地位。

党的教育方针在不同历史时期有所侧重，改革开放时期我们党逐渐完善了教育方针。2002 年，党的十六大报告指出：“全面贯彻党的教育方针，坚持教育为社会主义现代化建设服务，为人民服务，与生产劳动和社会实践相结合，培养德智体美全面发展的社会主义建设者和接班人。”其中，“坚持教育为社会主义现代化建设服务，为人民服务”规定了教育的服务方向，“与生产劳动和社会实践相结合”表明了基本培养途径，“培养德智体美全面发展的社会主义建设者和接班人”是教育的总体培养目标。②

党的十八大以来，以习近平同志为核心的党中央立足新时代历史方位，将劳动教育纳入社会主义建设者和接班人的总体要求之中，明确提出“德智体美劳”的总体要求。2021 年《中华人民共和国教育法》第五条修订为“教育必须为社会主义现代化建设服务、为人民服务，必须与生产劳动和社会实践相结合，培养德智体美劳全面发展的社会主义建设者和接班人”，将党的教育方针纳入国家法律规范。

全面贯彻党的教育方针是坚持党对教育事业全面领导的重中之重。党中央对教育方针的完善，使得培养什么人、怎样培养人、为谁培养人的方向更加鲜明，内容更加完善，要求更加明确。培养什么人，是教育的首要问题。

①刘复兴.坚持党对教育事业领导的全面性、系统性、整体性[J].教育研究，2021(04)：4-10.
②张力.党的教育方针指引教育现代化进程[J].中国编辑，2020(10)：4-7.

习近平总书记在多个场合谈到，我们的教育就是要培养中国特色社会主义事业的建设者和接班人，而不是旁观者和反对派。我国是中国共产党领导的社会主义国家，这决定了我们的教育必须把培养社会主义建设者和接班人作为根本任务。这是我国社会主义的办学方向。

全面贯彻党的教育方针要求坚持社会主义的办学方向。坚持社会主义办学方向，必须将“四个服务”作为根本要求。2016 年，习近平总书记在全国高校思想政治工作会议上强调，教育发展方向要同我国发展的现实目标和未来方向紧密联系，坚持教育的“四个服务”，即教育“为人民服务，为中国共产党治国理政服务，为巩固和发展中国特色社会主义制度服务，为改革开放和社会主义现代化建设服务”。

全面贯彻党的教育方针要求深入落实立德树人的根本任务。习近平总书记在党的十九大报告中指出：“全面贯彻党的教育方针，落实立德树人根本任务，发展素质教育，推进教育公平，培养德智体美劳全面发展的社会主义建设者和接班人。”德育是我国社会主义教育的重点。党的十七大报告提出“育人为本、德育为先”的要求，党的十八大报告将立德树人作为教育的根本任务，党的十九大报告要求“落实立德树人根本任务”，将“立德树人”定位于“全面发展”之上。立德树人揭示了人才成长的根本规律，“人无德不立，育人的根本在于立德”。同时也反映了我国社会主义教育的价值取向，重视理想信念教育、重视弘扬社会主义核心价值观。2019 年，中共中央办公厅、国务院办公厅印发《关于深化新时代学校思想政治理论课改革创新的若干意见》，指出思政课是落实立德树人根本任务的关键课程，应大力建设思政课，全面推动习近平新时代中国特色社会主义思想进教材、进课堂、进学生头脑，将社会主义核心价值观贯穿国民教育全过程。

全面贯彻党的教育方针是坚持党对教育工作全面领导的基础。2021 年，中央教育工作领导小组印发《关于深入学习宣传贯彻党的教育方针的通知》，对贯彻党的教育方针作出了重要部署，继续深入贯彻推进党的教育方针，坚持党对教育工作的全面领导。

（二）健全党对教育事业全面领导的体制机制，加强教育系统党的建设

坚持党对教育事业的全面领导还在于从制度层面将党的领导全面落到实

处，一方面健全党对教育事业全面领导的体制机制，另一方面加强教育系统党的建设，从实践层面保证党对教育事业的全面领导。

为保障党的领导，我国一直在不断进行党的领导制度建设。改革开放以来，我们党经历了从“党的领导制度”到“党的领导制度体系”的建设过程。党的十八大以来，以习近平总书记为代表的党中央将党的领导制度作为国家制度的首要内容和根本制度，坚持制度治党，完善党中央集中统一领导的制度、健全党的全面领导制度、完善全面从严治党制度，形成了“总揽全局、协调各方的党的领导制度体系”。①

在教育领域，党中央也在逐步完善党的全面领导制度。21 世纪以来，我国陆续建立了教育领域的部际联席会议制度，如 2003 年建立的留学人员回国服务工作部际联席会议制度，2004 年建立的职业教育工作部际联席会议制度、国家教育统一考试工作部际联席会议制度，2017 年建立的民办教育工作部际联席会议制度，2018 年撤销原职业教育工作部际联席会议制度，建立国务院职业教育工作部际联席会议制度。部际联席会议制度联合相关各部，建立了统筹各部共同推进教育事业的有力机制。

2018 年，党中央组建了中央教育工作领导小组，进一步加强了党对教育工作的全面领导。同年，中共中央印发的《深化党和国家机构改革方案》指出，深化党中央机构改革，要着眼于健全加强党的全面领导的制度，确保党的领导全覆盖，确保党的领导更加坚强有力。为此，该机构改革组建了中央教育工作领导小组。中央教育工作领导小组是党中央议事协调机构，旨在加强党中央对教育工作的集中统一领导，加强教育领域党的建设，做好学校思想政治工作，落实立德树人根本任务，办好人民满意的教育。中央教育工作领导小组的主要职责是，研究提出并组织实施在教育领域坚持党的领导、加强党的建设方针政策，研究部署教育领域思想政治、意识形态工作，审议国家教育发展战略、中长期规划、重大教育政策和体制改革方案，协调解决教育工作重大问题等，设秘书处于教育部。

加强教育系统党的建设，从严治党，是坚持党对教育工作全面领导的又

---

①方涛. 从“党的领导制度”到“党的领导制度体系”——改革开放以来党的领导制度建设的历史考察与现实启示 [J]. 重庆社会科学，2021 (04)：51-62.

一重要方面。习近平总书记在党的十九大报告中指出："党要团结带领人民进行伟大斗争、推进伟大事业、实现伟大梦想，必须毫不动摇坚持和完善党的领导，毫不动摇把党建设得更加坚强有力。"教育系统党的建设一直是从严治党的重点。《国家中长期教育改革和发展规划纲要（2010—2020年）》强调要"加强和改善对教育工作的领导"，"加强和改进教育系统党的建设"。自该纲要颁布以来，教育系统通过构建学习型党组织、健全各级各类学校党组织、全面加强领导班子和干部队伍建设、开展党风廉政建设和行风建设、稳步推进基层党组织建设等，紧锣密鼓地开展党的建设。通过努力，教育系统党的建设取得了卓越成就，在学习型党组织建设、学校思想政治理论课建设、党建信息化建设等方面都实现了跨越式发展。① 教育系统党的建设的不断加强和改进保障了党对教育事业的全面领导。《中国教育现代化2035》进一步强调坚持党的领导是推进教育现代化的基本原则，加强党对教育工作的全面领导是确保教育现代化目标实现的保障措施。

二、教育投入稳步增长

教育投入，尤其是财政教育投入是教育事业发展的基本保障。改革开放以来，尤其是党的十八大以来，我国教育投入大幅稳步增长。1997年，全国教育经费总支出为2 531.73亿元，其中国家财政性教育经费支出为1 862.54亿元，国家财政性教育经费支出占国内生产总值比例为2.49%，全国普通小学、普通初中、普通高中生均预算内教育事业费支出分别为333.81元、591.38元、1 155.36元。2019年，全国教育经费总投入为50 178.12亿元，其中，国家财政性教育经费为40 046.55亿元，国家财政性教育经费占国内生产总值比例为4.04%。普通小学、普通初中、普通高中生均预算内教育事业费支出分别为11 197.33元、16 009.43元、16 336.23元，分别是1997年的34倍、27倍、14倍。

---

①万作芳，吴安春，李洋，等. 教育系统党的建设举措、成就、经验与对策——基于《教育规划纲要》实施十年的数据分析[J]. 教育史研究，2020(04)：4-20.

教育投入的增长依赖经济的增长，同时也依赖于教育财政体系的完备。改革开放以来，为保障教育投入，建立良好的教育财政体系，我国逐步进行了影响重大的教育财政体制改革。经过努力，我国已经形成了“多渠道教育投入体制，各级政府共同分担的教育支出责任体制，逐渐规范的教育拨款体制和学校财务管理体制为框架的教育财政体制”。教育财政体制的改革与经济实力的增强一道保障了我国财政性教育投入的增长。

充足、公平、有效是判断教育财政体系的标准，也就是说，一个良好的教育财政体系应该做到能够提供充足的教育服务、公平而又有效率地配置教育资源。① 为保障教育投入的增长，改革开放以来，我国教育财政体系改革主要经历了两个阶段，第一个阶段主要在于解决教育财政充足的问题，第二个阶段主要是在继续保障充足的同时，着力解决教育财政公平的问题。这两个阶段的划分大致以 21 世纪初为节点。教育财政的效率问题是我国教育财政改革未来的重点。

（一）建立多渠道教育投入体制，保障教育投入充足

改革开放后，我国实行普及教育的方针。但我国经济建设刚刚开始，国家财政收入不足，无法对教育进行大量财政投入。为支持教育事业的发展，我国逐步形成了多渠道筹措教育经费的体制。相比于 21 世纪，这一阶段可以称为“市场力量增强时期”②。

多渠道筹集教育经费是指在不断增加政府教育投入的同时，吸引社会各方共同投入教育。新中国成立初期，我国就有着依靠人民办教育的传统。1985 年中共中央《关于教育体制改革的决定》规定地方可征收教育费附加，“地方要鼓励和指导国营企业、社会团体和个人办学，并在自愿的基础上，鼓励单位、集体和个人捐资助学”。这被视为多渠道筹措教育经费的政策发端。1989 年中共中央《关于教育发展与改革若干问题的决定》将教育经费筹措渠道概括为“财、税、费、产、社、基”，即“逐步建立以国家财政拨款和征收

---

①M. 卡诺依. 教育经济学国际百科全书（第二版）[M]. 闵维方，译. 北京：高等教育出版社，2000：525-530.

②袁连生，何婷婷. 中国教育财政体制改革四十年回顾与评价[J]. 教育经济评论，2019，4(01)：11-37.

用于教育的税、费为主，辅之以收取非义务教育阶段学生的学杂费、校产收入、社会集资和设立教育基金的多种渠道教育经费的新体制”。①1993 年，中共中央、国务院《中国教育改革和发展纲要》指出，建设有中国特色社会主义教育体系的主要原则之一是“必须充分发挥各级政府、社会各方面和人民群众的办学积极性，坚持以财政拨款为主、多渠道筹措教育经费”。此后，我国逐渐形成了较为完整的多渠道筹措教育经费的政策体系。

我国通过多种方式促进多渠道筹措教育经费体制的建立。在“财”的方面，政府以法规的形式强化教育投入。1985 年，中共中央颁布的《关于教育体制改革的决定》提出了政府教育经费“两个增长”指标，即“中央和地方政府的教育拨款的增长要高于财政经常性收入的增长，并使按在校学生人数平均的教育费用逐步增长”。1986 年颁布的《中华人民共和国义务教育法》规定“国家用于义务教育的财政拨款的增长比例，应当高于财政经常性收入的增长比例，并使按在校学生人数平均的教育费用逐步增长”。1993 年发布的《中国教育改革和发展纲要》和 1995 年颁布的《中华人民共和国教育法》还增加了“切实保证教师工资和生均公用经费逐年有所增长”，形成了教育财政经费的“四个增长”规定。在政府的大力推动下，1997 年我国国家财政性教育总支出比 1985 年增长了 6.08 倍，国家教育经费总支出增长 7.26 倍。② 在“税”的方面，我国开征了教育费附加，从 1984 年起先后在农村、城市征收教育费附加。

在“费”“产”“社”“基”等非政府投入方面，我国实行学杂费制度，鼓励学校经营校产，开展教育集资捐赠等，鼓励设立教育基金。在义务教育阶段，虽然《中华人民共和国义务教育法》规定不收学费，但其实施细则中则允许学校收取学杂费。教育集资和捐赠也是义务教育经费的重要来源。高等教育作为非义务教育阶段，则在改革开放后逐步实行收费政策。学杂费补充了学校基本办学经费，校办产业也是学校收入的一项来源。1992 年，原国家教委党组《关于加快教育改革和发展的若干意见》指出，“坚持多渠道筹措教育经费”，“对非义务教育阶段要逐步实行收费制度；制定优惠政策，继续大

①②胡耀宗，刘志敏. 从多渠道筹集到现代教育财政制度——中国教育财政制度改革 40 年[J]. 清华大学教育研究，2019 (01).

力发展校办产业、勤工俭学和社会服务；建立教育金融机构和教育基金；进一步吸引和利用外资；争取国家大幅度增加对教育的贷款，并在利率上享受优惠待遇”。1993 年，国务院批准国家教委《关于加快改革和积极发展普通高等教育的意见》，指出学校“要改变单纯依靠财政拨款的观念，走多渠道筹措教育经费的路子。要研究制定社会、企业、个人和校办产业等多渠道为高等学校筹措办学经费的具体制度和办法”。

多渠道的经费筹措机制为我国教育经费的增长提供了一定的保障，但也出现了明显的问题，例如政府投入的比例下降，个人和家庭的教育负担过重，地区之间的教育差距拉大等。为解决这些问题，我国在政府财力增强后开始进行进一步的教育财政体制改革。

（二）建立公共教育财政体制，保障教育财政的充足与公平

随着改革开放的深入推进，我国经济实力逐渐增强，1994 年分税制改革后，中央财政能力大大增强，为提供公共服务奠定了基础。1998 年，时任国务院副总理李岚清明确提出“积极创造条件，逐步建立公共财政基本框架”。自此，我国逐步构建起公共财政基本框架，并逐步建立现代财政制度。①

公共财政简要而言就是满足社会公共需要的财政制度。公共性是财政与生俱来的本质属性。在我国，公共财政这一概念的出现是为了突出其与计划经济时代财政的不同。公共财政制度具有三个明显的特征：第一，公共性，财政职能在于满足整个社会的公共需要，而非满足某一群体的需要，凡是属于社会公共需要的事项，财政必须进入；第二，非营利性，以公共利益的最大化作为安排财政收支的出发点；第三，规范性，以法制为基础，全部政府收支进预算，由财政税务部门总揽政府收支。② 公共财政体制的建立改变了我国教育财政情况。

21 世纪以来，在公共财政的框架下，我国教育财政进入“政府力量增强”的新时期。这一时期，我国一方面通过大幅增加教育财政投入，提升财政充

---

①马海涛，任强，孙成芳．改革开放 40 年以来的财税体制改革：回顾与展望[J]．财政研究，2018(12)：2-9.

②高培勇．公共财政：概念界说与演变脉络——兼论中国财政改革 30 年的基本轨迹[J]．经济研究，2008，43(12)：4-16.

足性；另一方面通过完善学生资助、转移支付等，提高教育财政的公平性。

作为基本民生问题和基本公共服务，教育是公共财政的重点支出领域。2006年《中华人民共和国国民经济和社会发展的第十一个五年规划纲要》提出："将教育列为公共财政支出的重点领域，逐步提高教育经费支出比例，保证财政性教育经费的增长幅度明显高于财政经常性收入的增长幅度，逐步使财政性教育经费占国内生产总值的比例达到4%。"财政性教育经费占国内生产总值的比例达到4%是我国教育投入长期以来的一个目标，《国家中长期教育改革和发展规划纲要（2010—2020年）》明确提出了要在2012年实现这一目标。为确保这一目标的完成，国家实施了一系列增加财政投入的重大措施，最终我国在2012年实现了这一目标，自此之后，财政性教育经费占国内生产总值的比重一直在4.1%以上。

同时，我国多管齐下提高教育财政的公平性。在财政支出上，通过加强义务教育保障、加强弱势群体保障体现公平性。21世纪以来，我国逐步实行免费义务教育。2001年开始对贫困地区家庭经济困难中小学生实行"两免一补"，即免费提供教科书，减免学杂费、书本费，补助寄宿生生活费；2007年全国农村实现免费义务教育；2008年城市也开始实施免费义务教育。同时，我国逐步建立起从学前教育到高等教育的学生资助体系，减轻学生家庭经济负担，保障教育机会公平。通过转移支付、重大专项等举措，减少不同地区、城乡之间的教育投入差距。

在财政责任分配上，通过事权与支出责任划分改革，完善教育财政体系。2000年以前，我国教育的财政责任重心偏下，义务教育经费主要由地方政府负责，尤其是乡镇政府。财政支出责任的过分下移严重影响教育财政的公平性，一方面下层政府无力承担庞大的教育支出责任，另一方面各地之间的财政能力差距影响了教育的公平性。为此，21世纪以来，我国通过转移支付及支出责任划分等，上调教育财政支出责任。农村义务教育经费保障体制和学生资助体制等都相当地提高了中央和省级政府的支出责任。2016年，国务院《关于推进中央与地方财政事权和支出责任划分改革的指导意见》将义务教育和高等教育确定为中央和地方共同财政事权和支出责任。2018年，《基本公共服务领域中央与地方共同财政事权和支出责任划分改革方案》将中职与普通高中免学费、资助经费确立为中央与地方共同分担支出责任。

教育财政体制的不断改革完善，保障了我国教育投入的增长。在教育公共财政体制的支持下，我国教育的公共性、公益性特征凸显。这是建设“让人民满意的教育”的基本，是全面建成小康社会的题中之意和有效保障。

“十四五”期间，根据建设高质量教育体系的要求，我们应继续完善教育投入的稳定增长机制。国家应持续加大对教育的投入，国家财政性教育经费占国内生产总值的比例逐步达到4.5%；鼓励社会民间教育投入，使之达到2.5%左右，两者相加达到7%及以上水平。而且，国家应该明确规定教育财政支出维持在地方财政支出的15%～20%，并将其明确写入法律。

三、教育治理能力增强

教育治理体系和治理能力是国家治理体系和治理能力的重要组成部分。所谓治理是指“政府通过正式的制度和非正式的安排，协同社会组织、市场、利益群体和公民个人等行为主体，运用参与、对话、协商、谈判等形式，在自愿平等互利的前提下，共同管理公共事务，以应对共同面临的时代挑战，达到好的治理效果”。①2013年，党的十八届三中全会提出“全面深化改革的总目标是完善和发展中国特色社会主义制度，推进国家治理体系和治理能力现代化”。推进国家治理体系和治理能力现代化是完善和发展中国特色社会主义制度的必然要求。1992年，邓小平同志提出，再有30年时间，我们才会在各方面形成一整套更加成熟更加定型的制度。在邓小平同志的思想基础上，党的十八届三中全会提出了从国家治理体系和治理能力的总体角度，推进所有领域的改革。我国教育治理也随国家治理的产生而兴起。2019年，党的十九届四中全会通过了中共中央《关于坚持和完善中国特色社会主义制度 推进国家治理体系和治理能力现代化若干重大问题的决定》，对推进国家教育治理体系和治理能力现代化作出了重要部署。

国家治理体系和治理能力是中国特色社会主义制度的具体表现。2013年，习近平总书记在《切实把思想统一到党的十八届三中全会精神上来》重要讲

---

①周洪宇，李中伟，陈新忠．中国教育治理研究[M]．武汉：湖北教育出版社，2020.

话中指出，“国家治理体系和治理能力是一个国家制度和制度执行能力的集中体现。国家治理体系是在党领导下管理国家的制度体系，包括经济、政治、文化、社会、生态文明和党的建设等各领域体制机制、法律法规安排，也就是一整套紧密相连、相互协调的国家制度；国家治理能力则是运用国家制度管理社会各方面事务的能力”，“国家治理体系和治理能力是一个有机整体，相辅相成，有了好的国家治理体系才能提高治理能力，提高国家治理能力才能充分发挥国家治理体系的效能”。习近平总书记所说的“治理体系和治理能力”，使用的是“治理”的本源意义，概括而言，一方面是指“做事的方法和途径”，另一方面是指“治理国家的能力”。①

习近平总书记进一步指出，新中国成立以来，我国在国家治理体系和治理能力上积累了丰富的经验，取得了重大成果。为了更好地发挥社会主义制度的优越性，必须从各个领域推进国家治理体系和治理能力现代化。推进国家治理体系和治理能力现代化，就是“要适应时代变化，既改革不适应实践发展要求的体制机制、法律法规，又不断构建新的体制机制、法律法规，使各方面制度更加科学、更加完善，实现党、国家、社会各项事务治理制度化、规范化、程序化。要更加注重治理能力建设，增强按制度办事、依法办事意识，善于运用制度和法律治理国家，把各方面制度优势转化为管理国家的效能，提高党科学执政、民主执政、依法执政水平”。

作为国家治理体系和治理能力的重要组成部分，教育治理体系和治理能力受到了党和国家的高度重视。2017 年《国家教育事业发展“十三五”规划》提出，我国“十三五”时期教育改革发展的总目标是“教育现代化取得重要进展，教育总体实力和国际影响力显著增强，推动我国迈入人力资源强国和人才强国行列，为实现中国教育现代化 2030 远景目标奠定坚实基础”。具体目标包括“教育体系制度更加成熟定型。教育法律法规体系和执法体制机制更加健全，教育标准、监管、评价、督导、投入保障、教师队伍建设等基础性制度体系更加完善，社会力量举办教育、参与教育改革发展的制度更加完备有效。基本实现管办评分离，形成政府依法管理、学校依法自主办学、社会各界依法参与和监督的格局，教育治理体系和治理能力现代化水平明显提

①王绍光.治理研究：正本清源[J].开放时代，2018(02)：153-176.

升”，并进一步提出了“加快推进教育治理现代化”，包括推进政府职能转变、构建有效监管体系、全面推进依法治教。2019 年，中共中央、国务院印发《中国教育现代化 2035》，将“推进教育治理体系和治理能力现代化”列为未来我国面向教育现代化的十大战略任务。

教育治理体系与治理能力现代化对于教育事业的发展具有重要意义。教育治理体系与治理能力的现代化一方面是教育现代化的关键内容，另一方面也是教育现代化实现的重要保障。改革开放以来，我国逐步形成了基本完备的教育治理体系，教育治理能力逐渐增强。

（一）深化“放管服”改革，推动政府职能转变

推动政府职能转变是我国教育治理体系与治理能力现代化的重要方面。《国家中长期教育改革和发展规划纲要（2010—2020 年）》提出了简政放权的改革思路，要求“以转变政府职能和简政放权为重点，深化教育管理体制改革，提高公共教育服务水平”。此后教育部不断深化“放管服”改革，所谓“放”，即简政放权，是指重新定义政府角色，使政府下放更多行政权力，厘清政府、市场、社会的边界。所谓“管”，是指利用技术创新等方式进行管理变革，建设现代政府。所谓“服”，是优化服务，政府减少干预，提升政府服务质量。2013 年，党的十八届三中全会通过中共中央《关于全面深化改革若干重大问题的决定》，提出“深入推进管办评分离，扩大省级政府教育统筹权和学校办学自主权，完善学校内部治理机构”。2015 年，教育部颁布《关于深入推进教育管评办分离促进政府职能转变的若干意见》，提出建立“政事分开、权责明确、统筹协调、规范有序的教育管理体制”。2017 年，教育部等五部门联合发布《关于深化高等教育领域简政放权放管结合优化服务改革的若干意见》。随着改革的深入，教育领域的简政放权取得了相当的成就，教育行政审批事项大大减少，学校办学自主权扩大，现代学校制度建设逐渐完备。

教育领域的“放管服”一方面在于厘清政府的宏观管理职责，实行政校分开和管办分离；另一方面在于充分调动社会各方的积极性。我国逐步营造社会组织参与教育治理的制度环境。《国家中长期教育改革和发展规划纲要（2010—2020 年）》提出“培育专业教育服务机构，完善教育中介组织的准入、资助、监管和行业自律制度，积极发挥行业协会、专业学会、基金会等各类社会组织在教育公共治理中的作用”。近年来我国逐步健全民主决策机制，将

公众参与、专家论证、风险评估等列入重大教育决策法定程序，多渠道听取社会各界对于重大教育决策的意见建议。2010 年，我国建立了国家教育咨询委员会，负责对国家重大教育改革发展政策进行调研、论证和评估，委员会中包括两院院士、大中小学校长等教育权威人士。近年来我国大力支持教育智库的建设，提升教育科研水平，促进了教育政策的科学化。

（二） 强化抓手，构建有效监管体系

政府职能转变要求政府和教育行政部门解决，并且创新高效地解决“管”的问题。对此，近年来我国逐渐通过加强教育标准，建设教育质量监测制度、教育督导制度，强化社会管理监督评价，健全教育管理监测体系等方式，构建完善有效的教育监管体系。

教育标准是教育事业管理的重要抓手。2017 年《国家教育事业发展“十三五”规划》将加强教育标准化工作作为构建有效监管体系的首要任务，提出“完善各级各类学校教育质量标准，健全各级各类学校建设、教育装备、教师队伍建设、教育投入、教育信息化、教育督导、学校运行、语言文字等标准”。2018 年，教育部颁布了《关于完善教育标准化工作的指导意见》，就教育标准化工作作出了全面部署。

教育督导是指政府及教育行政部门为保证国家有关教育政策的法律法规、方针政策的执行，依照法律规定，对所辖地区教育工作进行监督、检查、评估、指导的制度。《国家中长期教育改革和发展规划纲要（2010—2020 年）》指出，要“加强教育监督检查，完善教育问责机制”。在该纲要的指导下，我国教育督导制度不断完善，颁布了《教育督导条例》，成立了国务院教育督导委员会，积极开展教育督导各项工作。2014 年，国务院教育督导委员会办公室印发了《深化教育督导改革转变教育管理方式的意见》，将认真开展政府履行教育职责督导、有效开展学校教育教学工作督导、科学开展教育质量评估监测、完善教育督导和评估监测结果使用制度作为深化教育督导改革的主要任务。2017 年，中央全面深化改革领导小组审议通过了《对省级人民政府履行教育职责的评价办法》，落实了对地方政府的教育督导。

（三） 全面推进依法治教

教育治理体系和治理能力的现代化必须有法可依，必须深入推进教育法

治建设。提升教育治理现代化水平必须不断完善教育法律法规体系，全面推进依法行政，大力推进依法治校。

我国已基本建立了教育领域的法律法规体系，并不断对教育法律进行修订。《国家中长期教育改革和发展规划纲要（2010—2020年）》要求完善教育法律法规，根据社会经济发展和教育改革的需要，进行“六修五立”，即修订《中华人民共和国教育法》《中华人民共和国职业教育法》《中华人民共和国高等教育法》《中华人民共和国学位条例》《中华人民共和国教师法》《中华人民共和国民办教育促进法》等6部法律，制定有关考试、学校、终身学习、学前教育、家庭教育等5部法律。目前，《中华人民共和国教育法》《中华人民共和国高等教育法》《中华人民共和国民办教育促进法》已先后修订，其他法律也在编纂过程中。同时，国务院也不断出台教育法规。2012年，国务院颁布《校车安全管理条例》《教育督导条例》等。教育部及地方也陆续出台了一系列部门规章与地方性法规。教育法律法规的完善为我国教育事业的发展提供了有力的保障。当前我国教育法律法规已经逐步体系化，正面临进一步的法典化。

教育治理体系和治理能力的现代化是教育现代化的重要保障。改革开放以来，尤其是21世纪以来，在党中央的领导下，我国已逐步形成一套完善有效的教育治理体系，形成了较好的教育治理能力。未来我国将继续提高教育治理体系和治理能力的现代化水平，推进教育现代化进程。

四、教育技术深入融合

2015年，由联合国教科文组织和我国教育部联合举办的国际教育信息化大会在青岛举办。习近平总书记在致大会的贺信中指出：“当今世界，科技进步日新月异，互联网、云计算、大数据等现代信息技术深刻改变着人类的思维、生产、生活、学习方式，深刻展示了世界发展的前景。因应信息技术的发展，推动教育变革和创新，构建网络化、数字化、个性化、终身化的教育体系，建设‘人人皆学、处处能学、时时可学’的学习型社会，培养大批创新人才，是人类共同面临的重大课题。”

习近平总书记在贺信中还指出：“中国坚持不懈推进教育信息化，努力以信息化为手段扩大优质教育资源覆盖面。我们将通过教育信息化，逐步缩小区域、城乡数字差距，大力促进教育公平，让亿万孩子同在蓝天下共享优质教育、通过知识改变命运。”正如习近平总书记所言，以信息技术促进教育发展是当前世界各国的共同趋势，也是我国教育发展的重要战略。

教育信息化是在信息时代对教育的必然要求。自从 1946 年世界上第一台电子计算机诞生，人类就进入了“信息时代”。教育信息化是“信息与信息技术在教育教学领域和教育教学部门的普遍应用与推广”,① 通俗而言，教育信息化意味着将教育领域的“路”“车”“货”“人”信息化。“路”指的是计算机、网络等基础设施；“车”指的是各种平台系统；“货”指的是教学资源；“人”指的是教师、学生以及其他教育领域工作者等教育活动过程中的人。② 2012 年教育部印发的《教育信息化十年发展规划（2011—2020 年）》中将教育信息化的要素范围大致分为基础设施、软件资源、人力资源、信息化管理、信息技术与教育的深度融合。

教育信息化是一个逐步发展的过程。2005 年，联合国教科文组织出版的《教育领域信息通信技术》将信息化分为形成、应用、融合、革新四个阶段。随着教育信息化的深入，教育信息化不单单是局部的、单纯的技术应用，而是对于整个教育系统的变革。

改革开放以来，我国逐步确立了以教育信息化带动教育现代化的发展战略，通过多年努力，我国教育信息化已取得了巨大的进步，进入深入融合阶段，为我国教育现代化事业发展保驾护航。

（一）逐步确立以教育信息化带动教育现代化的发展战略

以教育信息化带动教育现代化，是我国教育事业发展的战略选择。这一战略方向的奠定是很早的。邓小平同志在 20 世纪 80 年代就提出“教育要面向现代化，面向世界，面向未来”“计算机普及要从娃娃抓起”“开发信息资

①何克抗. 我国教育信息化理论研究新进展[J]. 中国电化教育，2011(01)：1-19.

②焦建利，贾义敏，任改梅. 教育信息化的宏观政策与战略研究[J]. 远程教育杂志，2014(01)：25-32.

源，服务四化建设”等重要论述。1995年，党的十四届五中全会将“加快国民经济信息化进程”作为战略任务。1997年，全国第一次信息化工作会议中提出建设国家信息化体系。1999年，党的十五届六中全会首次将信息化提升到国家发展战略的高度。①

党中央和国务院对于教育信息化高度重视。2002年，教育部颁布《教育信息化“十五”发展规划（纲要）》，指出教育信息化具有突出的地位和作用，“教育信息化是国家信息化、国民经济和社会发展的客观要求”，同时，“教育信息化是实现教育现代化和跨越式发展的基础”。2012年，教育部印发的《教育信息化十年发展规划（2011—2020年）》明确指出“以教育信息化带动教育现代化，是我国教育事业发展的战略选择”。我国要“把教育信息化摆在支撑引领教育现代化的战略地位”。“信息化带动教育现代化，破解制约我国教育发展的难题，促进教育的创新与变革，是加快从教育大国向教育强国迈进的重大战略抉择”。2018年，教育部颁布了《教育信息化2.0行动计划》，再次强调教育信息化的战略地位，指出“没有信息化就没有现代化，教育信息化是教育现代化的基本内涵和显著特征”，“以教育信息化支撑引领教育现代化，是新时代我国教育改革发展的战略选择，对于构建教育强国和人力资源强国具有重要意义”。

围绕教育信息化带动、支撑引领教育现代化的战略方向，我国设立了专门的教育信息化行政机构，并逐步提高其行政地位。为加快教育信息化建设，2002年，在原“教育部信息化工作领导小组”的基础上，组建“教育信息化领导小组”。2006年，教育部办公厅成立教育信息化工作办公室，作为“教育信息化领导小组”的办事机构。2012年，我国成立了教育信息化推进工作部际协调小组，协调国家发展改革委、财政部、工业和信息化部、科技部、人力资源和社会保障部、质检总局、广电总局、国防科工局等，共同推进教育信息化工作，部际协调小组采取不定期召开部际协调小组会议的形式推进工作。

与此同时，我国还建立了相关科研基地、专家组等专业支持体系。2011年，教育部在华中师范大学设立了第一个“教育信息化战略研究基地（华

---

①祝智庭.中国教育信息化十年[J].中国电化教育，2011(01)：20-25.

中)”。这是我国第一个专门服务于国家教育信息化战略和政策的高端研究机构。2021 年，为保障教育信息化科学发展，教育部新增设了教育信息化战略研究基地（北京）和教育信息化战略研究基地（西北），分别依托北京师范大学和西北师范大学建设。2014 年，教育部成立教育信息化专家组，以充分发挥专家学者在教育信息化规划、重大政策和问题上的智力支持作用。专家组在教育部信息化领导小组的领导下工作，主要由各级各类学校、政府、相关机构和企业等在信息化、教育教学等方面经验丰富的专家组成。研究基地和专家组的设置为我国教育信息化战略和政策提供了科学支持。

（二）我国教育信息化已迈入融合创新阶段

作为一个逐步深入的过程，教育信息化可以分为形成、应用、融合、创新四个阶段。目前，我国教育信息化经过形成阶段、应用阶段，已迈入融合与创新阶段。

1. 形成阶段

教育信息化起源于 20 世纪 90 年代。1993 年，美国提出建设“国家信息基础设施”，俗称“信息高速公路”计划，这一计划的核心是发展以网络为核心的综合化信息服务体系，推进信息技术在各个领域的广泛应用。计划提出后，美国及其他世界各国纷纷制定信息技术在教育领域的应用计划。①

20 世纪 90 年代，我国也开始着手教育信息化发展。1993 年，我国建立中国教育和科研计算机网，并于 1995 年正式接入国际互联网。1996 年，原国家教委启动教育信息化试点，如中小学计算机教育试验区、多媒体课件开发，并鼓励经济发达地区开展教育信息化。1999 年，中共中央、国务院发布《关于深化教育改革全面推进素质教育的决定》，指出“大力提高教育技术手段的现代化水平和教育信息化程度”。随后，2002 年，教育部颁布《教育信息化“十五”发展规划（纲要）》，推动了教育信息化的发展。自 20 世纪 90 年代开始到 2010 年的十余年中，我国逐渐奠定了教育信息化的各项基础。

这一时期，我国基础教育信息化的发展措施可以概括为“两个计划、三个项目”。两个计划是指全国中小学“校校通”计划与全国中小学普及信息技

---

①祝智庭. 中国教育信息化十年[J]. 中国电化教育，2011(01)：20-25.

术教育计划。2000 年 10 月，教育部召开全国中小学信息技术工作会议，会上提出“全面启动中小学‘校校通’计划”。“校校通”在于使中小学校实现联网，让师生共享网络教育资源，其目标在于“为中小学普及信息技术教育、推动教育信息化建设奠定基础”。同时实施全国中小学普及信息技术教育计划，并制定了高中信息技术教育课程标准，提出在 2010 年前在全国中小学普及信息技术课程。“三个项目”是指农村中小学现代远程教育工程、国家基础教育资源库建设项目、中小学教师教育信息技术能力建设项目。

同样，这一时期我国高等教育信息化的重点也在于奠定基本设施基础。我国高等教育信息化的主要措施包括信息基础设施建设、数字化资源建设、高校现代远程教育工程。信息基础设施建设以中国教育科研网为核心，不断扩大其覆盖面积，提升网络质量。数字化资源建设主要围绕中国高等教育文献保障体系建设，大学数字博物馆建设项目、高等学校精品课程建设工程，分别推动了高校图书馆、博物馆、课程资源的信息化共享。高校现代远程教育工程促进了网络远程教育的发展。①

通过这些项目建设，我国逐步形成了教育信息化的扎实基础。

2. 建设与应用阶段

2010 年之后，我国继续加强教育信息化建设，并开始转向更深层次的应用化阶段。2010 年的《国家中长期教育改革和发展规划纲要（2010—2020 年）》将教育信息化专设一章，列为十大重要发展项目之一，指出“加快教育信息化进程”，包括教育信息基础设施建设、加强优质教育资源开发与应用、强化信息技术应用，构建国家教育管理信息系统。按照该纲要的要求，教育部坚持以应用为导向，以促进信息技术与教育教学融合为核心理念，于 2012 年发布《教育信息化十年发展规划（2011—2020 年）》，对我国新阶段的教育信息化发展作出全面部署。

这一时期，我国相继召开了两次全国教育信息化工作视频会，确立了以“三通两平台”为基础的建设目标。2012 年，全国教育信息化工作电视电话会议提出，“三通两平台”是“十二五”时期信息化建设的核心目标与标志工程。“三通两平台”是指“宽带网络校校通、优质资源班班通、网络学习空间

---

①祝智庭．中国教育信息化十年[J]．中国电化教育，2011(01)：20-25.

人人通”，建设教育资源公共服务平台和教育管理公共服务平台。“宽带网络校校通”是要完善学校教育信息化基础设施，确保全国基本实现校校联网。“优质资源班班通”是通过“名师课堂”“名校网络课堂”“专递课堂”等加快教育内容建设与共享。“网络学习空间人人通”是通过为师生建立个人网络学习空间，促进教学与学习方式的变革。建设教育资源和管理两大公共服务平台则旨在为教育信息化提供强有力的支撑。2016 年，我国召开第二次全国教育信息化工作会议，提出在“十三五”时期要坚持以应用为核心，进一步完善“三通两平台”工程，加快信息技术推动教育创新步伐。

经过建设，我国教育信息化在这一阶段取得了“五大进展”。第一，“三通两平台”建设与应用取得显著成效。全国中小学互联网接入率从 2011 年的不足 25%上升到 2018 年的 93%。“一师一优课、一课一名师”活动参与教师超过 1 400 万人次。师生网络学习空间从 2012 年的 60 万个激增到 2018 年的 7 100万个。国家数字教育资源公共服务平台于 2012 年年底上线运营，已成体系，教育管理公共服务平台全面应用。第二，教师信息技术应用能力大幅提升。1 000 多万名中小学教师等一线师资接受教育信息化专项培训。第三，教育信息化技术水平大幅提高。通过颁布国家标准和教育行业标准，丰富教育信息化硬件设备和软件工具，教育信息化应用程度加深。第四，信息化明显推动了教育改革发展，通过“教学点数字教育资源全覆盖”项目，解决了边远贫困地区教学点开不齐开不好课的问题。第五，教育信息化国际影响力显著增强。2015 年、2017 年，联合国教科文组织与我国联合举办了两次国际教育信息化大会。

同时，这一时期我国还实现了构建教育信息化应用模式、建立全社会参与的推进机制与探索符合国情的教育信息化发展路径的“三大突破”。并且在教育信息化事业发展的同时，建立了教育系统网络安全保障体系，包括建立教育系统网信工作领导责任体系，在教育部、省级行政部门和部属高校等成立网信领导小组，增设网络安全学科，加强网络安全人才培养、实施教育系统网络安全等级保护工作等，确保我国教育系统网络安全，确保教育信息化健康安全发展。

3. 融合与创新阶段：教育信息化 2.0

2018 年《教育信息化 2.0 行动计划》的发布，标志着我国进入融合与创新阶段。教育信息化 2.0 是新时代在智能环境下发展教育的必然选择。信息技术已经发展到智能时代，人工智能、大数据、区块链等新技术的迅猛发展，深刻地影响着教育，面对智能时代新技术浪潮的机遇与挑战，我国启动了教育信息化 2.0 计划。2.0 计划是推进"互联网＋教育"的具体实施计划，就是在 1.0 阶段"三通两平台"基础上，全面提升教育信息化发展水平，达到世界先进水平。

教育信息化 2.0 计划提出了"到 2022 年基本实现'三全两高一大'的发展目标"。"三全"即通过继续深入推进"三通两平台"建设，实现"教学应用覆盖全体教师、学习应用覆盖全体适龄学生、数字校园建设覆盖全体学校"。"两高"即通过持续推动信息技术与教育的深度融合，促进信息化应用水平和师生信息素养的普遍提高。"一大"指建成"互联网＋教育"大平台，整合各级各类教育资源公共服务平台和支持系统，建成国家数字资源公共服务体系。

教育信息化 2.0 有五个显著特点。第一，推动教育资源拓展，实现从教育专用资源到通用资源的转变，"树立以学习者为中心，以互动、开放、共享、规范为主要特征的资源观"，使每一个学习者都成为"数字资源的贡献者和受益者"。第二，促进师生能力提升，从注重信息技术应用技术到全面提升信息素养，养成适应信息社会的思维方式。第三，助力教学方式变革，从应用驱动到创新引领，创新信息技术支持教学与学习的方式。第四，关注焦点转移，从注重速度到提高质量。第五，加速治理水平提升，从经验管理到精准管理，建立基于大数据的教育治理方式变革。①

为完成"三全两高一大"的发展目标，教育信息化 2.0 计划实施了八大重要行动，包括数字资源服务普及行动、网络学习空间覆盖行动、网络扶智工程攻坚行动、教育治理能力优化行动、百区千校万课引领行动、数字校园规范建设行动、智慧教育创新发展行动、信息素养全面提升行动等。

教育信息化保障了我国教育的稳步发展。2020 年新冠肺炎疫情期间，我国实现了"停课不停学""停课不停教"，开展了大规模的在线教育社会实践，应对了疫情的严峻挑战，显示了我国教育信息化基础设施与基础能力建设的

---

①杨宗凯，吴砥，郑旭东. 教育信息化 2.0：新时代信息技术变革教育的关键历史跃迁[J]. 教育研究，2018(39)：16-22.

成就。面向未来，我国正不断探索智能化的未来教育。2017 年以来，我国相继颁布了《新一代人工智能发展规划》《高等学校人工智能创新行动计划》，并将推出《中国智能教育发展方案》。智能时代教育信息化的发展必将为我国教育发展带来新的契机。

五、教育开放全面升级

教育对外开放是指在教育领域进行与国外的交流，通过出国留学教育、来华留学教育、中外合作办学、境外办学、实施教育援助、参与全球教育治理等多种方式，使我国教育事业与世界相联系，在提升我国教育质量的同时，提升我国软实力与国际影响力。

教育对外开放是教育现代化的内在要求，也是建设教育强国的重要推力。《国家中长期教育改革和发展规划纲要（2010—2020 年）》提出要“扩大教育开放”“加强国际交流与合作”“坚持以开放促改革、促发展”。对于教育事业，国际交流与合作最突出的益处包括“提高学生的知识和能力准备；实现课程国际化；加强科学和知识的产出；培育国际合作和团结；增加学校的多元化和多样性”。① 开放是我国发展的基本理念，“十三五”规划提出了创新、协调、绿色、开放、共享的五大发展理念。可以说，教育对外开放是提升我国教育质量，加快建设教育强国的基本路径。②

改革开放以来，教育的对外开放也越来越受到重视，开放程度不断扩大。我国教育对外开放政策可以简要分为三个阶段：改革开放后到 20 世纪 90 年代初为恢复与发展阶段，20 世纪 90 年代中后期到 2001 年左右为稳步探索阶段，2001 年以后为深化发展阶段。③ 1978 年，邓小平同志对派遣留学生作出

①杨明全.基础教育国际化：背景、概念与实践策略[J].全球教育展望，2019，48(02)：55-63.

②阎光才，袁希.对外开放与高等教育强国的关系内涵[J].比较教育研究，2010(32)：22-26＋44.

③张优良，张颀.近 30 年来政策话语对教育开放的关注——基于《教育部工作要点》的文本分析[J].现代教育管理，2015(11)：27-33.

了“要成千上万地派，不是只派十个八个”的指示，自此逐步恢复了我国教育的对外交流。[①] 1993 年，《中国教育改革和发展纲要》指出应进一步扩大教育的对外开放，加强国际教育交流合作，借鉴世界各国发展教育的成功经验。近年来，随着我国逐步成为教育大国，教育高水平的对外开放更加迫切。2016 年，中共中央办公厅、国务院办公厅印发了《关于做好新时期教育对外开放工作的若干意见》，对我国新时期教育对外开放工作进行了重点部署。2019 年，中共中央、国务院印发《中国教育现代化 2035》，将“开创教育对外开放新格局”作为我国面向教育现代化的十大战略任务之一。2020 年，在新冠肺炎疫情的背景下，我国继续坚持教育对外开放的理念，教育部等八部门联合出台了《关于加快和扩大新时代教育对外开放的意见》，将教育全方位高水平对外开放推上新台阶。

改革开放以来，尤其是党的十八大以来，我国教育对外开放取得了辉煌的成就，我国已经由世界教育的“追赶者”转变为“并跑者”，争取早日成为“引领者”。

（一） 双向留学再上台阶

出国留学和来华留学是我国教育对外开放的重要方面。2014 年，首届全国留学生工作会议召开，我国首次提出了“来华留学与出国留学并重”的发展方针。

留学人才是我国改革开放事业中的重要力量，我国已成为世界上最大的留学输出国。改革开放至今，我国出国留学、学成归国规模均大幅增加。根据教育部数据显示，2009 年我国出国留学人数为 22.93 万人，回国 10.83 万人，学成回国占比近五成。2016 年至 2019 年，我国出国留学人数为 251.8 万人，回国 201.3 万人，学成回国占比达八成。2013 年，习近平总书记在欧美同学会成立 100 周年庆祝大会上讲话时提出，新时期我国的留学工作方针是“支持留学、鼓励回国、来去自由、发挥作用”。强调要“千方百计创造条件，使留学人员回到祖国有用武之地，留在国外有报国之门”。为此近年来教育部留学服务中心实施多种措施，包括举办“春晖杯”中国留学人员创新创业大赛、留学英才招聘会等，为留学人员回国工作、创业营造良好环境。

---

①李滔. 中华留学教育史录(1949 年以后)[M]. 北京:高等教育出版社,2000:365.

来华留学是我国教育事业的重要组成部分，来华留学事业培养了一大批“知华友华”的高素质人才，是我国对外人文交流的重要纽带，也促进着我国对外经济贸易的发展。① 自1950年我国接收第一批来自东欧国家的33名留学生起，目前我国已经成为亚洲最大、世界主要的留学目的地国。截至2018年，我国已累计接收来华留学生514万人次。2018年来华留学总人数达到49.22万人，来自196个国家和地区的留学生在我国1 004所高等院校学习（以上数据均不含港、澳、台地区）。在规模扩大的同时，我国来华留学事业的质量也在不断攀升。2010年，教育部发布了《留学中国计划》，提出“建立与我国国际地位、教育规模和水平相适应的来华留学工作与服务体系；造就出一大批来华留学教育的高水平师资；形成来华留学教育特色鲜明的大学群和高水平学科群；培养一大批知华、友华的高素质来华留学毕业生”的发展目标，围绕这一目标，我国确立了“扩大规模，优化结构，规范管理，保证质量”的方针。按照这一方针，近年来我国不断完善政策体系，明确基本规范，建立质量保障体系，多管齐下打造“留学中国”品牌。2017年，教育部、外交部和公安部联合出台了《学校招收和培养国际学生管理办法》。2018年，教育部出台了《来华留学生高等教育质量规范（试行）》等，切实提升了来华留学教育质量。我国来华留学教育事业已经培养了一大批高水平人才，其中优秀的毕业生中包括埃塞俄比亚总统穆拉图、哈萨克斯坦总理马西莫夫、越南副总理阮善仁、泰国公主诗琳通等杰出代表。②

（二）提升涉外办学水平

中外合作办学和境外办学是我国改革开放后教育对外开放的新事物。改革开放40多年来，中外合作办学和境外办学都取得了显著的成绩。

我国《中外合作办学条例》规定，中外合作办学是指外国教育机构同中国教育机构在中国境内合作举办的以中国公民为主要招生对象的教育机构的办学活动。中外合作办学是我国教育事业的组成部分。1986年，南京大学—约翰斯·霍普金斯大学中美文化研究中心是我国第一所中外合作办学机构。

---

①陈东阳，哈巍. 来华留学生教育与进出口贸易：基于1999-2017年省级面板数据的实证分析[J]. 教育与经济，2021（37）：13-20+39.

②许涛. 中国教育国际合作与交流新趋[J]. 中国高等教育，2017（08）：4-6.

随着改革开放的深入，我国中外合作办学有了长足的进步。我国不断制定完善了相关的法律法规体系，规范中外合作办学。

党的十八大以来，我国中外合作办学进入新的发展阶段。① 2016 年，《关于做好新时期教育对外开放工作的若干意见》指出，要通过完善准入制度、改革审批制度、开展评估认证、强化推出机制等，提高合作办学的质量。2018 年，教育部依法终止了 234 个中外合作办学机构和项目。截至 2020 年底，我国有中外合作办学机构和项目 2 332 个，其中本科及以上 1 230 个。中外合作办学在引进优秀资源、创新人才培养模式、促进国际化人才培养等方面发挥了重要的作用。

境外办学是指我国教育机构赴境外举办学校，进行办学活动。境外办学是我国教育实力不断增强的产物。1992 年，上海交通大学和北京中医药大学分别在境外举办了一些教育活动，是我国境外办学的萌芽。21 世纪初我国加入 WTO 后，2002 年教育部颁布了我国第一个关于境外办学的规章《高等学校境外办学暂行管理办法》，此后我国境外办学开始逐步发展。2011 年，我国政府批准的第一所境外大学——老挝苏州大学成立。党的十八大以来，在“支持中国文化走出去，提升软实力建设”的要求下，境外办学快速发展。2015 年，我国取消了对境外办学的行政审批，高校境外办学进入自主发展时期；为规范办学、服务高校，2019 年我国发布《高等学校境外办学指南》。截至 2019 年，据不完全统计，我国共 84 所高校进行境外办学，设立和举办的办学机构和项目共 128 个。境外办学是我国教育对外开放的重要一步，是我国向世界贡献中国教育经验和智慧的有效途径。

（三） 引进一流师资，丰富中外人文交流

面向全球引进一流专家、师资是我国教育对外开放的重要内容。自改革开放初期，我国就不断探索如何引进外国专家。1980 年，国务院颁布《外国文教专家工作试行条例》，这是改革开放后的第一部专门政策，此后我国逐步建立了系统的外国专家工作政策体系，并随时代更新。我国专门设置了国家外国专家局，负责国家智力引进。

---

①刘宝存，张继桥. 改革开放四十年教育对外开放政策变迁的历史考察[J]. 高校教育管理，2018(06)：1-13.

21世纪以来，我国先后设立了“聘请世界知名学者”项目、“高等学校学科创新引智计划”“外专千人计划”“高校国际化师范学院推进计划”等，陆续引进了一大批高水平外国专家。引智计划为我国的建设作出了巨大贡献，2014年国家外国专家局评选了“新中国65年十大引智成果”，包括高速动车、量子通信技术、月宫一号、互联网技术、“CR-01”6 000米水下机器人、节水灌溉技术、大亚湾核电站建设、北京电子对撞机、水稻旱育稀植、武汉长江大桥。在这些重要的领域内，外国专家作出了不可磨灭的贡献。2018年，国家外国专家局组织“改革开放40周年最具影响力的外国专家”评选，共评选了40位外籍专家，表彰他们对于我国发展的重要贡献。

人文交流与政治互信、经贸合作是中国与世界各国关系稳定发展的三大支柱①，也是我国教育对外开放的一个重要途径。2000年以来，我国先后与俄罗斯、美国、英国、欧盟、法国、印度尼西亚、南非、德国、印度、日本等十个国家和地区建立了高级别人文交流机制，在教育、文化、卫生、体育、科技等多个领域展开人文交流。以俄罗斯为例，中俄两国在教育领域开展了形式多样的合作，目前中俄两国签署了950余份合作协议，涵盖600多所中国教育机构和150多所俄罗斯教育机构，建立了11个高校联盟，在多所高校启动了联合培养计划，并展开中俄合作办学，2020年国内中俄合作办学机构共23所。②

语言交流也是人文交流的重要部分。2016年，《关于做好新时期教育对外开放工作的若干意见》指出，我国要深化与世界各国语言合作交流，促进中外语言互通。为推广汉语，我国在1987年成立国家对外汉语教学领导小组，设立国家对外汉语教学领导小组办公室，简称“国家汉办”。21世纪以来，我国逐渐建立了包括“汉语桥工程”、孔子学院、志愿者、汉语水平考试、孔子新汉语计划、国家公派出国教师等在内的政策体系。自2004年第一所汉语学院在韩国首尔成立以来，截至2020年底，全球范围内已成立541所孔子学院

①许涛. 中国教育国际合作与交流新趋势[J]. 中国高等教育，2017（08）：4-6.

②郑文东，王璐瑶，程平. 新时期中俄人文交流机制的特点[J]. 欧亚人文研究（中俄文），2021（02）：9-16＋48＋84＋89.

和 1 170 个孔子课堂，覆盖 162 个国家和地区。① 经过努力，我国的汉语推广事业已取得了良好的效果，目前，全球已有 70 个国家将中文纳入国民考试体系，“十三五”期间全球参加 HSK（汉语水平考试）、YCT（中小学生汉语考试）等中文水平考试的人数达到 4 000 万人次。汉语在全球的推广促进了我国与世界其他国家的沟通交流。

（四）参与全球教育治理，实施教育援助，促进合作共赢

在全球化的背景下，人类已经进入命运共同体的时代，参与全球教育治理和教育援助是一个大国不可避免的责任和义务。党的十九大报告指出，我国将继续发挥负责任的大国作用，积极参与全球治理，不断贡献中国智慧、中国方案和中国力量。

全球教育治理是指“国际组织、主权国家、跨国公司等主体秉持共商共建共享的理念，利用自身资源及影响力参与全球教育理念引领及国际教育规则、教育政策制定，拟定教育议程、举办国际论坛、开展教育援助等，以此参与管理全球教育公共事务的过程，目的是实现全球范围内的教育善治”。②我国是全球教育治理的积极参与者，随着我国综合实力的增强，我国在全球教育治理中的作用也逐渐增强。我国在联合国教科文组织等国际组织中发挥的作用愈加明显，目前联合国教科文组织中共有 13 个针对教育的二级研究机构，其中有两个设立在我国，即位于上海的联合国教科文组织教师教育中心和位于三亚的联合国教科文组织国际中心。③ 教育是 G20（二十国集团）峰会的核心主题，近年来我国在其中发挥了重要作用，2016 年 G20 峰会在我国杭州举办，会上发布了《二十国集团领导人杭州峰会公报》，引导各国教育议题设置。近年来，我国国际组织人才培养工作逐见成效，高校是国际组织人才培养的中心，以清华大学为例，为培养国际组织人才，清华大学成立了由校党委书记担任组长的国际组织人才培养推送工作领导小组，与亚洲开发银行、联合国儿童基金会等国际组织签署实习生选派合作备忘录、建设以苏世民项

①张东辉，郑佳. 孔子学院海内外镜像之比较——基于 2015-2020 年间的孔子学院中英文文献述评[J]. 中国人民大学教育学刊，2021(01)：69-151.

②周洪宇，付睿. 全球教育治理研究导论[M]. 武汉：湖北教育出版社，2020.

③张丹，朱玉明. 联合国教科文组织全球教育治理机制与政策趋势——访戴维·埃乔莱纳[J]. 全球教育展望，2019 (05)：3-15.

目为代表的20个全英文授课研究生项目和43个中外联合研究生培养项目，开设国际组织和全球治理相关课程，成立国际组织人才训练营等，多方面推动国际组织人才培养。截至2018年，清华大学有60余人进入国际组织实习，部分实习生因表现优异签订顾问合同。①

对外援助是我国对外政策的重要部分。新中国成立70多年来，我国对外援助走过了三个阶段：新中国成立初期，我国对外援助主要是支持第三世界独立自强；改革开放后，我国对外援助坚持互利共赢、共同发展；党的十八大以来，我国进入新时代，习近平总书记提出了“要切实落实好正确的义利观，做好对外援助工作，真正做到弘义融利”，我国对外援助进入了“构建人类命运共同体”的新阶段。② 在人类命运共同体理念的引领下，我国对外援助规模进一步扩大，力度也进一步增强。在南南合作框架下，我国通过对外援助等方式大力推动国际发展合作，确立了包括“聚焦发展，改善民生”的政策主张，加大对减灾、减贫、教育、卫生、农业、就业、环保和应对气候变化等领域的投入。党的十八大以来，截至2019年，我国积极履行国际责任和义务，援建重大基础设施项目300余个，在农业、教育、卫生、减贫等领域实施了2 000余个民生项目援助。③

其中，保障优质教育是对外援助中的重要部分。党的十八大以来，我国通过援建学校、培养师资、扩大奖学金规模等方式，支持其他发展中国家的教育事业发展。在基础教育领域，我国向多国提供校舍援建、教学物资援助等，改善当地基础教育办学条件。例如，在尼泊尔、亚美尼亚、莫桑比克、纳米比亚、秘鲁、乌拉圭等国援建一批中小学校，并提供计算机、实验室设备、文体用品等；向南苏丹提供教育技术援助，为南苏丹小学编写、编印教材，惠及15万名师生；为北马其顿27所学校提供远程教育设备，提升当地教育水平。

在高等教育领域，我国帮助发展中国家改善高等教育设施，增强学科力

①郭昊，唐棘.中外合作大学有效促进大学生进入国际组织实习和任职的研究[J].生涯发展教育研究，2020，22(02)：24-39.

②俞子荣.不平凡的探索与成就——中国对外援助70年[J].国际经济合作，2020(06)：4-19.

③宋微.开拓南南合作新局面——中国对外援助70年成就巡礼[J].国际商务财会，2019(09)：3-7.

量，培养高素质人才。我国援建了部分高校的教学楼、图书馆等项目，包括瓦努阿图南太平洋大学埃马路斯分校、马拉维科技大学、阿富汗喀布尔大学中文系教学楼、坦桑尼亚达累斯萨拉姆大学图书馆、马里巴马科大学卡巴拉教学区等；在肯尼亚肯雅塔农业科技大学建设中非联合研究中心，帮助开设生物多样性保护与利用、资源遥感等专业；同时，协助培养高水平人才，2013 年以来，我国共资助 4 300 余名发展中国家人员来华攻读硕士博士学位，并大力开展中非高校间“20＋20”合作计划、设立“原子能奖学金”项目等加强与发展中国家的科研合作和师生互访。

在职业教育领域，我国通过援建职业技术学校、提供教育物资、设立“鲁班工坊”等提高相关国家职业教育水平。我国为老挝、柬埔寨、尼泊尔、缅甸、巴基斯坦、阿富汗、卢旺达、乌干达、马拉维、埃及、苏丹、利比里亚、赤道几内亚、瓦努阿图等国援建了职业技术学校或职业培训中心；为阿塞拜疆、埃塞俄比亚、马达加斯加等国提供职业技术教育物资；在吉布提、埃及等国设立了“鲁班工坊”，由中国职业教育学校对口建设。①

（五）推进“一带一路”教育行动，促进沿线国家教育合作

“一带一路”是我国对外开放的重要战略，标志着我国对外开放从积极“引进来”进入到“走出去”的新阶段。2015 年，我国发布了《推动共建丝绸之路经济带和 21 世纪海上丝绸之路的愿景和行动》，明确了“一带一路”的战略规划。“一带一路”战略的核心理念是“和平、合作、发展、共赢”，合作重点包括政策沟通、设置联通、贸易畅通、资金融通和民心相通，以建设利益共同体、命运共同体和责任共同体。②“一带一路”战略是我国在全球化背景下的必然选择。

教育合作既是“一带一路”建设的重要内容，又为共建“一带一路”提供人才支撑。“一带一路”战略的合作重点包括民心相通，这意味着通过开展广泛的文化交流、学术往来等，加强多边合作的民意基础。《推动共建丝绸之

①中华人民共和国国务院新闻办公室.《新时代的中国国际发展合作》白皮书[EB/OL].(2021-01-10). http://www.gov.cn/zhengce/2021-01/10/content_5578617.htm.

②刘卫东.“一带一路”战略的科学内涵与科学问题[J]. 地理科学进展，2015，34(05)：538-544.

路经济带和 21 世纪海上丝绸之路的愿景和行动》提出，要“扩大相互间的留学生规模，开展合作办学，中国每年向沿线国家提供 1 万个政府奖学金名额”。2016 年教育部发布了《推进共建“一带一路”教育行动》，提出中国以“基础性、支撑性、引领性”为建议框架，重点开展以下几个方面的合作——开展教育互联互通合作，包括教育政策沟通、教育合作渠道畅通、语言互通、学历学位认证标准连通等；开展人才培养培训合作，包括“丝绸之路”留学、合作办学、师资培训、联合培养等方面；共建丝路合作机制，包括加强人文交流高层磋商、建设国际合作平台、实施教育援助计划等。

“一带一路”战略的深入推进，加强了我国与沿线国家的教育合作交流，提升了我国高等教育的国际化水平。《共建“一带一路”倡议：进展、贡献与展望》报告显示，截至 2019 年，“一带一路”战略取得了丰富的教育成果。我国设立了“丝绸之路”中国政府奖学金项目，与 24 个沿线国家签署了高等教育学历学位互认协议；在 54 个沿线国家设立 153 个孔子学院、149 个孔子课堂；中国科学院在沿线国家设立硕士、博士生奖学金和科技培训班，培训惠及 5 000 余人次。同时，我国向沿线国家提供了大量包括教育在内的民生援助。

教育对外开放促进了我国教育事业的发展，提升了我国的国际影响力。2020 年，教育部等八部门发布了《关于加快和扩大新时代教育对外开放的意见》，指出我国将加强同世界各国的互鉴、互容、互通，形成更全方位、更宽领域、更多层次、更加主动的教育对外开放局面。教育对外开放是教育现代化的重要特征，也是其重要的推动力。教育对外开放推动了教育现代化进程，为我国全面建成小康社会作出了重要贡献，也将进一步为我国到 2035 年总体实现教育现代化，建设社会主义现代化大国、强国奠定基础。

“十四五”期间，我国教育对外开放工作应进一步做好“五个全面”。

第一，全面优化教育对外开放布局。

注重“引进来”和“走出去”协同推进。我国要从国际、国内两个层面完善教育对外开放格局。国际层面，总体策略是“分类实施”，注重“引进来”和“走出去”协同推进，对发达国家以优质资源“引进来”为重点，对发展中国家以中国教育“走出去”为重点；国内层面，强调“因地制宜”，目标是形成教育对外开放区域特色，东部重心在于整体带动，中西部重心在于面上突破，沿边地区重心在于特色先行。

推动“一带一路”教育合作。真正要建成“一带一路”，必须在沿线国家民众中形成一个相互欣赏、相互理解、相互尊重的人文格局。要加强与共建“一带一路”沿线国家的教育合作，建设“一带一路”教育资源信息服务综合平台，建立国际科教合作交流平台，实施高等学校科技创新服务“一带一路”倡议行动计划。要深化与共建“一带一路”沿线国家人文交流，大力支持中外民间交流，加强中外体育、艺术等人文交流。

第二，全面提升教育对外开放层次和水平。

习近平总书记指出，要打造更具国际竞争力的留学教育，将我国建成全球主要留学中心和世界杰出青年向往的留学目的地，吸引海外顶尖人才来华留学，培养未来全球精英。我们应大力提升来华留学教育层次，着力提高国际交流合作质量，积极鼓励与国外高水平教育机构合作开展研究。

为此，我们应探索实施来华留学生与本国学生趋同管理，提高高等教育国际化水平，尽快制定来华留学生的本科教学质量评估标准，以保障来华留学生的生源质量和培养质量。与更多国家签订学历学位互认协议，降低国际学生来华留学阻力。举办教育国际展览，扩大我国教育的国际知名度，吸引更多来华留学生。加强教育国际援助、对外交流，通过这种开放发展，促进中国教育参与国际教育分工，推进新的国际教育格局形成。要吸引境外知名学校、教育和科研机构及企业，合作设立教育教学、实训、研究机构或项目，持续深化教育领域开放进程，放宽教育领域外资股比限制。鼓励高等学校与国外高水平大学合作开发专业、课程，探索建立校际教师互派、学生互换、学分互认和学位互授的有效途径和方法，培养大批具有国际视野、通晓国际规则的国际化人才。

第三，全面提高教育对外开放的针对性。

要统筹出国留学工作，妥善处理好新冠肺炎疫情对出国留学的不利影响。在制度层面上，要在进一步完善留学预警的同时，规范留学服务市场，明确留学中介服务机构的行业监管要求，健全行业评价、投诉处理、信息公开、退出禁入机制。针对疫情对出国留学的影响，积极探索推进“插班”“学分互认”“借读”等形式，拓展出国留学空间。

启动国内、国际教育“双循环”，鼓励中外高校合作办学。习近平总书记在2018年全国教育大会上特别强调，要扩大教育开放，同世界一流资源开展高水平合作办学，再次肯定了中外合作办学的重要作用。国内高校要积极开展教育国际交流与合作，加强校际交流，积极开展联合办学，不断拓宽国际交流合作渠道，明确准入标准，完善审批程序，加强引导和管理，进一步提高中外合作办学水平。要加大对职业教育合作办学的支持力度，为我国经济发展模式转型、构建现代职业教育体系作出更大贡献。

第四，全面参与全球教育治理。

全面参与国际教育发展与交流过程，促进全球教育思想、教育体系和教育标准建设。积极参与联合国主导下的全民教育政策研究与制定，结合教育发展的成功经验，为发展中国家提供指导。深化与联合国教科文组织、世界银行、经合组织、亚太经合组织、上海合作组织、G20等国际政府间组织及非政府组织的多边教育合作交流；制订培养全球教育治理人才计划，为国际组织输送中国教育人才；深度参与国际教育规则与标准制定，增强规则制定能力、议程设置能力、舆论宣传能力、统筹协调能力；通过合作办学、设立分校等方式向世界输出优质教育资源；积极开展教育国际援助，积极倡议与“一带一路”沿线各国构建教育共同体。只有全面参与全球教育治理，在这一过程中积极与全球进行多边互动，中国才能在传播先进经验和理念的同时，把全球优秀的教育实践和理论吸收进来，为人类和平与发展贡献教育的中国智慧、中国方案、中国力量，为全球教育的全纳、公平、包容与可持续发展及制度建设作出自己的贡献。

第五，全面提升中国教育经验、理论、模式的影响力。

认真总结教育改革发展的中国经验。要通过联合国教科文组织等国际平台，通过国际会议、研讨会、交流访问等多种形式，以外国人能听懂的语言、能理解的方式积极推广中国教育改革与发展经验，与广大发展中国家分享中国高质量普及九年义务教育的经验、建设高素质专业化创新型教师队伍的经验和教育扶贫的经验，提升中国教育的影响力，为世界教育发展贡献中国智慧。

认真总结教育改革发展的中国理论和模式。主要包括：中国教育改革发展实践路径的科学梳理，中国教育改革发展对于中国及其全人类的影响，中国教育改革发展成功的归因分析与基本经验，东方教育思想的复兴、影响与竞争力研究。必须提炼出真实反映中国教育改革发展的现实，具有普遍价值和普遍意义的发展理论和发展模式，为发展中国家提供可资学习、具有可操作性的政策路径。

教育是国之大计，党之大计。在党对教育工作的全面领导下，在建设小康社会的伟大进程中，我国不断推进教育信息化建设、全面扩大教育对外开放、稳步扩大教育投入、有效推动教育治理体系和治理能力现代化，构建了一个逐步完善的教育发展保障体系。在这一体系的保障下，我国教育事业取得了举世瞩目的成就，为我国小康社会的全面建成作出了重要贡献。

2021 年，在中国共产党建党百年华诞之期，我国完成了全面建成小康社会的伟大目标。千年梦想，一朝实现。

从此，我国开启了建设社会主义现代化国家的新征程，开启了中华民族伟大复兴的新征程。习近平总书记指出："从全面建成小康社会到基本实现现代化，再到全面建成社会主义现代化强国，是新时代中国特色社会主义发展的战略安排。""十四五"时期是我国全面建成小康社会、实现第一个百年奋斗目标之后，乘势而上开启全面社会主义现代化国家新征程、向第二个百年奋斗目标进军的第一个五年。

随着这一新征程的开启，我国教育事业也迈上了建设现代化教育强国的新征程。在中国共产党的全面领导下，按照《中国教育现代化 2035》的重要部署，我国将在 2035 年总体实现教育现代化，迈入教育强国行列，推动我国成为学习大国、人力资源强国和人才强国。我国教育事业将更上层楼，建成服务全民终身学习的现代教育体系、普及有质量的学前教育、实现优质均衡的义务教育、全面普及高中阶段教育、职业教育服务能力显著提升、高等教育竞争力明显提升、残疾儿童少年享有适合的教育、形成全社会共同参与的教育治理新格局。

建党百年以来，教育事业的重大发展为我国全面建成小康社会奠定了坚实的基础。站在"两个一百年"这一重要历史交汇期展望未来，我们相信，建设现代化教育强国新征程的展开必将为到本世纪中叶建成富强民主文明和谐美丽的社会主义现代化强国、实现第二个百年奋斗目标奠定坚实的基础！

附录：中国共产党百年教育大事记

1920 年

秋季　上海共产主义小组成员李启汉在上海沪西小沙渡创办了工人半日学校。

12 月　北京共产主义小组决定在长辛店创办一所劳动补习学校。

1921 年

7 月 23 日－8 月 3 日　中国共产党第一次全国代表大会宣告了中国共产党的成立。

8 月　湖南自修大学成立。

8 月 11 日　中国共产党在上海成立了领导工人运动的总机关——中国劳动组合书记部。

1922 年

1 月　李立三在安源创办了第一所路矿工人补习学校（工人夜校）。

10 月 23 日　国共两党共同创办的上海大学正式成立。

1923 年

1 月 1 日　广东海丰总农会宣布成立，下设教育部。

1924 年

6 月 16 日　中国共产党参与创办的黄埔军校在广州市黄埔区长洲岛正式成立。

7 月 3 日　彭湃在番禺学宫主持开办第一届农民运动讲习所。

12 月　中共安源地委党校成立。

1925 年

初春至仲秋　毛泽东、杨开慧创办了韶山农民夜校。

5 月 1 日　第二次全国劳动大会在广州召开，大会提出了关于工人教育的决议案。

9 月　北京党校在李大钊主持下由赵世炎具体负责筹办。

1926 年

5 月—9 月　毛泽东主持第六届农民运动讲习所并亲任所长。

12 月 1 日　湖南省第一次农民代表大会在长沙召开，大会制定了《农村教育决议案》。

1927 年

3 月 7 日　毛泽东等人创办的武昌中央农民运动讲习所开始上课。

1928 年

7 月　中国共产党第六次全国代表大会提出，目前党内的工作任务之一是，加紧党员群众的教育。

1929 年

5 月　杨贤江编著了我国第一本用历史唯物主义观点来研究教育史的专著——《教育史 ABC》。

1930 年

初春　闽西红军学校成立。

4 月　中国红军军官学校第一分校成立。

1931 年

11 月 7 日　中华苏维埃共和国在瑞金成立，临时中央政府内设中央教育人民委员部。

1932 年

春季　中国工农红军卫生学校成立。

1933 年

3 月　中国工农红军通信学校成立。

3 月 13 日　中共中央在瑞金叶坪创办苏维埃党校——马克思共产主义学校。

9 月初　苏维埃大学正式开学，毛泽东任第一届校长。

1934 年

10 月　红军大学、红军彭杨步兵学校、红军公略步兵学校、红军特科学校合并，组成中国工农红军学校。

10 月　陕甘边红军军政干部学校成立。

1935 年

1 月　陕北特委把干训班改为陕北特委党校。

1936 年

6 月 1 日　中国人民抗日红军大学在陕甘革命根据地瓦窑堡成立。

1937 年

1 月　中国人民抗日红军大学更名为中国人民抗日军事政治大学。

8 月　中共中央政治局创办陕北公学。

1938 年

4 月 10 日　鲁迅艺术学院在延安成立。

9 月 29 日—11 月 6 日　中国共产党在延安召开了扩大的六届六中全会，毛泽东在会上作了《论新阶段》的政治报告。

1939 年

5 月　在延安青年群众举行的五四运动 20 周年纪念大会上，毛泽东作了《青年运动的方向》的演讲。

7 月 20 日　中共在延安创办了中国女子大学。

1940 年

2 月　中共中央成立泽东青年干部学校。

春季　延安中央托儿所成立。

1941 年

7 月　中共中央华中局党校在南京正式成立。

9 月　泽东青年干部学校和中国女子大学、陕北公学合并成立延安大学。

9 月　中共中央决定在陕北公学民族部的基础上成立延安民族学院。

1942 年

2 月　毛泽东在中央党校开学典礼上作《整顿学风党风文风》的报告。

1944 年

10 月 30 日　毛泽东在陕甘宁边区文教工作者会议上指出：在教育工作方面，不但要有集中的正规的小学、中学，而且要有分散的不正规的村学、读报组和识字组。不但要有新式学校，而且要利用旧的村塾加以改造。

1945 年

4 月　毛泽东在中国共产党第七次全国代表大会上指出，中国应当建立自己的民族的、科学的、人民大众的新文化和新教育。

1946 年

2 月　东北大学在本溪成立。

1947 年

8 月 9 日　东北行政委员会召开的第一次教育会议指出，东北解放区要贯彻新民主主义教育方针，要把土地改革和自卫战争作为教育的中心内容。

1948 年

7 月　党中央决定建立高级党校，名为马列学院。

7 月　中共中央中原局创办中原大学。

8 月 24 日　华北大学成立。

1949 年

12 月　政务院文化教育委员会成立办理留学生回国事务委员会。

12 月 23 日—31 日　教育部在北京召开第一次全国教育工作会议，提出教育必须为国家建设服务，学校必须为工农开门。

1950 年

5 月 26 日　教育部发出《关于高等学校 1950 年度暑期招考新生的规定》。

6 月 1 日—9 日　教育部在北京召开第一次全国高等教育会议。

6 月 3 日　政务院成立 1950 年暑期高等学校毕业生工作分配委员会。

12 月 14 日　政务院发出《关于举办工农速成中学和工农干部文化补习学校的指示》。

1951 年

3 月 19 日—31 日　教育部在北京召开第一次全国中等教育会议。

6 月 11 日　中央民族学院成立。

6 月 29 日　政务院第九十一次政务会议通过《关于 1951 年暑期全国高等学校毕业学生统筹分配工作的指示》。

8 月 27 日—9 月 11 日　教育部召开的第一次全国初等教育会议和第一次全国师范教育会议在北京合并举行。

9 月 20 日—28 日　教育部在北京召开第一次全国民族教育会议。

10 月 1 日　政务院命令公布施行《关于改革学制的决定》。

11 月 20 日　教育部召开全国工农速成中学工作会议。

1952 年

3 月 18 日　教育部颁发《幼儿园暂行规程（草案）》《小学暂行规程（草案）》与《中学暂行规程（草案）》。

6 月 12 日　教育部发出《关于全国高等学校 1952 年暑期招收新生的规定》。

7 月 19 日　政务院发出《关于 1952 年暑期全国高等学校毕业生统筹分配工作的指示》。

8 月 2 日—12 日　教育部在北京召开中小学教育行政会议。

11 月 15 日　中央人民政府委员会第十九次会议通过决议，成立高等教育部和扫除文盲工作委员会。

1953 年

12 月 11 日　政务院公布第一百九十五次政务会议通过的《关于整顿和改进小学教育的指示》。

1954 年

6 月 5 日　政务院公布第二百一十二次政务会议通过的《关于改进和发展中学教育的指示》。

1955 年

2 月 10 日　教育部公布《小学生守则》。

5 月 13 日　教育部公布《中学生守则》。

1956 年

1 月 14 日　周恩来在中共中央召开的关于知识分子问题的会议上作《关于知识分子问题的报告》。

3 月 29 日　中共中央、国务院发布《关于扫除文盲的决定》。

1957 年

2 月 27 日　毛泽东在扩大的最高国务会议上所作的题为《关于正确处理人民内部矛盾的问题》的讲话中提出："我们的教育方针，应该使受教育者在德育、智育、体育几方面都得到发展，成为有社会主义觉悟的有文化的劳动者。"

1958 年

2 月　中华人民共和国第一届全国人民代表大会第五次会议决议，将高等教育部和教育部合并为教育部。

2 月 1 日—11 日　一届全国人大五次会议在北京举行。会议通过《关于汉语拼音方案的决议》，批准《汉语拼音方案》。

1959 年

5 月 24 日　中共中央、国务院发出《关于整顿 1958 年新建的全日制和半日制高等学校的通知》。

1960 年

11 月 24 日—12 月 12 日　中央文教小组召开全国文教工作会议。

1961 年

2 月 7 日　中共中央批转中央文教小组《关于 1961 年和今后一个时期文化教育工作安排的报告》。

1962 年

5 月 25 日　中共中央批发教育部党组《关于进一步调整教育事业和精简学校教职工的报告》。

1963 年

3 月 23 日　中共中央发出《全日制小学暂行工作条例（草案）》和《全日制中学暂行工作条例（草案）》。

1964 年

5 月 4 日　中共中央、国务院批转教育部临时党组《关于克服中小学学生负担过重现象和提高教学质量的报告》。

1965 年

3 月 26 日—4 月 23 日　教育部在北京召开全国农村半农半读教育会议。

10 月 25 日—11 月 23 日　教育部在北京召开全国城市半工半读教育会议。

1966 年

1 月 17 日　中共中央转发教育部党组《关于减轻学生负担保证学生健康问题的报告》。

1968 年

12 月 22 日　《人民日报》引述了毛泽东的指示，拉开了知识青年上山下乡的高潮。

1969 年

10 月 26 日　中共中央发出《关于高等院校下放问题的通知》。

1970 年

6 月 27 日　中共中央批转《北京大学、清华大学关于招生（试点）的请示报告》。

1971 年

4 月 15 日—7 月 31 日　国务院在北京召开全国教育工作会议。

1972 年

5 月 1 日　中共中央发出《关于杜绝高等学校招生工作中“走后门”现象的通知》。

1973 年

8 月 4 日　中共中央转发国务院《关于全国知识青年上山下乡工作会议的报告》。

1974 年

9 月　国务院科教组、财政部联合发出关于开门办学的通知。

1975 年

1 月　四届全国人大一次会议通过任命周荣鑫为教育部部长。从此，国务院科教组撤销，教育部恢复。

1976 年

5 月 6 日—6 月 23 日　教育部转发《辽宁省教育局一九七五年高等学校招生工作总结》，推广辽宁省一九七五年高等学校试行“社来社去”“厂来厂去”“哪来哪去”（即“三来三去”）经验。

1977 年

8 月 4 日　邓小平在人民大会堂主持召开了科学和教育工作座谈会。会议上，邓小平决定恢复中断的高考制度。

10 月 12 日　国务院批转教育部《关于 1977 年高等学校招生工作的意见》和《关于高等学校招收研究生的意见》。

1978 年

1 月 7 日　国务院批转教育部《关于加强中小学教师队伍管理工作的意见》。

3 月 18 日　中共中央副主席邓小平在全国科学大会开幕式上讲话。他说："四个现代化，关键是科学技术现代化。"

10 月 4 日　教育部发出通知：试行《全国重点高等学校暂行工作条例（试行草案）》。

11 月　国务院发出《关于扫除文盲的指示》。

11 月 26 日—12 月 3 日　教育部、广播事业局在北京联合召开全国电视大学工作会议。制定了《中央广播电视大学试行方案》。

1979 年

4 月 22 日—5 月 7 日　教育部召开全国中小学思想政治教育工作座谈会。

1980 年

2 月 12 日　五届全国人大常委会第十三次会议通过《中华人民共和国学位条例》。

10 月 7 日　国务院批转教育部、国家劳动总局《关于中等教育结构改革的报告》。

12 月 3 日　中共中央发出《关于普及小学教育若干问题的决定》。

1981 年

2 月 16 日—25 日　教育部、国家民族事务委员会在北京召开第三次全国民族教育工作会议。

1982 年

7 月 6 日　中共中央宣传部在北京召开少年儿童思想品德教育座谈会。

1983 年

9 月 9 日　邓小平为景山学校题词"教育要面向现代化，面向世界，面向未来"。

1984 年

8 月 8 日　教育部发出通知，在 22 所全国重点高等院校试办研究生院，并发布《关于在部分全国重点高等院校试办研究生院的几点意见》。

1985 年

5 月　中共中央、国务院在北京召开全国教育工作会议。

5 月 27 日　中共中央颁布《关于教育体制改革的决定》。

1986 年

4 月 12 日　六届全国人大四次会议审议通过了《中华人民共和国义务教育法》，决定自 7 月 1 日起施行。

1987 年

5 月 29 日　中共中央颁布《关于改进和加强高等学校思想政治工作的决定》。

1988 年

6 月 1 日—5 日　全国中小学德育工作会议在北京召开。

11 月 2 日—5 日　全国扫除文盲工作会议在北京召开。

12 月 25 日　中共中央发出《关于改革和加强中小学德育工作的通知》。

1989 年

6 月 5 日　国家教委发布《幼儿园工作规程（试行）》。

9 月 11 日　经国务院批准，国家教委发布《中华人民共和国幼儿园管理条例》。

1990 年

10 月 31 日　国家教委发布《普通高等学校教育评估暂行规定》。

1991 年

4 月 26 日　国家教委发布《教育督导暂行规定》。

11 月 14 日　国务院发出《关于大力发展职业技术教育的决定》。

1992 年

11 月 14 日—18 日　国家教委在北京召开全国普通高等教育工作会议。

1993 年

2 月 13 日　中共中央、国务院印发《中国教育改革和发展纲要》。

10 月 31 日　江泽民主席发布第十五号令，公布《中华人民共和国教师法》。

1994 年

6 月 14 日—17 日　中共中央、国务院在北京召开改革开放以来的第二次教育工作会议。

7 月 3 日　国务院发出《关于〈中国教育改革和发展纲要〉的实施意见》。

8 月 23 日　国务院发布《残疾人教育条例》。

1995 年

3 月 18 日　八届人大三次会议通过《中华人民共和国教育法》。

5 月 26 日　中共中央和国务院在北京召开全国科技大会。

11 月　国家教委发出《进一步改进和加强研究生工作的若干意见》。

1996 年

5 月 15 日　八届人大常委会第十九次会议通过《中华人民共和国职业教育法》。

1997 年

7 月 31 日　国务院发布《社会力量办学条例》。

10 月 14 日　国家教委印发《关于实施〈社会力量办学条例〉若干问题的意见》。

1998 年

8 月 29 日　九届人大常委会第四次会议通过《中华人民共和国高等教育法》。

12 月 2 日　教育部发出《特殊教育学校暂行规程》。

1999 年

1 月 13 日　国务院批转教育部《面向 21 世纪教育振兴行动计划》。

6 月 13 日　中共中央、国务院颁布《关于深化教育改革全面推进素质教育的决定》。

6 月 14 日—16 日　教育部在北京召开全国教育信息化工作座谈会。

2000 年

11 月 14 日　教育部发出《关于在中小学普及信息技术教育的通知》，决定用 5～10 年时间，在中小学（包括中等职业技术学院）普及信息技术教育。

2001 年

3 月　《国家“十五”计划纲要》指出：实施人才战略，壮大人才队伍。

5 月 29 日　国务院作出《关于基础教育改革与发展的决定》。

8 月 8 日　教育部印发《教师资格证书管理规定》。

2002 年

12 月 28 日　九届全国人大常委会第 31 次会议表决通过了《中华人民共和国民办教育促进法》。

2003 年

9 月 17 日　国务院印发《关于进一步加强农村教育工作的决定》。

2004 年

3 月 3 日　国务院批转教育部《2003—2007 年教育振兴行动计划》。

2005 年

3 月 5 日　教育部办公厅发出《关于在全国学生体育和艺术活动中加强卫生防疫与安全工作的通知》。

10 月 28 日　国务院印发《关于大力发展职业教育的决定》。

2006 年

5 月 18 日　教育部、财政部、人事部、中编办联合印发《农村义务教育阶段学校教师特设岗位计划实施方案》，决定组织实施"农村义务教育阶段学校教师特设岗位计划"。

2007 年

10 月　胡锦涛在党的十七大上提出：培养德智体美全面发展的社会主义建设者和接班人，办好人民满意的教育。

2008 年

4 月　教育部正式实施《独立学院设置与管理办法》。

7 月　国务院常务会议研究决定，从 2008 年秋季学期开始，在全国范围内全部免除城市义务教育阶段学生学杂费。

2009 年

6 月 30 日　第一次全国中等职业学校德育工作会议在天津召开。

2010 年

6 月　中共中央政治局审议并通过《国家中长期教育改革和发展规划纲要(2010—2020 年)》。

7 月　国务院办公厅发布了《关于开展国家教育体制改革试点的通知》，标志着国家教育体制改革试点工作启动。

11 月《国务院关于当前发展学前教育的若干意见》出台，以多种形式扩大学前教育资源。

2011 年

6 月　教育部颁布《全国教育人才发展中长期规划（2010—2020 年）》。

2012 年

9 月 5 日　国务院印发《关于深入推进义务教育均衡发展的意见》。

9 月 6 日　国务院办公厅印发《关于规范农村义务教育学校布局调整的意见》。

2013 年

2 月 20 日　教育部、国家发改委、财政部联合印发《中西部高等教育振兴计划（2012—2020 年）》。

11 月 7 日　国务院办公厅转发教育部等部门《关于建立中小学校舍安全保障长效机制的意见》。

12 月 4 日　国务院召开常务会，审议通过教育部、发改委、财政部《关于全面改善贫困地区义务教育薄弱学校基本办学条件的意见》。

2014 年

1 月　教育部等七部门联合印发《特殊教育提升计划（2014—2016 年）》。

4 月　教育部印发《关于培育和践行社会主义核心价值观进一步加强中小学德育工作的意见》。

6 月　国务院印发《关于加快发展现代职业教育的决定》。

9 月　国务院发布《关于深化考试招生制度改革的实施意见》。

2015 年

5 月 13 日　国务院办公厅印发《关于深化高等学校创新创业教育改革的实施意见》。

6 月 8 日　国务院办公厅印发《乡村教师支持计划（2015—2020 年）》。

7 月 20 日　教育部等部门联合印发《关于加强中小学劳动教育的意见》。

8 月 17 日　国务院印发《关于加快发展民族教育的决定》。

8 月 28 日　教育部印发《职业院校管理水平提升行动计划（2015—2018 年）》。

10 月 24 日　国务院印发《统筹推进世界一流大学和一流学科建设总体方案》。

11月28日　国务院印发《关于进一步完善城乡义务教育经费保障机制的通知》。

2016年

4月29日　中共中央办公厅、国务院办公厅印发《关于做好新时期教育对外开放工作的若干意见》。

6月29日　中央组织部、教育部党组联合印发《关于加强中小学校党的建设工作的意见》。

7月11日　国务院印发《关于统筹推进县域内城乡义务教育一体化改革发展的若干意见》。

7月13日　教育部印发《推进共建“一带一路”教育行动》。

10月　教育部、国务院扶贫办联合印发《职业教育东西协作行动计划(2016—2020年)》。

11月30日　教育部等11部门联合发布《关于推进中小学生研学旅行的意见》。

12月7日—8日　全国高校思想政治工作会议在北京召开。

12月16日　教育部等六部门联合印发《教育脱贫攻坚“十三五”规划》。

2017年

1月10日　国务院印发《国家教育事业发展“十三五”规划》。

3月24日　教育部等四部门印发《高中阶段教育普及攻坚计划（2017—2020年)》。

5月23日　教育部、财政部发布《关于全面实施城乡义务教育教科书免费提供和做好部分免费教科书循环使用工作的意见》。

7月17日　教育部等七部门联合印发《第二期特殊教育提升计划(2017—2020年)》。

9月5日　国务院办公厅发布《关于进一步加强控辍保学提高义务教育巩固水平的通知》。

12月19日　国务院办公厅发布《关于深化产教融合的若干意见》。

12月15日　教育部等四部门联合印发《援藏援疆万名教师支教计划实施方案》。

2018 年

1 月 15 日　教育部、国务院扶贫办联合印发《深度贫困地区教育脱贫攻坚实施方案（2018—2020 年）》。

1 月 20 日　中共中央、国务院下发《关于全面深化新时代教师队伍建设改革的意见》。

2 月 11 日　教育部等五部门印发《教师教育振兴行动计划（2018—2022 年）》。

8 月 8 日　教育部、财政部、国家发展改革委印发《关于高等学校加快“双一流”建设的指导意见》。

8 月 22 日　国务院办公厅发布《关于规范校外培训机构发展的意见》。

11 月 7 日　中共中央、国务院下发《关于学前教育深化改革规范发展的若干意见》。

2019 年

1 月 24 日　国务院印发《国家职业教育改革实施方案》。

2 月　中共中央、国务院印发《中国教育现代化 2035》和《加快推进教育现代化实施方案（2018—2022 年）》。

6 月 19 日　国务院办公厅印发《关于新时代推进普通高中育人方式改革的指导意见》。

6 月 23 日　中共中央、国务院印发《关于深化教育教学改革全面提高义务教育质量的意见》。

10 月　教育部发布《教育部关于一流本科课程建设的实施意见》。

11 月　中共中央、国务院印发《新时代爱国主义教育实施纲要》。

2020 年

2 月　中共中央办公厅、国务院办公厅印发《关于深化新时代教育督导体制机制改革的意见》。

3 月 20 日　中共中央、国务院印发《关于全面加强新时代大中小学劳动教育的意见》。

7 月　高等教育出版社出版《习近平总书记教育重要论述讲义》。

10 月　中共中央、国务院印发《深化新时代教育评价改革总体方案》。

10 月　中共中央办公厅、国务院办公厅印发《关于全面加强和改进新时代学校体育工作的意见》和《关于全面加强和改进新时代学校美育工作的意见》。

12 月 15 日　教育部、财政部、国家发改委联合印发《“双一流”建设成效评价办法（试行）》。

12 月 23 日　教育部颁布《中小学教育惩戒规则（试行）》。

2021 年

2 月 23 日　中共中央办公厅、国务院办公厅印发《关于加快推进乡村人才振兴的意见》。

3 月 1 日　教育部等六部门印发《义务教育质量评价指南》。

主要参考书目

[1]保尔·朗格朗.终身教育引论[M].北京:中国对外翻译出版公司,1985.

[2]本书编写组.全面建设小康社会学习读本[M].北京:中共中央党校出版社,2002.

[3]本书编写组.习近平总书记教育重要论述讲义[M].北京:高等教育出版社,2020.

[4]陈丽,柴纯青.普通高中特色建设:谋划与实施[M].北京:北京师范大学出版社,2014.

[5]范先佐.中国教育改革 40 年:农村教育[M].北京:科学出版社,2018.

[6]国际 21 世纪教育委员会.教育——财富蕴藏其中[M].北京:教育科学出版社,1996.

[7]郝克明.让学习伴随终身[M].北京:高等教育出版社,2017.

[8]和震,刘云波,魏明,等.中国教育改革开放 40 年:职业教育卷[M].北京:北京师范大学出版社.2018.

[9]胡鞍钢.2020 中国:全面建成小康社会[M].北京:清华大学出版社,2012.

[10]胡鞍钢.2020 中国全面建设小康社会[M].北京:清华大学出版社,2007.

[11]胡鞍钢.中国:决胜百年目标[M].杭州:浙江人民出版社,2016.

[12]黄忠敬.OECD 教育指标引领教育发展研究[M].上海:华东师范大学出版社,2019.

[13]教育部财务司,国家发展和改革委员会社会发展司.关注学生冷暖,关爱孩子生活:国家中西部农村初中校舍改造工程报告[M].北京:人民教育出版社,2013.

[14]教育部课题组.深入学习习近平关于教育的重要论述[M].北京:人民出版社,2019.

[15]李国祥.古汉语常用词词典[M].武汉:崇文书局,2006.

[16]李岚清.李岚清教育访谈录[M].北京:人民教育出版社,2003.

[17]李滔. 中华留学教育史录(1949 年以后)[M]. 北京:高等教育出版社,2000.
[18]联合国教科文组织国际教育发展委员会. 学会生存——教育世界的今天和明天[M]. 北京:教育科学出版社,1996.
[19]马洪,王梦奎. 中国发展研究[M]. 北京:中国发展出版社,2001.
[20]朴永馨. 特殊教育辞典[M]. 北京:华夏出版社,2006.
[21]上海市教育科学研究院. 2019 中国高等职业教育质量年度报告[M]. 北京:高等教育出版社,2019.
[22]施克灿,林钧. 中国教育改革开放 40 年:义务教育卷[M]. 北京:北京师范大学出版社,2019.
[23]王善迈. 2000 年中国教育发展报告:教育体制的变革与创新[M]. 北京:北京师范大学出版社,2000.
[24]王英杰,刘宝存. 中国教育改革开放 40 年:高等教育卷[M]. 北京:北京师范大学出版社,2019.
[25]杨东平,杨旻,黄胜利. 教育蓝皮书:中国教育发展报告(2020)[M]. 北京:社会科学文献出版社,2020.
[26]袁振国. 我们离教育强国有多远[M]. 北京:高等教育出版社,2014.
[27]张德伟,梁忠义. 国际后期中等教育比较研究[M]. 北京:人民教育出版社,2006.
[28]张力. 教育强国战略[M]. 北京:学习出版社,海南出版社,2012.
[29]张士义,王祖强,沈传宝. 从一大到十九大:中国共产党全国代表大会史[M]. 北京:东方出版社,2018.
[30]郑天挺. 吴泽. 杨志玖. 中国历史大辞典 · 上卷[M]. 上海:上海辞书出版社,2000.
[31]中共中央党史研究室. 中国共产党的九十年[M]. 北京:中共党史出版社,党建读物出版社,2016.
[32]中共中央文献研究室. 邓小平年谱(1904-1974):上卷[M]. 北京:中央文献出版社,2009.
[33]中共中央文献研究室. 邓小平文选:第 2 卷[M]. 北京:人民出版社,1994.
[34]中共中央文献研究室. 邓小平文选:第 3 卷[M]. 北京:人民出版社,1993.

[35]中共中央文献研究室. 三中全会以来重要文献选编(下)[M]. 北京：人民出版社，1982.

[36]中国教育年鉴编委会. 中国教育年鉴[M]. 北京：人民教育出版社，1998，1999，2000，2001.

[37]中国小学教学百科全书总编辑委员会教育卷编辑委员会. 中国小学教学百科全书：教育卷[M]. 沈阳：沈阳出版社，1993.

[38]周海涛. 中国教育改革开放 40 年：民办教育卷[M]北京：北京师范大学出版社，2019.

[39]周洪宇，付睿. 全球教育治理研究导论[M]. 武汉：湖北教育出版社，2020.

[40]周洪宇，李中伟，陈新忠. 中国教育治理研究[M]. 武汉：湖北教育出版社，2020.

[41]周洪宇. 中国教育黄皮书 2021 年：科学编制国家教育事业发展“十四五”规划[M]. 武汉：湖北教育出版社，2021.

[42]周洪宇. 千年梦想圆于建国百年——小康社会与教育新使命[M]. 武汉：湖北教育出版社，2003.

[43]周远清. 迈向新世纪的高等教育[M]. 北京：高等教育出版社，2003.

[44]朱旭东，胡艳. 中国教育改革开放 40 年：教师教育卷[M]. 北京：北京师范大学出版社，2019.

[45]朱永新. 中国教育改革大系：高等教育卷[M]. 武汉：湖北教育出版社，2016.

[46]朱永新. 中国教育改革大系：教育体制与教育财政卷[M]. 武汉：湖北教育出版社，2017.

[47]朱永新. 中国教育改革大系：学前教育卷[M]. 武汉：湖北教育出版社，2017.